Andrea Tuma

War das schon alles?

www.tredition.de

Andrea Tuma

War das schon alles?

*Eine Ermutigung, den Impulsen der Seele
zu folgen*

 tredition®

© 2020 Andrea Tuma

Autor: Andrea Tuma
Umschlaggestaltung: Maria Klein
Lektorat: Dr. Felicitas Igel, textweise

Verlag & Druck: tredition GmbH, Halenreie 40-44, 22359 Hamburg

ISBN:
Paperback: 978-3-347-07279-4
Hardcover: 978-3-347-07280-0

Dieses Buch ist auch als E-Book erhältlich:
ISBN: 978-3-347-07281-7

Die Namen der in diesem Buch erwähnten Personen wurden aus Gründen des Datenschutzes und zum Schutz ihrer Privatsphäre geändert.

Inhalt

Einleitung

Einleitung

»Was vor uns liegt und was hinter uns liegt, sind Kleinigkeiten zu dem, was in uns liegt. Und wenn wir das, was in uns liegt, nach außen in die Welt tragen, geschehen Wunder.«
Henry David Thoreau

Ein Leben als Selbstversorger auf dem Land. Ein Jahr lang um die Welt reisen, ohne zu wissen, in welches Land es einen als Nächstes führt. Bilder malen und sie in einer eigenen kleinen Galerie ausstellen. Selbst geschriebene Liebesromane veröffentlichen. Welche Träume haben Sie? Ähnliche oder ganz andere? Womöglich glauben Sie auch, keine Träume (mehr) zu haben. Sind Sie sich da wirklich sicher?

Jeder Mensch hat Träume. Sie begleiten uns auf unserem Weg, laufen meist eher im Hintergrund mit, machen sich gelegentlich als spontane Idee bemerkbar – und dienen oft auch als kurze Flucht aus dem Alltag. Selbst dann, wenn es doch eigentlich gar keinen Grund gibt zu fliehen. Im Beruf läuft alles gut, die Partnerschaft ist stabil, die Familie gesund. Nichts Wesentliches fehlt. Und dennoch ist da diese Vorstellung von einem anderen Leben. Ist da der Gedanke, diese Fantasien vielleicht eines Tages wahr werden zu lassen. Irgendwann genügt es nicht mehr, seine Pflichten zu erfüllen, materiell abgesichert zu sein und sich mit dem zufriedenzugeben, was wir haben. Da muss es doch noch mehr geben. Unabhängig davon, wie schön das gegenwärtige Leben sein mag, taucht früher oder später die Frage auf: *War das schon alles?*

Bei mir kam dieser Punkt mit Anfang dreißig. Ich hatte eine gut bezahlte Position im Projektmanagement, war glücklich verheiratet, hatte eine schöne Wohnung und war gesund. Trotzdem fühlte ich mich oft leer und erschöpft. Wirkliche Freude erlebte ich meist nur, wenn ich im Urlaub war. Ein paar Tage oder Wochen Auszeit. Die Rückkehr ins Büro kostete mich danach jedes Mal Überwindung. Also machte ich mich auf den Weg, um diese Frage für mich zu beantworten.

Nachdem ich begonnen hatte, Menschen im Rahmen von Seminaren, Aufstellungen und Coachings bei ihren Veränderungsprozessen zu begleiten, kamen immer wieder Klientinnen und Klienten mit genau derselben Frage zu mir: *War das schon alles?*

Wie Maria, eine Frau mit zwei bezaubernden Kindern, einem liebevollen Mann, einem Job, der ihr Spaß machte und viel Möglichkeit zur freien Zeiteinteilung bot. Und dennoch verspürte sie immer wieder die Sehnsucht, ins Ausland zu gehen. Oder Susanne, bei der ein Tumor in der Gebärmutter diagnostiziert wurde. Letztlich stellte er sich als gutartig heraus, doch durch ihn rückte die Vorstellung, mit Singen und Musizieren den eigenen Lebensunterhalt zu verdienen, auf einmal wieder in den Vordergrund. Oder Johannes, der nach jahrelanger harter Arbeit und unzähligen Überstunden in eine internationale Managementposition befördert wurde, inklusive Verdoppelung des bisherigen Gehalts und Firmenauto, wodurch er die Prioritäten im Leben aus einem neuen Blickwinkel betrachtete. Schließlich Daniela, die eine harmonische Partnerschaft führte, in der der eine den anderen fast ohne Worte verstand, es keinen Streit gab, gemeinsame Interessen verbanden, und trotzdem stieg gelegentlich der Gedanke in ihr auf, wie es denn wäre, alleine zu leben.

Finden Sie sich in der einen oder anderen Situation wieder? Vielleicht ja. Vielleicht können Sie diese Beispiele aber auch überhaupt nicht nachvollziehen, weil es bei Ihnen ganz anders ist. Doch die Frage selbst scheint auch in Ihnen zu sein. Warum sonst hätten Sie zu diesem Buch gegriffen?

Unabhängig davon, ob wir uns die Frage bewusst stellen oder ob sie nur in unserem Inneren wirkt – ab dem Zeitpunkt ihres Erscheinens bekommen Bilder und Ideen, die bisher als reine Träumerei abgetan wurden, eine neue Bedeutung. Das ist gut so. Sie weisen auf tiefe Sehnsüchte und innere Bedürfnisse hin. Und zwar auf jene, die wir (noch) nicht leben. Sie zeigen das Potenzial auf, das noch ungenutzt in uns schlummert. Sie sind Hinweise auf innere Anteile, deren Existenz wir entweder noch nicht kennen oder mit viel Disziplin versuchen zu unterdrücken. Diese Visionen von einem anderen Leben sind keine illusorischen Wunschvorstellungen ohne Anspruch auf Verwirklichung. Sie sind Botschaften unserer Seele. In ihnen finden wir Hinweise, in welche Richtung es in unserem Leben gehen kann. Sie bringen uns auf den Weg.

In diesem Buch geht es nicht ums Träumen, Wünschen oder Hoffen. Stattdessen möchte ich Sie ermutigen, ein erfüllendes Leben zu führen. Ein Leben, das Sie subjektiv als sinnvoll empfinden, in dem Sie Freude an den Dingen haben, die Sie tun, und an dessen Ende Sie aus vollem Herzen sagen können: Ich habe gelebt.

Spricht man mit Menschen auf dem Sterbebett, so bedauern sie in der Rückschau nicht, keine Karriere gemacht oder zu wenig Geld besessen zu haben. Sie bedauern vielmehr, sich für ihre eigenen Interessen nicht genügend Zeit genommen, den Menschen, die sie lieben, dies nicht oft genug gesagt, ihre Chancen nicht genutzt, zu wenig gewagt und sich zu oft für den sicheren Weg entschieden zu haben. Sie haben die Frage *War das schon alles?* ignoriert oder verdrängt.

Genau das soll dieses Buch verhindern. Anstatt die Frage als bedeutungslos abzutun, lade ich Sie ein, ihr Raum zu geben. Ich habe das vor einigen Jahren gewagt, so schwer es mir anfangs fiel. Ich habe die Sehnsucht nach mehr Selbstständigkeit nicht mehr ignoriert, sondern bin ihr gefolgt. Beruflich, und später auch in meinem Privatleben. Ich erkannte, dass mein Bedürfnis nach Freiheit und Unabhängigkeit größer war, als ich es mir eingestehen wollte. Und ich erkannte, wie mein ständiges Streben nach Sicherheit und Absicherung verhinderte, mich auf das Leben voll und ganz einzulassen.

Der perfekte Zeitpunkt, etwas zu ändern, wird nie kommen. Es wird immer eine ganze Reihe von Ablenkungen geben, die Sie daran hindern, sich mit sich selbst zu beschäftigen. Sie werden nie lange suchen müssen, um einen Grund zu finden, jetzt doch nicht mit der Reise zu beginnen. Die Entscheidung liegt bei Ihnen. Ich möchte

Ihnen zeigen, dass jeder von uns nicht nur das Recht auf ein erfüllendes Leben hat, sondern wir uns selbst gegenüber verpflichtet sind, jenem Weg zu folgen, der unserer individuellen Bestimmung entspricht. Doch muss ich Sie warnen. Ich verspreche Ihnen nicht die schnelle Lösung. Stattdessen möchte ich Sie ermutigen, einen nachhaltigen Richtungswechsel in Ihrem Leben vorzunehmen. Sofern Sie das möchten.

Dieses Buch beginnt nicht mit dem ersten Schritt, auch wenn das Lesen dieser Zeilen vielleicht Ihr erster Schritt in Richtung Veränderung ist. Bevor Sie entscheiden können, ob Sie bereit sind aufzubrechen, ist es notwendig, dass Sie in sich hineinfühlen, erkennen, was gerade in Ihnen ist – und ob der Zeitpunkt, sich auf Reise zu begeben, schon gekommen ist. Auch ein Blick in die Vergangenheit ist dafür hilfreich. Er hilft zu verstehen, warum wir sind, wie wir sind. Und es ist gut zu wissen, woher wir kommen, bevor wir dorthin gehen, wo wir hinwollen.

Wenn Sie sich entscheiden, den Weg zu beschreiten, begleitet Sie dieses Buch durch die Höhen und Tiefen, die darauf folgen können. Den eigenen Weg zu gehen, bedeutet nicht, von nun an ausschließlich auf Wolke sieben zu schweben. Sie werden auch Schmerz, Kummer oder Rückschläge erleben. Hindernisse müssen überwunden, Widerstände, innere wie äußere, abgebaut werden. Das klingt nach viel Arbeit. Und manchmal ist es das auch. Sie werden mit Fragen konfrontiert, deren Antworten sie erst einmal nicht kennen. Sie werden in die Tiefe gehen und Ihren wahren Wesenskern in all seinen Facetten kennenlernen. Nicht alles, was Sie dabei entdecken, wird Ihnen gefallen.

Mein Anliegen ist es nicht, Ihnen den besten und schnellsten Weg zu zeigen, wie Sie Ihre Ziele erreichen. Dazu gibt es schon mehr als genug Bücher. Vielmehr möchte ich Sie dabei unterstützen, wieder mehr in Kontakt mit Ihrem wahren Wesenskern, Ihrer Seele, zu kommen. Und ich möchte Sie mit Ihren inneren Ratgebern vertrauter machen. Ihre Ziele spielen dabei natürlich auch eine Rolle. Es macht allerdings viel mehr Freude, Ziele zu verfolgen, die wirklich aus dem Herzen kommen und Teil des eigenen Lebenswegs sind, als oberflächlichen Pseudozielen hinterherzujagen.

Der amerikanische Psychiater Milton H. Erickson pflegte zu sagen: »Der Mensch kennt die Lösung seines Problems, er weiß nur nicht, dass er sie kennt.« Tief in unserer Seele wissen wir, was gut für uns ist. Unsere Aufgabe ist es, einen Weg zu finden, uns dieses innere Wissen bewusst zu machen und danach zu handeln. Sie träumen vielleicht seit Jahren davon, am Meer zu leben, hätten gerne einen Hund oder würden sich gerne zu Hause eine kleine Praxis für Ihre selbstständige Tätigkeit einrichten. Warum unterschreiben Sie dann für weitere zehn Jahre den Mietvertrag für eine Wohnung mitten in der Stadt, in der Haustiere verboten sind oder jegliche gewerbliche Tätigkeit untersagt ist? Sie würden Ihren Bewegungsdrang gerne auch in Ihrem Beruf leben und fühlen sich sogar bereit, den Job zu wechseln. Warum suchen Sie dann wieder nach einer Stelle, bei der Sie den ganzen Tag im Büro sitzen müssen? Sie wünschen sich Kinder oder haben den Wunsch zu heiraten, Ihr Partner möchte aber keine Kinder oder ist strikt gegen das Heiraten. Sind Sie sicher, dass Sie in der für Sie richtigen Beziehung sind?

Hinter der Unzufriedenheit mit dem eigenen Leben und dem Gefühl innerer Leere steckt häufig weder mangelnde Klarheit noch Ahnungslosigkeit, was wir eigentlich wollen. Unsere inneren Impulse sind meist sehr eindeutig. Wir nehmen sie nur nicht genügend ernst und folgen nicht der Richtung, die sie uns weisen. Wir stehen uns selbst im Weg und merken es noch nicht einmal. Da ist diese innere Stimme, die uns in eine Richtung lenken will. Doch sie ist nicht allein. Es gibt mindestens eine weitere, die uns das Gegenteil erzählt. Die Macht Ihrer Gewohnheiten in Denken und Handeln wird Sie bei jedem Schritt herausfordern. Und weil das so ist, werden auch Zweifel, Angst und Unsicherheit zu Ihren Wegbegleitern gehören. So einfach und logisch es klingt, jenen Weg zu wählen, der uns glücklich macht, nicht immer ist es leicht, ihm zu folgen. Daher widmet sich dieses Buch auch Ihren inneren Stimmen, bringt Sie mit ihnen in Kontakt und hilft Ihnen, Ihre inneren Ratgeber besser voneinander unterscheiden zu können. Damit Sie herausfinden können, wohin Ihre innere Führung Sie wirklich bringen will.

Lassen Sie uns gemeinsam aufbrechen und sehen, wohin die Reise führt. Ich kann Ihnen nicht sagen, was Sie am Ende erwartet. Was ich Ihnen aber versprechen kann, ist, dass Sie ankommen werden. Sie werden mit neuen Ideen, Erkenntnissen und Erfahrungen in Ihren Alltag zurückkehren, die mehr Freude und Erfüllung in Ihr Leben bringen. Ankommen bedeutet nicht, dass nach Ende der Reise alles erledigt ist. Sie werden bei sich selbst ankommen und beginnen, Ihr tägliches Leben nach all den Erlebnissen und Erfahrungen Ihrer Reise neu zu gestalten. Sie werden (längst notwendige) Veränderungen angehen, weil Sie anders sein werden. Sie werden mehr Sie selbst sein. Ihr Leben wird immer mehr so sein, wie es zu Ihnen passt.

Meldet sich nun eine Stimme in Ihnen, die sagt, dass Sie keine Zeit haben, auf die Reise zu gehen? Vermutlich haben Sie recht. Eine Reise wie diese kann Monate oder Jahre dauern. Genau genommen dauert sie ein ganzes Leben. Daher werden Sie den Großteil davon parallel zu Ihrem Alltag erleben. Das macht es nicht immer einfach. Aber letztlich geht es genau darum: Ihr tägliches Leben neu zu gestalten. Sie werden sich vielleicht nicht mehrere Monate oder Jahre Auszeit nehmen können. Doch Sie können sich so organisieren, dass Sie regelmäßig Zeit und Ruhe haben, um aus dem Alltag auszusteigen. Im Laufe der Reise werden Sie immer wieder aufgefordert werden, sich eine Pause von der Routine zu gönnen. Wenn auch nur für ein paar Minuten. In dieser Zeit werden Sie sich ganz sich selbst widmen, sich mit Ihren Fragen beschäftigen, einen ehrlichen Blick auf sich selbst werfen und manchmal einfach nur entspannen und zur Ruhe kommen. Sollte das einmal nicht möglich sein, brauchen Sie keine Angst zu haben, nicht voranzukommen. Viele Schritte der Reise finden völlig unbewusst im Inneren statt. Sie werden nie stillstehen. Einem bewussten Schritt folgen erst einmal mehrere unbewusste. Diese inneren Prozesse führen früher oder später zu einer Erkenntnis, einer Entscheidung oder dem nächsten Handlungsimpuls.

Ich habe mich vor einigen Jahren auf den Weg gemacht. Ich bin angekommen und nach einiger Zeit wieder aufgebrochen. Nach jeder Reise bin ich mit mehr Vertrauen in mich selbst und das Leben zurückgekehrt. Immer wieder bin ich erstaunt von der Richtung, in die mich meine innere Führung lenkt, und wie natürlich und folgerichtig so mancher »Zufall« ist. Ziele von einst haben ihre Bedeutung verloren, andere Bedürfnisse und Werte sind in den Mittelpunkt gerückt. Ein neues Lebensgefühl ist entstanden, durch das ich Zugang zu meiner inneren Kraft gefunden habe. Ich kenne die Licht- und Schattenseiten des Weges. Ich kenne die Momente der Verunsicherung und Verwirrung ebenso wie die Momente der Freude und Erfüllung. Manchmal ist es anstrengend. Und doch bin ich glücklich, mich für den Aufbruch entschieden zu haben. Mit all seinen Konsequenzen.

Dieses Buch ist keine theoretische Abhandlung, wie man am besten sein Leben lebt. Es ist das Ergebnis meiner persönlichen Erlebnisse und meiner Erfahrung in der Arbeit mit Menschen. Ich möchte Sie mit diesem Buch ein Stück Ihres Weges begleiten und Ihnen Mut machen, die notwendigen Schritte zu gehen. Vor allem möchte ich Ihnen aber auch zeigen, dass Sie nicht alleine sind. Sie sind nicht der einzige Mensch, der das durchmacht, was Sie gerade erleben. Vielen Menschen geht es so und ist es so gegangen. Sie sprechen nur nicht darüber. Und wenn, dann erst, wenn alles vorbei ist und im Nachhinein so einfach wirkt. Für Ihre Reise haben Sie bereits alles im Gepäck. Nun liegt es an Ihnen, zu entscheiden, ob Sie aufbrechen wollen. Wollen wir gemeinsam den ersten Schritt machen?

Etappe 1 – Aufbruchstimmung

»Ich möchte niemand anderem einen
Weg vorzeichnen, denn ich weiß,
dass mir der Weg von einer Hand vorgeschrieben
wurde, die weit über mich hinausreicht.«
Carl Gustav Jung

Den eigenen Weg gehen, ja oder nein? Eine Frage, die sich eigentlich nicht stellt. Leben bedeutet vorwärtsgehen, Erfahrungen machen, sich entwickeln und wachsen. Unser Voranschreiten können wir nicht aufhalten. Wie bereitwillig wir uns aber auf das einlassen, was das Leben uns bringt, und ob wir den Mut haben, das, was in uns ist, zu leben, ist eine Frage, die wir uns sehr wohl stellen sollten. Innere Impulse und äußere Ereignisse werden immer wieder zu Richtungsänderungen im Leben auffordern. Wir können dagegen ankämpfen oder uns diesen Entwicklungen hingeben und bewusst unseren Beitrag dazu leisten. Kann ich entlang des eingeschlagenen Weges mein Potenzial entfalten? Machen mich die Ziele, die ich anstrebe und erreiche, glücklich? Finde ich Sinn in dem, was ich tue? Fühle ich mich erfüllt? Das sind Fragen, die wir uns stellen sollten. Sie alle lassen sich in einer einzigen Frage zusammenfassen: Gehe ich meinen Weg so, wie es mir voll und ganz entspricht?

Spätestens dann, wenn wir feststellen, dass die Freude an dem, was wir tun, verloren gegangen ist, wir immer öfter über das Warum und Wozu nachgrübeln und wir zunehmend unzufriedener werden, haben wir uns selbst gegenüber die Pflicht, unsere aktuelle Lebenssituation zu hinterfragen und die Richtung zu ändern. Möglicherweise haben wir schon eine sehr konkrete Idee davon, was passieren müsste, damit wir wieder glücklicher mit unserem Leben sind. Vielleicht tappen wir aber auch noch völlig im Dunkeln. So oder so lautet das Gebot der Stunde, nichts zu überstürzen und nicht Hals über Kopf alles zu riskieren, sich stattdessen Zeit zu nehmen, genauer hinzusehen und nachzuforschen, bevor tatsächlich ein erster Schritt unternommen wird.

Was bewegt zum Aufbruch?

Nicht selten wird die Notwendigkeit zu einer Kursänderung im Leben erst durch ein äußeres Ereignis bewusst. Äußere Umstände zwingen uns dazu: Konflikt, Krankheit, ein Unfall, das Scheitern im Beruf, das Ende einer Beziehung. Etwas passiert und fordert dazu auf, den bisherigen Lebensweg zu hinterfragen. Von einem Tag auf den anderen ist alles anders. Die Lebensumstände verändern sich so sehr, dass es unmöglich wird, weiterzumachen wie bisher.

Solch einem richtungsändernden Ereignis geht jedoch in vielen Fällen eine längere Phase des inneren Wandels voraus, der langsam und anfangs völlig unbemerkt stattfindet. Das Leben verläuft in gewohnten Bahnen, es gibt keinen Anlass, etwas infrage zu stellen. Nichts fordert zur Veränderung auf. Wäre da nicht dieses undefinierbare Gefühl, das uns schon über Tage, Wochen, manchmal Jahre begleitet, sich nicht aufdrängt, mal mehr, mal weniger gegenwärtig ist, und mit jedem Tag, der vergeht, schwerer verleugnet und ignoriert werden kann. Es beginnt unsere Lebensfreude zu dämpfen, raubt uns Energie und Kraft selbst für alltägliche Aufgaben. Wir beobachten, wie wir zunehmend unruhiger, gereizter oder resignierter werden.

Erste Anzeichen machen sich bemerkbar, dass etwas anders ist. Wir benötigen mehr Schlaf als früher, sind abends nicht mehr so lange aktiv, und es fällt uns morgens zunehmend schwerer, aus dem Bett zu kommen. Die Lust, etwas zu unternehmen, nimmt ab. Wir gehen weniger unter Leute, machen nicht mehr so oft Pläne für das Wochenende, weil wir nicht so genau wissen, ob wir, wenn es so weit ist, tatsächlich noch die Energie haben werden, aus dem Haus zu gehen. Der Wunsch nach Alleinsein, Ruhe und Rückzug wird stärker.

Oder das genaue Gegenteil ist der Fall. Wir haben Schwierig-keiten, Schlaf zu finden, liegen nächtelang wach, fühlen uns mor-gens wie gerädert und werden trotz körperlicher Erschöpfung im-mer unruhiger. Es drängt uns, unter Leute zu gehen. Jede Aktivität kommt uns gelegen, können wir doch ohnehin nicht ruhen. Der Wunsch nach Ruhe oder der Drang nach Abwechslung, anfangs wissen wir nicht, was hinter diesem Bedürfnis steht. Vielleicht iden-tifizieren wir es noch nicht einmal als solches. Trotzdem spüren wir, dass etwas in uns aus dem Gleichgewicht geraten ist. Dieser eigen-artige Zustand ist uns unangenehm. Wir tun alles, um ihn möglichst nicht wahrnehmen zu müssen.

Eine meiner Klientinnen wurde in dieser Phase sehr unternehm-ungslustig, ging abends immer öfter mit Freundinnen aus, flirtete mit fremden Männern und ließ sich auch auf einen Seitensprung ein. Eine andere begann ihre Wohnung komplett zu renovieren und umzubauen, sodass am Ende nichts mehr wie vorher war. Und wie-der eine andere zog sich jedes Wochenende in eine einsame Hütte im Wald ohne Strom und fließend Wasser zurück. Verschiedene Strategien mit nur einem Ziel: Ablenkung. Alles ist recht, um die Aufmerksamkeit, zumindest vorübergehend, woandershin zu len-ken. In der Hoffnung, dass diese Phase bald wieder vorübergeht, machen wir weiter wie gewohnt, stürzen uns noch mehr in die Ar-beit, machen öfter Sport, belegen einen Abendkurs an der Volks-hochschule, treffen Freunde und sind viel unterwegs, obwohl uns eigentlich nicht wirklich danach ist. Die Tage sind voll mit Termi-nen, für Momente der Ruhe und Stille bleibt keine Zeit. Denn kaum entspannen wir uns, spüren wir wieder dieses undefinierbare und irritierende Gefühl in uns.

Egal, wie hart wir an unserer beruflichen Karriere arbeiten, trotzdem wir gerade eine Familie gegründet oder ein Haus mit Gar-ten gekauft haben, spüren wir tief im Innern, dass all das nicht ge-nug ist. Etwas fehlt. Wir haben vielleicht schon versucht, etwas zu ändern, es aber nicht geschafft. Alte Sorgen, frühere Verletzungen oder tiefe Enttäuschungen wollen uns einfach nicht loslassen und halten uns da fest, wo wir gerade sind. Wagen wir dann endlich eine

Veränderung, landen wir oftmals von Neuem in einer ähnlichen Situation wie zuvor. Die gleichen schmerzhaften Erfahrungen scheinen sich stets zu wiederholen. Die Probleme mit den Kollegen oder dem Chef sind im neuen Job wieder da. Die neue Partnerschaft endet letztlich damit, wieder verlassen zu werden. Eine neu begonnene Ausbildung wird schon nach kurzer Zeit abgebrochen, in der festen Überzeugung, es ohnehin nicht zu schaffen.

Die innere Unruhe treibt dazu an, etwas zu verändern. Und weil große Veränderungen so schwer fallen, wir anfangs vielleicht auch gar nicht wahrhaben wollen, dass diese notwendig sind, beginnen wir unser Leben so umzugestalten, dass unser Bedürfnis nach Routine, Sicherheit und Kontinuität möglichst nicht bedroht wird. Die Wohnung zu renovieren lenkt eine Weile ab, ein Fallschirmsprung macht unseren Alltag aufregend, eine Weiterbildung lässt unsere Karrierechancen steigen, mit der Jahreskarte im Fitnessstudio bringen wir wieder mehr Schwung in unser Leben. Mit einem erotischen Abenteuer ebenso. Rastlos suchen wir nach irgendetwas, das die innere Leere füllt und unsere Sehnsucht stillt, ohne zu wissen, wonach wir uns eigentlich sehnen. Bis wir eines Morgens aufwachen, uns im Spiegel betrachten und erkennen, dass der Weg ein anderer ist. Sein muss. In diesem Augenblick sehen wir hinter den vielen Schichten dessen, was wir als Ich wahrnehmen, unser wahres Selbst hervorschimmern. Dies ist der Moment, in dem wir uns das erste Mal fragen: *War das schon alles?*

Ein Erdbeben, dessen Auswirkungen wir vorerst nur in unserem Inneren spüren, erschüttert unser Leben, macht uns Angst, verunsichert und verwirrt. Noch hoffen wir, dass es sich um eine kurzfristige Unpässlichkeit handelt. Wir gehen weiter unseren gewohnten Weg, schlafwandeln durch den Alltag. Bis jetzt war doch alles in Ordnung. Bis jetzt hat unser Leben uns doch genügt. Wenn wir uns nur immer wieder die guten Seiten bewusst machen, dann werden die inneren Erschütterungen wieder vergehen. Einfach weitermachen und darauf vertrauen, dass der Alltag uns ablenken wird und wir auch diese Phase durchstehen werden.

An manchen Tagen funktioniert diese Strategie besser, an anderen weniger gut. Doch irgendwie schaffen wir es, uns von Tag zu Tag, Woche zu Woche, Jahr zu Jahr zu retten. Wir bekommen unkontrollierbare Heulkrämpfe oder Wutausbrüche, fallen grundlos in tiefe Traurigkeit und ziehen uns mit Zweckoptimismus wieder aus unserem Loch. Wir beginnen immer mehr, an uns selbst und unseren Entscheidungen zu zweifeln, lachen seltener als früher und interessieren uns weniger für Dinge, die uns einst so wichtig waren. Wir funktionieren weiter, zu leben haben wir aufgehört.

Nach außen lassen wir uns nichts anmerken. Wie sollten wir schließlich diesen inneren Zustand anderen erklären, haben wir ihn doch selbst noch nicht richtig erfasst? Wer hat schon Verständnis für unser Unglücklichsein, wenn es uns doch äußerlich an nichts fehlt? Noch dazu, da wir selbst nicht verstehen, was mit uns gerade passiert. Also beißen wir die Zähne zusammen, setzen eine heitere Miene auf und hoffen, dass dieses unangenehme Gefühl wie ein Sommergewitter vorüberzieht.

Verdrängen wir die innere Unzufriedenheit zu lange, versuchen wir, uns davon abzulenken oder sie zu ignorieren, greift irgendwann unsere seelische Führung ein. Bis dahin kann aber viel Zeit vergehen. Mit viel Aktivität im Außen und wenig Zeit für Innenschau gelingt es oft über Jahre, manchen sogar über Jahrzehnte, alle unerwünschten Impulse, Empfindungen und Fragen, die im Inneren auftauchen, zu unterdrücken. Der bewusste Wille scheint mächtiger zu sein als das Wollen der Seele. Über weite Strecken glauben wir felsenfest, dass alles in Ordnung ist und es keinen Grund zur Sorge gibt. Einzig die Tatsache, dass wir uns immer öfter ausgelaugt und erschöpft fühlen, stört ein wenig unsere Illusion vom glücklichen Leben, kostet es doch viel Energie, ständig innere Zustände und Bedürfnisse, bewusst oder unbewusst, zu verleugnen.

Es mag einen Grund oder viele Gründe, einen Anlass oder mehrere Anlässe geben, die zur Umorientierung und Weiterentwicklung bewegen. Sie reißen uns aus der Trance der Routine. Es ist nicht mehr möglich, sich dagegen zu wehren, egal, wie stark unser Wille ist. Wir haben das Gefühl, diese äußeren Ereignisse würden uns völlig aus der Bahn werfen, und übersehen, dass wir schon lange nicht mehr in der Bahn waren.

Plötzliche Wendungen in unserem Leben treffen uns im ersten Moment wie ein Schock. Völlig erstarrt sehen wir anfangs keine Perspektive, wie es weitergehen soll. Warten wir aber erst einmal ab, bis der erste Sturm sich gelegt hat, so können wir allmählich hinter die Kulissen des Offensichtlichen blicken und die Botschaft, die hinter den Ereignissen steht, erkennen. Wir verlieren beispielsweise den Job und damit ein ganzes Stück Sicherheit. Hinzu kommt ein Gefühl der Unzulänglichkeit und der Wertlosigkeit – in einer Gesellschaft, in der Leistung alles ist. Diese Kündigung könnte ein gemeiner Schachzug des Schicksals sein. Oder aber die Chance für eine berufliche Neuorientierung. Es ist unsere Wahl, wie wir den Ereignissen in unserem Leben begegnen.

Gab es da nicht schon lange den Wunsch nach beruflicher Veränderung? Haben wir uns nicht nach einer Aufgabe gesehnt, bei der wir zeigen können, was alles in uns steckt? Träumen wir nicht schon seit Jahren von unserer eigenen kleinen Firma? Gedanken, die in der Vergangenheit immer wieder aufgetaucht sind und möglichst rasch wieder verdrängt wurden.

Bei manchen Ereignissen und Entwicklungen finden wir schnell heraus, wohin das Leben uns führen will. Bei anderen offenbaren sich Sinn und Bedeutung nicht so unmittelbar. Oft vergehen Jahre, bis wir rückblickend erkennen, wozu etwas gut war. Und in manchen Fällen werden wir auch am Ende unseres Daseins noch keine Antwort haben. Letztlich geht es im Leben aber nicht darum, alles mit dem Verstand zu begreifen, auch wenn wir das gerne würden. Tief in unserem Inneren kennen wir die Wahrheit hinter den Dingen und Ereignissen. Ob sie uns bewusst wird, steht auf einem anderen Blatt.

Die Seele möchte wachsen, sich entwickeln und entfalten. Dies kann sie vor allem dann, wenn Umstände dazu zwingen, uns mit unseren Ängsten auseinanderzusetzen. Erst wenn wir an Grenzen geraten, können wir die Erfahrung machen, wie wir diese kraft unserer essenziellen Energie überschreiten. Wir lernen aus diesen Erfahrungen, gewinnen Stärke und Selbstvertrauen, kommen in Verbindung mit dem großen Potenzial in uns, das viel zu oft brach liegt. Auf diese Weise sammeln wir Mut für den weiteren Weg. Auch wenn uns das in jenen Momenten oft nicht bewusst ist.

Es liegt an uns, ob wir Rückschläge und Enttäuschungen als persönliche Demütigungen oder als Aufforderung betrachten, einen neuen Weg einzuschlagen. Verlässt uns der Partner oder die Partnerin, können wir uns ungeliebt fühlen und in Selbstmitleid baden oder es als eine Einladung sehen, endlich zu lernen, uns selbst zu lieben. Eine schwere Krankheit kann zur totalen Resignation führen, oder wir wachsen an der Erfahrung und nutzen die Phase eingeschränkter Leistungsfähigkeit, um unsere Lebensweise zu überdenken.

Silvia, eine Kollegin von mir, hatte vor einigen Jahren einen schweren Autounfall. Ein Reifen platzte bei mehr als 100 km/h auf der Autobahn. Sie verbrachte fast zwei Monate im Krankenhaus und musste danach mehrere Monate in eine Rehabilitationsklinik. Sie war Alleinerzieherin von drei Kindern, arbeitete als Sozialpädagogin und versuchte sich nebenbei ein Standbein als Lebensberaterin aufzubauen. Der Vater der drei Kinder war schon vor Jahren samt Sekretärin nach Mallorca ausgewandert und weigerte sich, den vollen Unterhalt zu zahlen. Ihr neuer Partner war zwar sehr liebevoll, drückte sich aber prinzipiell vor jeder Verantwortung und Verpflichtung. Sie kümmerte sich um alles alleine und versuchte den Kindern nicht nur Mutter zu sein, sondern auch den Vater zu ersetzen. Alle Aufgaben im Haushalt erledigte sie selbst, daneben spielte sie Chauffeurin für die Kinder, brachte sie zu Freunden, holte sie vom Musikunterricht ab oder fuhr sie zur Tanzstunde. Danach ging sie noch mit dem Hund spazieren. Ihr Leben bestand ausschließlich darin, sich um andere zu kümmern und für andere da zu sein. Sie selbst blieb dabei völlig auf der Strecke. Am Ende leider im wahrsten Sinne des Wortes, nachdem sich ihr Wagen zweimal überschlagen hatte und im Straßengraben liegen blieb.

Der Unfall zwang sie, sich, aber auch ihr Umfeld zu ändern. Sie konnte über lange Zeit keine einzige ihrer Pflichten erfüllen. Im Gegenteil, sie war auf die Hilfe anderer angewiesen. Sie begann ihr

Leben zu reflektieren, beendete die Beziehung zu einem Mann, der nur auf der Sonnenseite des Lebens leben wollte, und forderte mehr Unterstützung und Selbstständigkeit von ihren Kindern, die teilweise ja schon fast erwachsen waren. Und weil sie gar keine andere Wahl hatte, lernte sie endlich auch, Freunde und Familie um Hilfe zu bitten. Heute sieht ihr Leben völlig anders aus. Sie ist nach eigener Aussage dankbar für die Lektion, die ihr das Leben erteilte. Im Nachhinein erkannte sie, dass es bereits vor dem Unfall viele Anzeichen für die Notwendigkeit eines Richtungswechsels gegeben hatte. Sie missachtete sie aber stets.

Das ist sicher ein sehr drastisches Beispiel. Meist kommen die Impulse nicht mit einer solchen Wucht auf uns zu. Doch alle Krisen, Schicksalsschläge und Enttäuschungen haben eines gemeinsam: Sie sind Hinweise unserer Seele, dass etwas in unserem Leben nicht so läuft, wie es uns entspricht. Wenn wir nicht gezwungen werden, beginnen wir die Reise zu uns selbst oft gar nicht erst. Nicht bei Sonnenschein machen wir uns auf den Weg, sondern wenn es regnet. Solange alles in freundlichem Licht erstrahlt, denken wir, dass das Leben schon fix und fertig ist. Alles ist, wie es sein soll. Und am besten verändert sich nichts. Der Sinn unseres Lebens liegt aber nicht darin, es sich bequem zu machen und zu warten, bis die Zeit auf Erden abgelaufen ist. Deshalb scheint die Sonne nicht auf Dauer. Sie verschwindet aber auch nie dauerhaft. Und wie herrlich ist es, nach ein paar Regentagen die Sonnenstrahlen zu genießen.

Wenn die Seele den Aufbruch einleitet

Wer sich auf den Weg machen will, braucht Bereitschaft, Wille und Mut. Vor allem aber Vertrauen, dass, was immer entlang des Weges wartet, eine wichtige und wertvolle Erfahrung ist, die uns wieder ein Stück näher zum wahren Selbst bringt. Gerade dann, wenn wir meinen, keine Zeit und Energie für Veränderungen zu haben, ist der beste Zeitpunkt zu beginnen. Wenn wir in Umständen gelandet sind, die uns an unsere Grenzen gebracht, unsere Sicht auf die Welt erschüttert und uns klar und deutlich zu verstehen gegeben haben, dass es so, wie es war, nie wieder sein würde. Dann ist der Zeitpunkt des Aufbruchs gekommen.

Der Wunsch der Seele nach einem deutlichen Richtungswechsel zeigt sich zuerst im Inneren. Am Anfang steht ein Gefühl. Ohnmacht, Überforderung, Frustration, Wut, Unruhe, Traurigkeit oder Leere, sie alle können eine innere Krise auslösen, die völlig unabhängig von äußeren Gegebenheiten allein auf eine Spannung zwischen dem Wollen der Seele und unserem bewussten Willen zurückzuführen ist. Alles, was vorher sicher erschien, ist nicht mehr sicher. Alles, was vorher klar war, ist nicht mehr klar. Eine innere Veränderung wird eingeleitet, die dazu führt, dass wir nicht mehr die sind, die wir waren. Wir beginnen anders zu denken, eine neue Sichtweise auf die Welt zu entwickeln, Bedürfnisse ändern sich, unsere Ziele sind nicht mehr dieselben wie vorher.

Solche inneren Prozesse vollziehen sich nie ohne Grund. Sie kommen dann in Gang, wenn wir zu weit von unserem Weg abgekommen sind, uns zu weit von unserer eigentlichen Bestimmung entfernt haben. Sie weisen uns darauf hin, dass der Zeitpunkt des Wandels gekommen ist. Auch wenn wir anfangs nicht erkennen, wo er uns hinführen wird.

Wenn unser Leben uns nicht mehr genügt, etwas Wesentliches fehlt, wir den Boden unter den Füßen zu verlieren drohen, dann kann dies der Anfang einer lebenslangen Reise sein. Sie beginnt vielleicht mit einem Buch, das uns zufällig in die Hände fällt. Wir begegnen einem Menschen, der etwas in uns bewegt. Wir stolpern über eine Vortragsankündigung, gehen hin, obwohl wir eigentlich etwas anderes vorhatten. Wir werden von etwas angezogen. Wir werden geführt. Diese Führung geschieht auf vielfältige Art und Weise, in den verschiedensten Situationen, an den unterschiedlichsten Orten, wenn wir alleine oder umgeben von Menschen sind, und uns doch alleine fühlen. Eine Sehnsucht ist erwacht. Wir erkennen, dass wir nicht länger dort bleiben können, wo wir gerade sind.

Vor einer Antwort steht eine Frage

Am Beginn des Weges, noch vor der Entscheidung, das Abenteuer der Reise zu wagen, steht eine Frage. Meist ist sie nur der Anfang einer ganzen Flut an Fragen, die uns im Laufe der Reise begleiten werden. Fragen ermutigen uns aufzubrechen. Sie treiben uns voran und laden gleichzeitig dazu ein innezuhalten. Sie bringen in Kontakt mit unserem wahren Wesenskern. Sie weisen uns die Richtung.

Wir müssen fragen, um zu erfahren, wohin der Weg führt. Wir müssen fragen, um zu wissen, wie er weitergeht. Wer fragt, wird Hinweise für den nächsten Schritt bekommen. Nur wer fragt, bekommt Antworten. Genau diese Antworten sind für viele der Grund, weshalb sie erst gar nicht wagen zu fragen. Aus Angst vor der Wahrheit hüllen sie sich lieber in den Schleier der Unwissenheit, des Verleugnens, der Selbsttäuschung. Wer nicht fragt, muss auch nicht fürchten, dass die Antworten das eigene Leben für immer verändern könnten. Wir haben immer die Wahl, uns die Fragen bewusst zu stellen oder sie weiterhin im Unbewussten unter Verschluss zu halten. Dann sind wir weiter im Blindflug unterwegs. Nicht glücklich, aber vertraut. Nicht lebendig, aber sicher. Nicht erfüllt, aber bequem.

Die blanke Angst vor dem, was passieren könnte, nachdem die erste Frage gestellt und die erste Antwort gefunden wurde, führt dazu, dass wir uns das Fragenstellen von vornherein verbieten. Niemand gesteht sich diese Angst gerne ein. Sie ist unangenehm, und sie verunsichert. Wir versuchen alles, um sie zu vermeiden. Da das meist nicht so gut funktioniert, lautet die nächste Strategie, sie zu verdrängen, einen Weg zu finden, uns von ihr abzulenken, bis wir tatsächlich meinen, keine Angst mehr zu haben. Wir geben nicht zu, dass wir die Antworten nicht hören wollen. Stattdessen behaupten wir, keine Fragen zu haben. Gelingt es den Fragen dennoch, so weit in unser Bewusstsein vorzudringen, dass es nicht mehr möglich ist, sie zu ignorieren, beginnen wir nach Gründen zu suchen, weshalb wir sie nicht beantworten können. Und Gründe finden wir viele. Die Verpflichtungen, die wir glauben zu haben, Menschen, die wir nicht im Stich lassen dürfen, Loyalität zu übernommenen Werten oder die Überzeugung, dass es uns nicht zusteht, diese Fragen überhaupt zu stellen.

Fragen führen nicht nur zu Antworten, sie versetzen vor allem in einen Zustand der Offenheit. Diese Offenheit ist eine wichtige Voraussetzung, um die Hinweise unserer inneren Führung überhaupt wahrnehmen zu können. Wir brauchen die Bereitschaft, uns unvoreingenommen und erwartungslos auf die Fragen und Antworten einzulassen. Eine solche Haltung der Offenheit ist dann möglich, wenn wir aus altbewährten Denkweisen, gewohnten Reaktionsmustern und automatisierten Handlungsabläufen ausbrechen und Verstand und Herz für neue Impulse aufmachen. Viel zu oft neigen wir dazu, uns geistig und emotional einzumauern, nur jene Gedanken und Gefühle zuzulassen, die in unser gewohntes Schema passen. Anstatt neue Pfade zu beschreiten, bewegen wir uns mit unserem Denken und Fühlen im Kreis – und wundern uns, wenn wir immer wieder dieselben Erfahrungen machen, in denselben Situationen, bei denselben Menschen landen. Beginnen wir mit offener Neugier nach Antworten zu suchen, eröffnet sich uns ein breites Feld an Einsichten und Erkenntnissen, die wichtige Wegweiser für unsere weitere Lebensreise sein können.

Warum passiert mir das? Was ist der Sinn? Warum fühle ich mich so leer? Was macht mich unzufrieden? Was ist der Grund für meine Unruhe? Bin das wirklich ich? Was erwarte ich vom Leben? Was soll ich tun? Wie geht es weiter?

Es gibt viele Fragen, die sich am Beginn des Weges stellen. Sie tauchen als Gedanken auf dem Heimweg von der Arbeit auf, als Eingebung während des Geschirrspülens oder als Geistesblitz unter der Dusche. Eines Tages überwältigen sie uns, stürzen uns in einen Zustand der Verzweiflung oder begleiten uns, verborgen im Innersten, über Jahre durchs Leben. So oder so lassen sie uns nie wieder los.

Die Suche nach Antworten

Die ersten Veränderungsimpulse scheinen oft banal: neue Frisur, neues Hobby, neues Auto. Vielleicht entscheiden wir uns darüber hinaus für einen neuen Wohnsitz, einen neuen Job, einen neuen Partner. Einige dieser Veränderungen können uns einen Schritt in die richtige Richtung bringen, andere lenken nur vom eigentlichen Weg ab. Dennoch ist es gut und wichtig, diesen Impulsen nachzugehen. Nur so können wir uns ausprobieren und sehen, was passiert. Wir sind in Bewegung gekommen.

Manche Menschen versuchen aber auch gar nicht erst etwas zu ändern. Sie geben lieber den Umständen die Schuld dafür, dass ihr Leben nicht so ist, wie sie es gerne hätten. Die Verantwortung für das eigene Leben an andere oder äußere Gegebenheiten abzuschieben, bringt kurzfristig ein Gefühl der Erleichterung, glücklicher macht es aber nicht. Wer langfristig mehr Sinn und Erfüllung in seinem Leben finden will, wird nicht darum herumkommen, einen Blick in die eigene Innenwelt zu riskieren. Wie intensiv haben wir uns bisher ehrlich und über längere Zeit mit unseren Bedürfnissen, Sehnsüchten und Zielen beschäftigt? Wie oft haben wir bisher die wahre Motivation hinter unseren Wünschen und Plänen hinterfragt, bevor wir begonnen haben, viel Zeit und Energie in deren Umsetzung zu stecken?

Die äußeren Lebensumstände spiegeln meist nur das wider, was wir in uns tragen. Und das ist eine ganze Menge. Vor allem tragen wir ein Bild in uns, wie wir glauben sein und uns verhalten zu müssen. Mit unserer seelischen Essenz hat diese Vorstellung von dem, wer wir sind und was wir wollen, oft nur wenig gemeinsam. Trotzdem übt dieses verzerrte Bild von uns selbst einen entscheidenden Einfluss darauf aus, wie wir unser Leben gestalten. Es ist die Wurzel vieler Erfahrungen, die wir im Laufe der Zeit machen. Diese falsche, von außen geprägte und nicht unserem seelischen Kern entsprechende Persönlichkeit zu erkennen und die damit verbundene Lebensgestaltung zu hinterfragen, ist ein entscheidender Schritt, um den individuellen Weg zu finden und zu gehen.

Laura, eine sehr gute Freundin von mir, litt darunter, dass sie immer wieder Beziehungen zu Männern hatte, die sich nie voll und ganz auf die Partnerschaft einlassen wollten. Die Beziehungen dauerten zwar meist mehrere Jahre, blieben aber auf eine gewisse Art unverbindlich. Ihr Wunsch nach einem Zusammenleben, nach Heirat und vielleicht auch Kindern wurde nie erfüllt. An dem Punkt, an dem sie ihren Wunsch äußerte, endeten in der Regel die Beziehungen. Sie fragte sich, weshalb es ihr nie gelang, einen Mann zu finden, der bereit war, mit ihr den ganzen Weg zu gehen. Im Rahmen einer Therapie erkannte sie, dass es einen Teil von ihr gab, der felsenfest davon überzeugt war, nicht liebenswert und für andere Menschen nur eine Belastung zu sein. Dieser Teil wurde umso unsicherer, je näher ihr ein anderer Mensch kam. Um diesen Teil zu verstecken, sandte sie unbewusst die Botschaft aus: »Bis hierher und nicht weiter.« Unbewusst suchte sie daher Partner, die ebenso wenig bereit waren, sich voll und ganz auf sie einzulassen, wie sie es umgekehrt war. Denn hätte sie einen anderen Menschen wirklich nah an sich herangelassen, hätte er auch diesen Teil von ihr kennengelernt. Und das versuchte sie, wenn auch nicht bewusst, zu vermeiden. In der Therapie begann sie, sich mit diesem Thema auseinanderzusetzen – ein nicht immer leichter Prozess. Doch er hat sich gelohnt. Mittlerweile ist sie seit drei Jahren glücklich verheiratet.

Lassen wir die Fragen in unserem Inneren zu, zeigen wir die Bereitschaft, mit unserer Seele in Kontakt zu kommen. Die Seele ist dabei die Kraft, die nach und nach jene Themen an die Oberfläche unseres Bewusstseins spült, die noch nicht gelöst sind, die noch einmal (oder vielleicht das erste Mal) angesehen werden wollen. Im persönlichen Empfinden mögen solche inneren Wellen wie eine Flutwelle erscheinen, in der wir manchmal das Gefühl haben zu ertrinken. So gewaltig uns der Tsunami auch erscheinen mag, wir können darauf vertrauen, dass unsere seelische Führung genau weiß, was sie uns zumuten kann. Denn sie kennt unser gesamtes Potenzial und möchte uns unterstützen, dieses ebenfalls zu erkennen und zu leben.

Fragen zulassen

Wenn wir es wagen, uns auf die Fragen einzulassen, erleben wir, wie Dinge, nach denen wir uns jahrelang, vielleicht sogar jahrzehntelang gesehnt haben, tatsächlich Realität werden, während anderes an Bedeutung verliert. Uns wird klar, dass einige unserer bisherigen Wünsche niemals wahr werden, spüren aber, dass das gut und richtig so ist. Die bewusste Verbindung mit dem eigenen Wesenskern und dem darin enthaltenen Potenzial ist die beste Voraussetzung, den ureigenen Lebensplan, den unsere Seele kreiert hat, zu verwirklichen. Dann machen wir, im wahrsten Sinne des Wortes, das Beste aus uns und unserem Leben. Das Beste aus sich herauszuholen bedeutet nicht, ständig zu versuchen, persönliche Schwächen zu kaschieren oder sich mehr als alle anderen zu bemühen, Fehler um jeden Preis zu vermeiden und nach außen stets perfekt zu wirken. So zu leben ist extrem anstrengend und führt weder zu dauerhaftem Glück noch zu echter Erfüllung. Das Beste zu geben, um den eigenen Weg zu verfolgen, beinhaltet vielmehr, individuelle Stärken zu erkennen, ganz persönliche Träume zu verwirklichen und die eigene Einzigartigkeit zu leben. Es geht also nicht darum, im Vergleich zu anderen der oder die Beste zu sein, sondern darum, im eigenen Leben für sich das Beste zu erkennen und umzusetzen.

Wer Fragen stellt und die Antworten hören will, übernimmt Verantwortung. Verantwortung für sich selbst und sein Leben. Ob uns diese Fragen wie ein Blitz aus heiterem Himmel treffen oder uns leise und subtil als Ahnung, Gefühl oder Sehnsucht tief in unserem Herzen erreichen, sie wollen beantwortet werden. Sie sind der Antrieb, der uns auf unserem Weg voranbringt. Sie zeigen uns, dass es mehr gibt als das, womit wir uns bisher zufriedengeben. Sie regen uns an zu träumen und den ein oder anderen Traum auch in die Realität zu bringen. Sie ermutigen uns, nach dem Sinn zu suchen, nach etwas zu streben, wofür es sich lohnt, am Morgen aufzustehen und unsere Kraft und Energie einzusetzen. In welcher Art und Weise diese Fragen auch immer auftauchen mögen, wir sollten sie wie ein Geschenk in Empfang nehmen. Selbst dann, wenn wir sie erst nach vielen Jahren und großer Anstrengung beantworten können.

Michaela, einer Klientin von mir, fiel es immer schwerer, sich für ihre beruflichen Aufgaben zu motivieren. Sie war als Masseurin schon seit vielen Jahren selbstständig tätig und konnte davon auch gut leben. Die Arbeit mit Menschen machte ihr Spaß, und trotzdem kostete es sie immer mehr Kraft, ihren Beruf auszuüben. Sie musste die tägliche Anzahl an Kunden reduzieren, da sie körperlich immer schneller auslaugte. Abends fiel sie völlig erschöpft ins Bett und hatte keine Energie mehr für Freizeitaktivitäten. Als sie sich fragte »Was raubt mir meine Energie? Warum habe ich das Gefühl, mich zu meiner Arbeit zwingen zu müssen?« fand sie erst einmal keine Antwort. Einige Tage später traf sie auf einer Party von Freunden eine Rhetoriktrainerin, die ihr vorschwärmte, wie erfüllend sie es fand, in ihren Seminaren Menschen zu helfen, ihre Ausdrucksweise zu verbessern. Michaela war von der Idee begeistert, auf diese Art und Weise mit Menschen zu arbeiten, und begann eine Ausbildung zur Kommunikationstrainerin. Doch schon während der Ausbildung merkte sie, dass auch das alleine sie nicht erfüllte. Sie stellte aber fest, dass sie wieder mehr Motivation für ihre Massagetätigkeit hatte.

Was war passiert? Ohne es bewusst zu lenken, hatte sie begonnen, die neuen Erkenntnisse aus der Ausbildung in ihre Körperarbeit einfließen zu lassen. Sie hatte, ohne es geplant zu haben, ihr Wissen über Kommunikation mit ihrem Wissen und ihrer Erfahrung über den menschlichen Körper kombiniert und eine neue Methode zur Kommunikation mit dem Körper entwickelt. Diese nutzt sie nun in ihrer Praxis und bietet dazu auch regelmäßig Seminare an. Etwas fehlte in ihrer ursprünglichen Tätigkeit, daher verlor sie immer mehr die Motivation dafür. Aktiv nach der Ursache zu fragen öffnete den Raum für Antworten und für die entscheidende Veränderung.

Dazu passt ein weiteres Beispiel, das mit der Frage »Was wollen mir meine körperlichen Beschwerden sagen?« zu tun hat. Alex, ein guter Freund, litt seit mehreren Monaten unter pulsierenden Schmerzen in der Lunge, die mal mehr, mal weniger stark waren.

Anfangs dachte er, es habe mit seiner Pollenallergie zu tun, und beachtete die Symptome nicht weiter. Als diese aber selbst im Winter nicht verschwanden, ging er zum Arzt. Es wurden diverse Untersuchungen gemacht, doch medizinisch gesehen war er völlig gesund. Er versuchte es mit energetischen Methoden und Homöopathie, doch auch das brachte keine Besserung. Eines Tages fragte ich ihn eher im Scherz: »Was nimmt dir denn die Luft zum Atmen?« Diese Frage ließ ihn nicht mehr los. Er kaufte sich ein Buch zum Thema Psychosomatik und las darin, dass Lunge und Atmen mit dem Thema Freiheit zusammenhängen. Daraus ergab sich für ihn die Frage: »Wo fühle ich mich nicht frei?« Die Antwort traf ihn nach eigener Aussage wie ein Blitz: in seiner Beziehung. Oberflächlich war alles in bester Ordnung, doch erkannte er, dass er einige seiner Bedürfnisse und Wünsche unterdrückte, um die Harmonie nicht zu stören. Letztlich führten die Versuche, in seiner Partnerschaft etwas zu verändern, zur Trennung. Die Lungenschmerzen sind seitdem verschwunden.

Ohne Fragen fehlt uns die Orientierung. Der Weg und die Zukunft liegen im Nebel. Fehlt die Ausrichtung, reagieren wir, anstatt zu agieren. Wir tun, was andere wollen oder von uns erwarten, und vergessen, auf unsere eigenen Wünsche und Bedürfnisse zu achten. Es erfordert Mut, anders zu sein, gegen den Strom zu schwimmen und sich von der Meinung anderer unabhängig zu machen.

Wer die Macht über das eigene Leben zurückerobern will, kann nicht länger nach den Regeln und Ansichten anderer leben. Es gilt, der eigenen inneren Wahrheit zu folgen, für sich selbst einzustehen und auch ein Scheitern oder Rückschläge zu ertragen. Die Fragen zu beantworten verlangt Zeit, Energie und manchmal auch Geld von uns. Vor allem aber sind wir aufgerufen, unserer inneren Führung zu vertrauen – die vielleicht größte Herausforderung am Beginn der Reise. Über unsere innere Führung haben wir Zugang zu Wissen, das weit über unseren bewussten Verstand hinausgeht. Sie ist das Licht, das unseren Weg erhellt, damit wir ihn sicher gehen können.

Beginnen wir, Fragen zu stellen. Erkennen wir unsere Sehnsüchte, Wünsche und Bedürfnisse an und gestehen wir uns ein, dass sie da sind und nach Erfüllung streben. Nehmen wir unsere Gefühle an. Besonders auch die unangenehmen. Und erlauben wir uns, dahinter zu blicken. Sie bieten uns die Chance, unser Leben in eine neue Richtung zu lenken. Antworten auf unsere Fragen finden wir, wenn wir bereit sind, uns und unseren Alltag aus einem neuen Blickwinkel zu betrachten und unsere aktuelle Lebenssituation in allen Facetten anzuschauen.

Übung: Fragen zulassen

Sind Sie bereit, Fragen zu stellen? Dann nehmen Sie Stift und Papier zur Hand und suchen Sie sich einen Platz, an dem Sie ungestört sind. Entspannen Sie sich und beginnen Sie, ungefiltert alle Fragen aufzuschreiben, die in Ihnen auftauchen, während Sie Ihr aktuelles Leben betrachten.
Dies können allgemeine Fragen sein wie:
- Was ist der Sinn?
- Was erwarte ich vom Leben?
- Was macht mich unzufrieden?
- Wer bin ich wirklich? Was macht mich aus?

Oder Fragen, die sich auf eine ganz bestimmte Situation, Person oder einen Lebensbereich beziehen:
- Was soll ich in Bezug auf ... tun?
- Wie gehe ich mit dieser Situation/Person um?
- Wie gehe ich mit mir selbst um?
- Warum passiert mir das?
- Wie soll mein beruflicher Alltag aussehen?
- Was wollen mir meine körperlichen Beschwerden sagen?
- Was muss sich ändern, damit ich mich gesund/glücklich/ zufrieden/... fühle?

Erlauben Sie sich, wirklich alle Fragen zu stellen, die in Ihnen sind. Zensieren Sie sich nicht selbst. Sie machen diese Übung nur für sich. Keine Frage muss sofort beantwortet werden. In einem ersten Schritt geht es nur darum, sie zuzulassen und zu beobachten, was sie in Ihnen auslöst.

Betrachten Sie Ihren Alltag, Ihr bisheriges Leben. Widmen Sie sich den verschiedenen Lebensbereichen – von Beruf über Familie, Liebe und Partnerschaft bis hin zu Gesundheit und Wohlbefinden. Schreiben Sie alle Fragen auf, die Ihnen durch den Kopf gehen. Notieren Sie auch Gefühle, Sehnsüchte oder Wünsche, die während dieser Übung entstehen.

Wie fühlt es sich an, diese Fragen zuzulassen? Beginnt es in Ihnen zu kribbeln? Werden Sie unruhig? Spüren Sie einen Impuls, aktiv zu werden und etwas zu verändern? Fühlen Sie sich völlig ohnmächtig? Sind Sie verwirrt und unsicher? Haben Sie Schuldgefühle? Oder lösen die Fragen Freude in Ihnen aus? Was immer passiert, nehmen Sie es wahr und schreiben Sie es auf.

Es gibt keinen Richtwert, wie viele Fragen Sie haben sollten. Vielleicht haben Sie erst mal keine einzige, und es dauert eine Weile, bis die erste Frage sich zeigt. Oder eine einzelne Frage ist so umfassend und weitreichend, dass sie letztlich das ganze Leben verändern kann. Sie mag einen ganz bestimmten Lebensbereich oder die gesamte Lebenssituation betreffen. Es kann auch sein, dass Sie mit dem Schreiben kaum nachkommen, weil plötzlich so viele Fragen auftauchen.

Ich empfehle, diese Übung am Anfang eine Woche lang jeden Tag zu machen. Täglich 10 bis 15 Minuten, in denen Sie neue Fragen aufschreiben oder bisher aufgetauchte Fragen noch einmal wirken lassen. Beginnen Sie nicht sofort, sich den Kopf über mögliche Antworten zu zerbrechen. Lassen Sie die Fragen einfach mal stehen.

Sollte Ihnen eine Woche zu kurz sein, dann machen Sie zwei oder drei Wochen daraus. Irgendwann werden Sie an einen Punkt kommen, an dem Sie das Gefühl haben, alle Fragen notiert zu haben. Sie können nun sofort aufbrechen oder Ihre Fragen noch einige Zeit auf sich wirken lassen. Ihre Bereitschaft zum Aufbruch haben Sie durch das Zulassen der Fragen bereits bewiesen.

Unsicherheit und Verwirrung

Sind die ersten Fragen gestellt, beginnen sich nach und nach Antworten zu formulieren. Nicht immer sofort in der Deutlichkeit, wie wir es uns wünschen würden. Doch erste Ahnungen weisen uns eine Richtung. Wir entwickeln Vorstellungen, wie unser Leben aussehen, wie anders es sein könnte. Träume und innere Bilder erfüllen uns mit einer Freude, die wir schon lange nicht mehr – oder sogar noch nie – in uns gespürt haben. Immer wieder stehlen wir uns einen Moment im Alltag, um unsere Gedanken dorthin wandern zu lassen. Wir könnten es wagen aufzubrechen und uns auf die Reise begeben. Wirklich sicher sind wir uns aber nicht. Sollen wir uns wirklich auf einen Weg machen, von dem wir nicht wissen, wo er hinführt?

Wir sind bereit, uns einzugestehen, dass das Alte nicht mehr passt. Wie das Neue aussieht, wissen wir allerdings noch nicht so genau. Etwas in uns fordert dazu auf, das Gewohnte loszulassen und uns auf das Unbekannte einzulassen. Es gibt keine Garantie dafür, dass es wirklich besser wird. Fest steht allerdings, dass, wenn es nicht anders wird, wir dem Besseren erst gar keine Chance geben. Nicht wenige Menschen begnügen sich damit, ein Leben lang über ihre Situation, über unverwirklichte Träume und unerfüllte Wünsche zu jammern, weil sie den Schritt aus der Komfortzone nie riskiert haben. Es erfordert Mut, sich auf die Unsicherheit einzulassen, die das Beschreiten neuer Wege mit sich bringt.

Wir sind es gewohnt, alles zu planen, die Dinge unter Kontrolle zu halten und keine Risiken einzugehen. Wir haben gelernt, mit dem zufrieden zu sein, was wir haben, anstatt nach einem größeren Glück zu streben. Dieses Bedürfnis nach Kontrolle, Planung und Sicherheit fordert uns nun heraus, steht in Konflikt mit unserem Wunsch nach mehr Sinn und Erfüllung im Leben. Noch bevor wir uns auf den Weg gemacht haben, ja sogar, bevor wir überhaupt entschieden haben, ob wir uns auf die Reise einlassen wollen, machen sich Unruhe und Verwirrung in uns breit. Wenn wir anfangen, unser bisheriges Leben zu hinterfragen, einzelne Lebensbereiche kritisch zu beleuchten und über das Wer-wir-Sind und Was-wir-Tun nachzudenken, stellen wir unter Umständen fest, dass das Fundament, auf dem wir unser Leben aufgebaut haben, nicht so stabil ist, wie wir angenommen hatten. Wir erkennen Illusionen, denen wir uns hingegeben haben, und müssen uns eingestehen, dass wir uns in Bezug auf das Wer-wir-Sind und Was-wir-Wollen getäuscht haben. Unsere gesamte Identität samt dazugehörigem Leben wird plötzlich infrage gestellt. Verwirrt und verunsichert zu sein ist in einer solchen Phase nur allzu natürlich.

Sicherheit ist eines der wesentlichsten menschlichen Urbedürfnisse, für dessen Befriedigung es mehr braucht als ein Dach über dem Kopf und genügend Nahrung. Die tägliche Routine, egal, ob sie uns Freude macht oder nicht, vertraute Menschen, eine bekannte Umgebung, Interessen, denen wir bislang nachgegangen sind, und unsere Ansichten und Verhaltensweisen, mit denen wir uns seit Jahrzenten identifizieren, all das vermittelt ein Gefühl der Sicherheit. Hier haben wir einen Platz gefunden und uns eingerichtet. Und nun verlangt etwas in uns, das alles – oder zumindest Teile davon – aufzugeben. Wir spielen mit dem Gedanken einer beruflichen Neuorientierung, ohne so recht zu wissen, wohin wir uns neu orientieren wollen. Da ist die Idee, ein Jahr lang aus dem Alltag auszusteigen und um die Welt zu reisen, ohne zu wissen, wie es nach der Rückkehr weitergehen soll. Die Partnerschaft ist schon lange nicht mehr glücklich, aber der Gedanke, nach einer Trennung vielleicht für immer alleine bleiben zu müssen, macht uns Angst.

Es ist völlig offen, was nach dem ersten Schritt passieren wird, und es ist ganz unmöglich, vorherzusehen, was die Zukunft für uns bereithält. Trotzdem lassen sich viele nicht davon abhalten und versuchen, das Unplanbare planbar und das Unvorhersehbare vorhersehbar zu machen. In unendlichen Gedankenkreiseln werden verschiedenste Szenarien durchgespielt. Was könnte nicht alles passieren? Mehr oder weniger wahrscheinliche Folgen geistern durch die Vorstellungswelt. Als Ergebnis wartet statt mehr Klarheit und Sicherheit eine noch tiefere Verunsicherung.

Weg der Erfahrungen

Der Weg der Seele ist ein Weg der Erfahrungen. Das Ziel ist unsere persönliche Entwicklung. Dazu gehört, sich auf Ereignisse, Situationen, Menschen und Herausforderungen einzulassen, die zu neuen Erkenntnissen und innerem Wachstum führen. Es ist ein Weg von Geben und Nehmen, von Innenschau und Außenwirkung, von Aktivität und Entspannung. Verunsicherung und Verwirrung sind oft der Ausgangspunkt der Reise. Diese führt jedoch nach und nach zu einem tieferen Gefühl der Sicherheit und des Vertrauens. Nicht, weil die äußeren Umstände berechenbarer oder vorhersehbarer werden, sondern weil entlang des Weges die Verbindung zur seelischen Essenz enger wird. Daraus erwächst eine vorher nicht gekannte innere Gewissheit.

Neben der Angst vor den Konsequenzen für das eigene Leben sind es in vielen Fällen die Befürchtungen und Bedenken, wie der Entschluss aufzubrechen sich auf Menschen im unmittelbaren Umfeld auswirken könnte, die davon abhalten, die Reise zu wagen. Wesentliche Bedürfnisse werden ignoriert, das individuelle Potenzial versteckt und Ziele aufgegeben, aus Angst davor, wie andere reagieren könnten. Viele Menschen finden Sicherheit darin, so zu sein wie alle anderen, das zu denken und wollen, was alle anderen denken und wollen. Und wenn die eigene Meinung nicht mit der anderer übereinstimmt, behalten sie diese möglichst für sich. Sich plötzlich von der Masse abzuheben, kann Verunsicherung auslösen. Nicht nur bei einem selbst, sondern vor allem auch bei den anderen.

Für viele ist es nicht vorstellbar, dass jeder Mensch seine Individualität und Einzigartigkeit lebt. Es erscheint ihnen völlig absurd, dass nicht jeder dieselben Wünsche hegt, nicht dieselben Werte teilt und nicht in allen Dingen dieselbe Ansicht vertritt. Erzogen dazu, uns anzupassen und nicht aufzufallen, fürchten wir nun, andere vor den Kopf zu stoßen oder zu verärgern. Wir haben Angst zu enttäuschen, stellen die Befindlichkeiten anderer Menschen über das eigene Glück. Wir übernehmen Verantwortung dafür, wie es anderen mit unserem Entschluss geht, und vergessen dabei, auf unsere eigenen Empfindungen zu achten. Verantwortung zu übernehmen ist gut und wichtig. In erster Linie sind wir jedoch verantwortlich für uns selbst und unser eigenes Wohlbefinden – genauso wie die anderen für sich und ihr Wohlbefinden. Deshalb ist es wichtig, ihnen die Verantwortung, die wir für sie übernommen haben, wieder zurückzugeben. Einzige Ausnahme ist die Verantwortung für kleine Kinder, die noch nicht für sich selbst sorgen können.

Auch wenn wir das zu Beginn der Reise oft nicht glauben können, machen wir nicht nur uns selbst ein Geschenk, wenn wir unseren eigenen Weg verfolgen. Damit wir anderen Menschen etwas geben, sie ehrlich wertschätzen und lieben können, müssen wir zuerst selbst in unserer Mitte sein. Wer sein eigenes Potenzial lebt, bringt seine essenzielle Kraft und Energie zum Ausdruck. Davon profitieren auch andere.

Menschen, die ihren Weg gehen, strahlen dies auch aus. Sie haben Charisma und wirken motivierend und inspirierend auf andere. Mozart, Goethe, Einstein oder Michelangelo – was wäre gewesen, hätten sie aus Rücksicht auf andere beschlossen, ihre Talente und Fähigkeiten lieber für sich und unter Verschluss zu behalten? Wie ist es bei Ihnen? Welche Ihrer Fähigkeiten und Begabungen verstecken Sie noch vor anderen?

Es gibt einen Grund, warum jede(r) Einzelne ist, wie er oder sie ist. Um unseren Platz in dieser Welt zu finden, müssen wir uns zuerst selbst erkennen. Indem wir den alten Platz verlassen und uns auf die Reise machen. Wir wissen nicht, was passieren wird, weder wenn wir beschließen aufzubrechen, noch wenn wir entscheiden, da zu bleiben, wo wir sind. Selbst wenn wir einfach weitermachen wie bisher und das Drängen der Seele nach Verwirklichung und Erfüllung konsequent ignorieren, ist die vermeintliche Sicherheit, in der wir uns wiegen, leichter zu erschüttern, als wir uns das eingestehen wollen. Wir können davon ausgehen, dass die Dinge sich immer wieder wandeln werden und dass so manche Entwicklung uns irritieren und verunsichern wird. Es liegt nicht in unserer Macht zu entscheiden, ob wir Veränderung in unserem Leben wollen. Wir können diese aber entweder selbst aktiv gestalten oder abwarten und erst reagieren, wenn die Ereignisse uns keine andere Wahl mehr lassen.

Im Umgang mit Unsicherheit und Orientierungslosigkeit ist nicht das krampfhafte Ringen um Kontinuität und die Abwehr jeglichen Wandels die beste Strategie. Sie besteht vielmehr im Vertrauen in den eigenen Weg, die eigenen Fähigkeiten und die innere Führung. Vertrauen in uns selbst gibt uns die Stärke und Kraft, den Zustand von innerem Chaos auszuhalten. Wenn wir meinen, den Boden unter den Füßen zu verlieren, schenkt uns die Verbindung zu unserer seelischen Essenz die Standfestigkeit und Stabilität, die wir brauchen, damit wir auf unserem Weg weitergehen können.

Doch wie sieht der für uns richtige, wie sieht unser ganz persönlicher Weg aus? Die Antwort auf diese Frage finden wir, wenn wir uns eingestehen, dass der Zeitpunkt des Aufbruchs gekommen ist.

Etappe 2 – Bestandsaufnahme

»Es ist leichter zum Mars vorzudringen als zu sich selbst.«
Carl Gustav Jung

Wir sind glücklich, wenn wir uns selbst verwirklichen können. Wir sind glücklich, wenn wir einen Beruf ausüben, der uns Freude macht. Wir sind glücklich, wenn ein Herzenswunsch in Erfüllung geht. Wir sind glücklich, wenn wir so sein können, wie wir sind, und nicht trotzdem, sondern gerade deshalb geliebt werden. Wie kommt es dann, dass wir so häufig auf dieses Glück verzichten? Warum begnügen wir uns mit einer beruflichen Tätigkeit, bei der wir schon am Montag wieder sehnsüchtig an das nächste Wochenende denken? Weshalb stecken wir viel Energie in die Verwirklichung von Zielen, die uns bestenfalls kurzfristig begeistern? Wieso verbergen wir unsere Fähigkeiten und Überzeugungen, um so zu sein, wie andere uns haben wollen? Irgendetwas führt dazu, dass wir im Laufe unseres Lebens beginnen, Dinge zu tun und zu wollen, die uns weder Sinn noch Freude bringen. Wir werden zu jemandem, der wir eigentlich nicht sind.

Ihren Anfang nimmt diese Entwicklung bereits in der frühen Kindheit, einer Zeit, in der uns die ausgesprochenen und unausgesprochenen Erwartungen und Meinungen anderer besonders nachhaltig prägen. Wir wachsen heran und verlieren zunehmend den Kontakt zu uns selbst. Unsere Individualität mit all den dazugehörigen Eigenschaften, Begabungen, Wünschen und Bedürfnissen wird unter einem großen Berg von Konventionen, Gewohnheiten, Erwartungen und Anpassungen begraben. Ergebnis ist eine Persönlichkeit, die uns nur teilweise entspricht, mit der wir uns aber vollständig identifizieren. Sie bestimmt, wie wir die Welt sehen, was wir wagen oder nicht wagen, was uns wichtig ist, wie wir auf andere Menschen zugehen und welches Bild wir von uns selbst haben. Diese angepasste Persönlichkeit lässt uns ein Leben führen, das oft meilenweit von unseren wahren Bedürfnissen und Werten entfernt ist.

Den Familienbetrieb weiterführen, den der Vater schon vom Großvater übernommen hat. In ferne Länder reisen, weil die Arbeitskollegen das auch tun. Ein Haus bauen, weil das alle im Freundeskreis machen. An der Universität studieren, weil die Eltern sich das immer für ihr Kind gewünscht haben. Vieles tun wir, ohne es je zu hinterfragen. Wir verfolgen Ziele, ohne sie je anzuzweifeln. Die Frage, woher der Wunsch nach Haus, Hund und Garten oder nach dem Wirtschaftsstudium mit anschließender Karriere im Management kommt, stellt sich erst gar nicht. Wirft man sie dennoch auf, lautet die Antwort häufig »das will doch jeder«, »das gehört eben dazu« oder »ist doch normal«.

Um ehrlich auf unsere Ziele schauen zu können, müssen wir zuerst ehrlich uns selbst betrachten. Wenn wir erkennen, wer wir wirklich sind, wissen wir auch, was wir wirklich wollen.

Was uns ausmacht

Unsere Persönlichkeit ist das Ergebnis einer Reihe von Faktoren, die auf unsere Entwicklung wirken. Zum einen spielen genetische Veranlagungen eine Rolle. Sie beeinflussen zum Beispiel unsere Wahrnehmungsfähigkeit, die Art und Geschwindigkeit, mit der Sinneseindrücke verarbeitet werden, und unsere physische Konstitution. Daneben formen individuelle Lebenserfahrungen und Einflüsse unserer Umgebung zu einem großen Teil unsere Persönlichkeit. Und dann gibt es noch unsere seelische Essenz, die unabhängig von Genen und dem äußeren Umfeld ist und grundlegende Wesenszüge bestimmt. Das Zusammenspiel dieser verschiedenen Einflussgrößen ergibt das, was wir als Ich wahrnehmen. Die Art und Weise, wie wir die Welt um uns herum wahrnehmen, erleben und bewerten, unser Denken und Handeln, unsere Gefühle, Vorlieben, Abneigungen und Einstellungen – all das macht uns aus.

Wer schon einmal versucht hat, eine unliebsame Gewohnheit abzulegen, weiß, wie schwierig dies ist. Die Versuchung ist groß, immer wieder in alte Muster zurückzufallen. Bei der Veränderung wesentlicher Persönlichkeitsmerkmale verhält es sich ähnlich. Wer glaubt, durch reichlich Persönlichkeitsentwicklung im Rahmen von Coachings, Trainings und Selbsterfahrung zu einem völlig neuen Menschen zu werden, wird am Ende des Prozesses enttäuscht feststellen, dass sich gewisse Aspekte einfach nicht um-trainieren und weg-coachen lassen. Es wird kaum gelingen, unerwünschte Eigenschaften, Verhaltensweisen und Temperamentsausprägungen durch völlig andere zu ersetzen. Das soll nicht heißen, dass es keinen Sinn hat, an der eigenen Persönlichkeit etwas verändern zu wollen. Eine sinnvolle und nachhaltige professionelle Unterstützung durch Berater, Coaches oder Therapeuten sollte sich allerdings im Idealfall auf die Entfaltung des bereits vorhandenen Potenzials konzentrieren, anstatt die Erschaffung einer völlig anderen Persönlichkeit anzustreben.

Gehören Sie auch zu den Menschen, denen eine gute Antwort immer erst dann einfällt, wenn alles schon längst vorbei ist? Ich gestehe, ich gehöre dazu. Passiert etwas Unerwartetes, egal, ob es mich freut, ärgert oder mir Angst macht, reagiere ich erst einmal gar nicht. Ich erstarre und sage kein Wort. In meinem Kopf herrscht gähnende Leere, während es in meiner Gefühlswelt tobt. Je nachdem, worum es geht und wie stark meine emotionale Reaktion ist, kann die Phase »Fisch auf dem Trockenen« einige Minuten, manchmal auch Stunden dauern. Oft bin ich erst am nächsten Tag in der Lage, wirklich klar Stellung zu beziehen. Zum Beispiel nach einem Streit, aber auch, wenn mir jemand etwas sehr Liebevolles sagt. Ich bin dann so überwältigt von meinen Gefühlen, dass ich kaum Worte finde, geschweige denn klare Sätze formulieren kann. Die Frage, die sich mir daher stellte, war: Kann ich daran etwas ändern? Und wenn ja, wie? Oder muss ich damit leben?

Wenn die Art, wie wir reagieren, Ausdruck des individuellen Temperaments ist, also ein Teil, der in unserem wahren Wesenskern so angelegt ist, lässt sich daran kaum etwas verändern. Mitgebrachte

Anlagen können wir fördern oder mit ihnen umgehen lernen. Mit dem Versuch, sie loszuwerden, verschwenden wir dagegen nur viel Zeit, Energie und eventuell sogar Geld. Ist eine Verhaltensweise Ergebnis von Erziehung und Prägung, kann sie zwar mit der nötigen Bereitschaft längerfristig verändert werden, doch auch sie wird nie völlig verschwinden. Eine Erfahrung aus der Kindheit sagt beispielsweise, dass es besser ist, nicht zu vorschnell zu reagieren und die eigene Meinung für sich zu behalten. Nur dann wird man gemocht und akzeptiert. Die erlernte Reaktion stellt damit eine berechtigte Schutzfunktion dar, die in der Kindheit eine wichtige Aufgabe erfüllte. Unter starkem Stress oder in Angstsituationen wird sie sich immer wieder zeigen.

Zu welchem Schluss bin ich nun gekommen? Bin ich so oder wurde ich dazu erzogen? In meinem Fall lautete die Antwort: beides. Meine Art, auf unerwartete Ereignisse, erfreuliche wie weniger erfreuliche, zu reagieren, ist erst einmal zu fühlen. Ich spüre die Intensität der Situation, die Energie hinter ausgesprochenen Worten, die Stimmung eines Ereignisses. Und das macht mich erst einmal sprachlos. Durch meine Erziehung wurde meine stille Art zu reagieren verstärkt. Ich habe als Kind sehr schnell gelernt, meine Emotionen, besonders Ärger, Wut und Traurigkeit, zu unterdrücken. Anstatt meine Impulse auszuleben, habe ich mich zurückgehalten. So war ich sehr brav und ruhig und damit unkompliziert für die Erwachsenen. Ein praktisches Kind, das niemanden störte und nicht viel Aufmerksamkeit verlangte.

Mein Bedürfnis, mich erst einmal in eine Situation oder einen anderen Menschen einzufühlen, kann und will ich nicht ändern. Es ist ein wesentlicher Teil von mir. Und auch wenn ich mir manchmal wünschen würde, etwas schlagfertiger zu sein, habe ich gelernt, diesen Aspekt meiner Persönlichkeit nicht nur anzunehmen, sondern auch das Potenzial darin zu sehen, nämlich eine besonders feine Wahrnehmung für Menschen und Situationen zu haben. Gleichzeitig habe ich aber auch begonnen, an meinen anerzogenen Verhaltensmustern zu arbeiten. Denn es macht mich nicht glücklich, mich aus Rücksicht auf andere zurückzuhalten und mich selbst zu zensieren. Ich lasse mich nicht zu einer unmittelbaren Antwort oder Reaktion zwingen. Stattdessen nehme ich mir so viel Zeit, wie ich brauche. »Ich kann dazu im Moment nichts sagen«, »ich gebe dir morgen Bescheid« oder einfach »ich brauche etwas Zeit« sind Sätze, die ich mir sozusagen auf die Zwischenablage gelegt habe. So lasse ich mein Gegenüber nicht völlig im Regen stehen, zwinge mich aber auch nicht, unmittelbar zu antworten. Ich setze mich also nun weniger unter Druck. Seitdem ich das tue, gelingt es mir immer öfter, direkter zu reagieren und sofort etwas zu sagen. Ich habe einerseits Hemmungen, die Relikte aus meiner Kindheit waren, abgelegt und andererseits mich selbst so angenommen, wie ich bin. Das hat mich freier gemacht, zu agieren und reagieren, wie es mir wirklich entspricht.

Die Wirkung von Prägungen

Prägungen aus der Kindheit sind innere Programme, die starken Einfluss auf unser Leben haben. Oft ist es schwierig zu erkennen, dass Antriebe und Motive, denen wir folgen, Produkte von Erziehung und Kindheitserfahrungen sind.

Erste unbewusste Muster und Programme entstehen bereits im Mutterleib und in den Wochen nach der Geburt. Diese Phase frühkindlicher Prägungen ist ein besonders sensibler Lebensabschnitt. Lernen geschieht hier alleine durch Beobachten und Wahrnehmen. Umweltreize und emotionale Zustände der Mutter werden registriert und verarbeitet.

Die Verknüpfung von Ereignissen mit der dazugehörigen emotionalen Reaktion der Mutter lässt im Unterbewusstsein des Kindes erste Programme und Muster entstehen. Diese wirken für den Rest des Lebens. Sie bestimmen die grundlegende Sichtweise auf die Welt und damit verbundenes Verhalten. Eine ausgeglichene und sichere Umgebung etwa prägt das Neugeborene mit positiven Gefühlen wie Zufriedenheit und Vertrauen. Ist das Umfeld der Mutter dagegen beängstigend oder unsicher, verankern sich Programme von Stress, Angst und Unruhe. Diese unbewussten Muster und Haltungen können durch künftige Erfahrungen in ihrer Wirkung zwar etwas abgeschwächt werden, völlig verschwinden werden sie aber nicht mehr.

Entscheidend für die Festigung dieser inneren Muster und Programme sind demnach nicht kognitive Lernprozesse, wie wir sie von späteren Erfahrungen kennen, sondern die Gefühle und Stimmungen, die der Embryo beziehungsweise das Neugeborene spürt und wahrnimmt. Über den Weg des Fühlens wandern sie als Prägungen direkt in das Unterbewusstsein. Deshalb ist es später auch nicht einfach möglich, daraus entstandene Überzeugungen durch ein paar positive Affirmationen loszuwerden. Um weniger hilfreiche Denk- und Verhaltensweisen nachhaltig zu verändern, ist es vor allem notwendig, sich auf der Ebene des Fühlens und Empfindens mit ihnen auseinanderzusetzen. Nur so finden wir Zugang zu unserem Unbewussten.

Prägungen entstehen besonders schnell und effektiv, weil sie das bewusste Denken nicht passieren müssen. Im Hinblick auf die Evolution war es für das Überleben unserer Vorfahren sinnvoll, dass bestimmte unbewusste Programme von den Eltern oder anderen Bezugspersonen möglichst früh und nachhaltig mitgegeben wurden. Auch wenn es heutzutage weit weniger um die Sicherung des Überlebens geht, funktioniert der moderne Mensch nicht wesentlich anders. Besonders in schwierigeren Lebensphasen und Situationen starker emotionaler Belastung werden diese früh entstandenen Reaktionsprogramme immer wieder zum Vorschein kommen.

Aus Erfahrung lernen

Die Phase, in der wir ausschließlich durch Wahrnehmung und Fühlen lernen, ist relativ kurz. Schon im frühen Kindesalter beginnen wir eigenständige Erfahrungen zu machen, die erste Prägungen und daraus entstandene unbewusste Muster und Programme festigen und ergänzen. Ereignisse werden nun vom Kind aktiv emotional interpretiert, entsprechend jenen Gefühlserfahrungen, die es vor und unmittelbar nach der Geburt gemacht hat. Je öfter dabei Situationen erlebt werden, die eine bereits vorhandene Prägung bestätigen, desto nachhaltiger wird diese im Unterbewusstsein verankert.

Werden wir anfangs vor allem durch das Verhalten und die Reaktionen der unmittelbaren Bezugspersonen geprägt, wirken später auch Erfahrungen, die wir im entfernteren sozialen Umfeld machen. Erleben wir zum Beispiel, von anderen Kindern im Kindergarten ausgelacht oder gar von der Erzieherin gerügt zu werden, weil wir das Gras lila statt grün gemalt haben, verinnerlichen wir, dass es nicht sicher ist, die eigene Kreativität auszudrücken. Oder wir stellen unzählige Fragen über die Dinge in der Welt und bekommen zur Antwort, dass wir nicht so viel und schon gar nicht so dumm fragen sollen. In uns entsteht die Überzeugung, dass, wer zu viel wissen will, von anderen zurückgewiesen wird. Um schmerzhafte Erfahrungen wie diese in Zukunft zu vermeiden, beginnen wir uns anzupassen. Auch wenn das Malen dann vielleicht nicht mehr ganz so viel Freude macht und unsere Fragen unbeantwortet bleiben.

Glücklicherweise gibt es aber auch viele positive Erfahrungen, die wir im Laufe unserer Kindheit machen können. Idealerweise erleben wir in den ersten Jahren, dass es gut ist, einen eigenen Willen zu haben und auf eigene Bedürfnisse aufmerksam zu machen. Dass wir von anderen so angenommen werden, wie wir sind. Dass wir uns auf unsere Bezugspersonen verlassen können und sie uns Sicherheit geben. Wir werden für Dinge, die wir tun, gelobt, auch wenn wir etwas nicht so perfekt oder wie alle anderen machen. Und wir werden ermutigt, Fragen zu stellen, neue Dinge auszuprobieren und zu zeigen, was wir können.

Selbst wenn bei manchen Menschen solch bestärkende Erlebnisse im unmittelbaren familiären Umfeld fehlen oder nur spärlich gesät sind, gibt es im Laufe des Heranwachsens doch immer wieder Begegnungen mit Personen im erweiterten Umfeld, die sich positiv auf die Entwicklung eines Kindes auswirken. Der Kontakt mit Freunden, Schulkameraden, Lehrern oder Kollegen bietet viele

Möglichkeiten, außerhalb des eigenen Zuhauses viel Positives zu erleben. Die Lehrerin, die das kreative Potenzial erkennt und zum Malen ermutigt. Die Mutter eines Freundes, bei der wir immer willkommen waren und zum ersten Mal ein bisher unbekanntes Familienglück erleben konnten. Oder die beste Freundin in der Schule, die mit uns durch dick und dünn ging. Keine Kindheit ist ausschließlich schlecht. Außerdem haben Kinder ein besonderes Talent, unabhängig von den Umständen, in denen sie aufwachsen, für jene Erfahrungen und Ressourcen zu sorgen, die ihr Selbstwertgefühl stärken und ihnen Freude bringen.

Immer wieder mehr vom selben

In der Regel wiederholen wir von der Kindheit bis zum Erwachsenwerden immer wieder jene Programme, die wir aufgrund von Prägungen und Erfahrungen in den ersten Lebensjahren abgespeichert haben. Sowohl die hilfreichen wie auch die weniger hilfreichen. Und das, ohne uns dessen bewusst zu sein. Tief im Inneren sind wir überzeugt, dass die Welt so ist, wie wir sie in den ersten Lebensjahren erfahren haben. Wir erwarten entweder, dass unser Können gesehen wird und wir geliebt werden, oder aber, dass unsere Talente nicht erwünscht sind und unsere Liebe nicht erwidert wird. Als würde ein Schild über unserem Kopf schweben, scheinen für andere unsere tiefsten Überzeugungen über uns selbst sichtbar zu sein.

So erleben wir dann auch regelmäßig Situationen, in denen sich diese Überzeugungen bestätigen. Wir haben ein festes Bild davon, wie Menschen sind, wie sie denken und sich verhalten – und was wir von ihnen und von uns selbst erwarten können. Dieses Welt- und Menschenbild samt all seinen Verzerrungen bestimmt unser Erleben. Wer schon von früher Kindheit an Kritik oder Ablehnung erlebt hat, interpretiert eine beiläufige Bemerkung eher als Angriff als ein Mensch, der in seinem Leben hauptsächlich Akzeptanz und Bestätigung erfahren hat. Wer meint, keine Aufmerksamkeit zu verdienen, wird häufig erleben, dass er übersehen oder übergangen wird. Und wer verinnerlicht hat, dass er über viele Fähigkeiten verfügt und das eigene Leben selbst steuern kann, lässt sich auch von Schwierigkeiten nicht so leicht aus der Bahn werfen, weil er immer wieder darin bestätigt wird, Herausforderungen gewachsen zu sein. Diese Muster laufen völlig unbewusst ab und werden im Sinne einer selbsterfüllenden Prophezeiung mit jeder weiteren Erfahrung mehr und mehr gefestigt. Unsere Umwelt verhält sich genau so, wie wir es unbewusst erwarten.

Erinnern Sie sich noch an das Beispiel meiner Freundin Laura, deren Männer immer dann die Flucht ergriffen, wenn die Beziehung drohte zu verbindlich zu werden? Sie trug den unbewussten Glaubenssatz in sich, nicht liebenswert und für andere Menschen eine Belastung zu sein. Entstanden war diese Überzeugung bereits in früher Kindheit. Sie war die Älteste von drei Kindern. Ihre jüngere Schwester kam knapp ein Jahr nach ihr zur Welt. Von einem Tag auf den anderen war die Aufmerksamkeit ihrer Mutter voll und ganz auf das Neugeborene gerichtet. Die ältere Tochter wurde regelmäßig zu den Großeltern gebracht, damit die Mutter Zeit für das kleinere Kind hatte. Ein einjähriges Kind erlebt dies als eine starke Zurückweisung und sucht die Schuld bei sich selbst. Es kann nicht erkennen, dass die Mutter überfordert ist. Aus Sicht des Kindes stimmt mit ihm etwas nicht. Warum sonst sollte die Mutter es wegschicken?

Auch wenn wir meinen, alles völlig objektiv zu betrachten und einen guten Blick für die Realität zu haben, nehmen wir in Wahrheit die Welt vor allem so wahr, wie es unseren inneren Bildern und Überzeugungen entspricht. Frühkindliche Prägungen und später hinzukommende Erfahrungen setzen uns eine unsichtbare Brille auf, durch die wir die Welt betrachten. Wir stellen unsere Wahrnehmung vom Leben meist kaum infrage, andere Sichtweisen lassen wir erst gar nicht gelten. Wir beginnen uns so zu verhalten, wie wir glauben, uns am besten vor Schmerzen, Konflikten und Enttäuschungen schützen zu können. Wir versuchen, möglichst gefahrlos durchs Leben zu kommen. Dafür verleugnen wir unsere Bedürfnisse, stellen unser Licht in den Schatten und verhalten uns so, wie andere es von uns erwarten. Mit jeder unangenehmen Erfahrung, mit jeder Zurückweisung und mit jeder Kritik legt sich eine weitere Schicht angepasster Persönlichkeit um unseren wahren Wesenskern. Anstatt die Person zu sein, die unserem Innersten entspricht, werden wir von unserem Umfeld geformt und verbogen. Bis wir eines Tages feststellen, dass wir durch all die (Schutz-)Schichten den Kontakt zu unserem wahren Selbst verloren haben.

So wie meine Kollegin, der erst bei voller Fahrt ein Reifen auf der Autobahn platzen musste, bevor sie erkannte, dass sie sich um alle kümmerte, nur nicht um sich selbst. Sie war in einer Familie aufgewachsen, in der es nur erfolgreiche Menschen zu geben schien. Der Vater war Arzt, die Mutter Rechtsanwältin, ihre beiden älteren Brüder schlossen ihr Studium mit ausgezeichnetem Erfolg in Mindeststudiendauer ab. Ehen waren glücklich oder schienen es zumindest zu sein, das Familienleben war stets harmonisch. Die Ideale und Vorstellungen vom Leben, die ihr tagein, tagaus vorgelebt wurden, waren dermaßen hoch, dass sie alles daransetzte, ebenso makellos zu sein. Sie versuchte vor allem sich selbst zu beweisen, dass sie das Leben ganz allein im Griff hatte. Wie sehr sie sich mit den aus ihrem Elternhaus übernommenen Werten und Ansichten über ein »perfektes« Leben identifizierte und versuchte, diesem zu entsprechen, war ihr nicht bewusst. Die Frage, ob ihre persönliche Art zu leben vielleicht eine andere war, stellte sie sich erst im Krankenhaus.

Machen wir daher einen ersten Schritt, um uns selbst besser zu erkennen. Ein Blick in die Kindheit kann mehr Klarheit bringen. Es geht nicht darum, ewig in der Vergangenheit herumzuwühlen. Vielmehr gilt es jene inneren Anteile bewusster zu betrachten, die unserem wahren Wesenskern nicht voll und ganz entsprechen. Erst wenn wir diese Seiten von uns kennen, können wir entscheiden, welche Überzeugungen, Werte und Verhaltensweisen wir ablegen und mit welchen wir durchs Leben gehen wollen.

Übung: Prägungen erkennen

Sie brauchen wieder Stift, Papier, Zeit und Ruhe. Notieren Sie als Überschrift »Meine Sicht auf das Leben«. Jetzt schreiben Sie alle Gedanken darunter, die Ihnen dazu kommen. Fragen, die Sie sich dabei stellen können, sind:

- Wie betrachte ich das Leben? Ist das Leben für mich ein Abenteuer, ein Spiel, ein Problem oder eine Aufgabe? Ist es Pflicht, Herausforderung ...?
- Habe ich Vertrauen in mich? Vertraue ich dem Leben?
- Fühle ich mich sicher oder bin ich oft verunsichert?
- Wie begegne ich anderen Menschen? Bin ich offen oder eher misstrauisch?
- Tue oder sage ich manchmal Dinge, von denen ich nicht wirklich überzeugt bin? Wenn ja, wann ist das der Fall?
- Wie denke ich über mich selbst?
- Was ist mir wichtig im Leben?

Werfen Sie auch einen Blick in die Vergangenheit:

- In welcher Umgebung bin ich aufgewachsen? Wie waren die Umstände?
- Was haben mir meine Eltern oder andere Bezugspersonen vorgelebt?
- Wie war die Atmosphäre in meiner Familie?
- Welche Werte (ausgesprochene wie unausgesprochene) wurden gelebt?
- Wie war ich als Kind? Was durfte ich tun? Was nicht?

Waren Ihre Eltern zum Beispiel sehr bescheiden und haben Ihnen von Kindheit an vorgelebt, dass man mit Geld sparsam umgeht, sich nur das Nötigste leistet und auch mit wenig zufrieden sein muss? Dann könnte es sein, dass auch Sie jetzt ein sehr bescheidenes Leben führen und es kaum wagen, sich etwas zu gönnen.

Hat Ihre Mutter Sie alleine großgezogen, immer alles alleine bewältigt und nie jemanden um Hilfe gebeten? Dann haben Sie vermutlich schon von klein auf gelernt, dass es besser ist, sich auf niemanden zu verlassen. Eine Grundhaltung, die Sie vielleicht heute noch begleitet.

Oder Sie haben, aus welchem Grund auch immer, in Ihrem familiären Umfeld nicht viel Zuwendung und Aufmerksamkeit erhalten. Sie haben dadurch sehr früh erfahren, dass es sehr verletzend sein kann, eine zu enge Bindung zu einem Menschen einzugehen. Daher fällt es Ihnen vielleicht auch heute noch schwer, eine enge Bindung zu einem anderen Menschen aufzubauen.

Beispiele wie diese zeigen, auf welch unterschiedlichen Wegen Prägungen entstehen können und wie sie später in unserem Leben wirken. Was bewusst getan und klar ausgesprochen wurde, spielt dabei meist viel weniger eine Rolle als jene Dinge, die Sie als Kind beobachtet, beziehungsweise Empfindungen und Stimmungen, die Sie wahrgenommen haben.

In einem **zweiten Schritt** betrachten Sie nun bitte, was Sie aufgeschrieben haben. Fragen Sie sich bei jedem Ihrer Glaubenssätze, bei jeder Ihrer Verhaltensweisen, bei der Art, wie Sie durchs Leben gehen und anderen Menschen begegnen: *Bin das wirklich ich? Entspricht das meinem wahren Wesenskern?* Die Antwort darauf wird weniger ein klares Ja oder Nein in Ihrem Kopf als ein Gefühl von Authentizität oder Unstimmigkeit in Ihrem Inneren sein.

Lassen Sie das Geschriebene ein paar Tage wirken. Beobachten Sie sich selbst im Alltag. Wo und wie wirken Ihre Prägungen?

Erwarten Sie nicht, dass Sie alle übernommenen Glaubenssätze und Verhaltensweisen sofort identifizieren können. Viele davon sind in einer so frühen Phase Ihres Lebens entstanden und so selbstverständlich für Sie geworden, dass es einige Zeit dauern kann, bis Sie erkennen, dass Sie manches doch eigentlich ganz anders sehen und sich ganz anders verhalten wollen.

Der wahre Wesenskern

Die Beziehung zu anderen Menschen erleben wir in der Regel sehr bewusst. An viele Ereignisse und Situationen, die wir mit ihnen erlebt haben, erinnern wir uns ein Leben lang. Je enger der Kontakt zu diesen Personen ist, desto eher identifizieren wir uns mit ihren Erfahrungen und Emotionen und übernehmen nicht selten auch ihre geistigen Haltungen. Orientiert an unserer angepassten Persönlichkeit gestalten wir unser Leben so, wie wir glauben, dass es uns zu hundert Prozent entspricht, und merken nicht, dass wir einen anderen Teil von uns immer mehr in den Hintergrund drängen. Doch wie glücklich kann uns ein Leben machen, das wir auf Basis eines falschen Bildes von uns selbst aufgebaut haben?

So stark Erziehung und Gesellschaft auch auf uns wirken mögen, wir sind nicht ausschließlich das Produkt äußerer Einflussfaktoren. Im Zentrum unseres Wesens steht ein Anteil, den wir in diese Welt mitbringen. Er bestimmt die Struktur unserer Persönlichkeit und existiert völlig unabhängig von Prägungen und sozialen Einflüssen. Wie in einem Samenkorn befindet sich darin unser gesamtes unverfälschtes Potenzial. Dieser Teil ist unser wahrer Wesenskern, unsere seelische Essenz. Sie ist der subtile, unvergängliche und unbeeinflussbare Aspekt in uns, der unsere Einzigartigkeit und Originalität ausmacht. Die Synthese aus jenen Persönlichkeitsmerkmalen, die wir in dieses Leben mitgebracht haben, und dem, was wir ab dem Zeitpunkt unserer Geburt erleben, macht uns zu dem Menschen, der wir sind.

Innere Konflikte entstehen dann, wenn die wahre Persönlichkeit zugunsten der angepassten verleugnet wird. In vielen Situationen scheint es nahezu unmöglich, unseren authentischen Kern voll und ganz zu bejahen. Eigene Meinungen und Gefühle müssen geleugnet werden, um im sozialen Umfeld zurechtzukommen und um von anderen angenommen zu werden. Wir vollbringen eine Anpassungsleistung, die wesentliche Teile von uns ausklammert. Denn jene, die unverblümt sagen, was sie denken, oder sich nicht konform zu gesellschaftlichen Standards verhalten, werden in vielen Fällen kritisiert, angegriffen, geächtet und aus der Gemeinschaft ausgeschlossen. Unter solchen Umständen fällt es schwer, die eigene Einzigartigkeit wahrzunehmen. Und noch schwerer, sie anzunehmen.

Das Ich – unser bewusster Teil

Auf der Suche nach sich selbst sein. Dem eigenen Ich näherkommen. Das wahre Selbst erkennen. Mit solchen und ähnlichen
Formulierungen wollen wir ausdrücken, dass wir beschlossen haben, einen neuen Weg zu gehen. Aber wer oder was ist dieses Ich,
dem wir näherkommen wollen? Was steckt hinter dem Selbst, das
wir versuchen zu finden? Wer oder was verbirgt sich hinter diesen
Begriffen, die uns so leicht über die Lippen kommen?

Das Ich (lat.: Ego) ist jener Teil unserer Persönlichkeit, mit dem
wir uns am stärksten identifizieren. Über unser Ich erleben wir den
Alltag, unseren Körper und uns selbst. Bewusstes Denken, Fühlen
und Handeln sowie unser Wille werden von ihm gesteuert. Unser
Ich ist wie ein Spiegel, in dem wir uns selbst beobachten können,
der es uns ermöglicht, Empfindungen, Gedanken oder Erfahrungen
bewusst zu erleben und zu bewerten. Erst dadurch wird Selbstreflexion möglich. Wir können uns selbst erkennen und von anderen unterscheiden.

Viele Impulse aus dem Ego dienen in erster Linie der Sicherung
des eigenen Überlebens. Auch wenn uns das oft nicht bewusst ist,
steckt hinter vielen unserer Gedanken und Handlungen die Urangst
vor der Nicht-Existenz. Diese Angst ist facettenreich. In der heuti-
gen Zeit zeigt sie sich häufig in Form einer Vermeidungsstrategie.
Und zu vermeiden kann es vieles geben: Mangel, Verletzung, Konflikte, Aufmerksamkeit, Kontrollverlust oder ein Gefühl der Wertlosigkeit. Was wir letztlich zu vermeiden suchen, hängt unter anderem auch von unseren frühkindlichen Prägungen und Erfahrungen
ab.

Erleben wir schon als Kind, dass uns nahestehende Personen
durch ihr Verhalten oder ihre Äußerungen verletzen, wird das Ego
später alles unternehmen, um weitere Verletzungen dieser Art zu
vermeiden. Der eine kaschiert die eigene Verletzlichkeit durch über-
hebliches und arrogantes Verhalten anderen gegenüber, ein anderer
wiederum zieht sich zurück und vermeidet, so gut es geht, den
Kontakt mit anderen Menschen, um jede Möglichkeit, wieder ge-

kränkt zu werden, gleich von vornherein auszuschließen. In beiden Fällen identifiziert sich das Ego mit der jeweiligen Grundhaltung. Der eine erlebt sich dann als besonders toll, klug, schön und allen anderen überlegen, während der andere vor allem seinen Selbstschutz im Auge hat und sich kaum traut, eine tiefere Bindung zu anderen Menschen einzugehen.

Das Selbst

Unser Ego hat großen Einfluss auf unsere Lebensführung. Der alleinige Herrscher über uns und unser Dasein ist es aber trotzdem nicht. Viel umfassender auf uns und unser Leben wirkt eine andere Instanz: unser Selbst. Es umfasst nicht nur unseren seelischen Kern, sondern ermöglicht auch eine Verbindung zu höheren Instanzen, die über unsere eigene körperliche Individualität hinausgehen. Das Selbst öffnet uns den Zugang zu Wissen und Erfahrungen jenseits unseres Bewusstseins. Es existiert unabhängig von Materie, Raum und Zeit und verfolgt Ziele und Aufgaben, die nicht ausschließlich unserem subjektiven Willen entspringen und uns oft noch nicht einmal bewusst sind.

Dazu bedient es sich unseres Körpers und unserer Psyche. Indem wir leben, ermöglichen wir dem Selbst, sich zu erfahren und zu entwickeln. Es wirkt durch uns. Und das meist völlig unbemerkt. Ohne Selbst gäbe es kein Ich. Ebenso wenig könnte das Selbst ohne das Ich Erfahrungen machen oder Erkenntnisse gewinnen. Ich und Selbst brauchen einander.

Das Ich gibt Identität

Viele Menschen, die von sich behaupten, auf dem spirituellen Weg zu sein, halten das Ich oder Ego für etwas Schlechtes, etwas Schlimmes, vielleicht sogar etwas Böses. Sie unternehmen große Anstrengungen, um sich von ihrem Ego zu befreien oder es aufzulösen. Ein Vorhaben, das weder sinnvoll noch möglich ist. Jeder Mensch braucht sein Ich, braucht ein Empfinden von Identität. Wenn es um Ich und Selbst geht, gibt es kein Entweder-oder. Während wir durch unser Ich unsere Individualität spüren und ein Bewusstsein für unsere Gedanken, Gefühle und Handlungen entwickeln können, ermöglicht das Selbst die Einbindung in das große Ganze und den Zugang zu weiteren Bewusstseinsebenen und anderen Quellen von Wissen.

Dank unseres Ego können wir zielgerichtet handeln und besitzen die Fähigkeit, bewusst Entscheidungen zu treffen, die über unsere Instinkte der Selbsterhaltung und Fortpflanzung hinausgehen. Unser Ich steuert uns durch den Alltag. Es legt zum Großteil fest, welche Inhalte in unserer Wahrnehmung auftauchen und welche der bewussten Aufmerksamkeit verborgen bleiben. Laufend entscheidet es, wie wir in gewissen Situationen agieren und reagieren.

Das Ego hat einen Willen, bringt uns dazu, gewisse Dinge zu tun oder zu lassen, aktiv zu handeln oder passiv zu beobachten. Eben dieser Wille trägt aber auch zu den negativen Assoziationen bei, die viele mit dem Begriff »Ego« verbinden. Wenn wir sagen, dass jemand ein starkes Ego hat, meinen wir in der Regel einen Menschen, der seinen Willen um jeden Preis durchsetzt. Wenn es sein muss, auch auf Kosten anderer. Zwar mag es diese Menschen geben, deshalb ist das Ego aber noch lange nichts Schlechtes.

Die große Kunst besteht darin, den Willen des Ego in Einklang mit dem Wollen des Selbst zu bringen. Dann ist es möglich, seine starke Kraft für die Verwirklichung von Zielen und Wünschen einzusetzen, die unserem seelischen Kern entsprechen. Anstatt alles daran zu setzen, das Ego zu überwinden oder loszuwerden, sollte unser Bestreben darauf gerichtet sein, das wahrzunehmen, was unsere Seele will. Dann können wir die fokussierte Ich-Energie einsetzen, um ureigene Lebensziele umzusetzen. Die Seele zeigt den Weg. Das Ich hilft, ihn zu gehen.

Der Impuls zu wachsen

Mit großer Wahrscheinlichkeit sind wir uns am Beginn des Weges bestimmter Aspekte unseres wahren Selbst noch nicht bewusst. Es fällt mitunter schwer, zwischen der angeborenen Kern-Persönlichkeit und dem durch Prägung, Erziehung und kulturelle Einflüsse entstandenen Ich-Anteil zu unterscheiden. Je mehr wir uns mit den Einflüssen, die uns bisher geprägt haben, beschäftigen, desto leichter können wir jene Aspekte unseres Ich erkennen, die wir eigentlich gar nicht sind.

In diesem Erkennen entsteht Raum für das wahre Selbst. Auch wenn uns bestimmte Eigenschaften unserer wahren Persönlichkeit noch nicht bewusst sein mögen, unsere Seele weiß um sie und sorgt für Möglichkeiten, diese auch zu nutzen. Und diese Möglichkeiten sind so vielfältig wie das Leben selbst. Die Kündigung aus heiterem Himmel, die einen dazu bringt, über den weiteren beruflichen Weg und den Wunsch nach mehr Lebensqualität nachzudenken. Die Begegnung mit diesem Mann, dessen Lebensfreude und Spontaneität die eigenen Lebensgeister weckt. Der plötzliche Tod eines geliebten Menschen, der bewusst macht, wie schnell das Leben vorbei sein kann, und der dazu führt, dass wir bisher verfolgte Ziele infrage stellen. Oder das von einer Freundin geliehene Buch, das davon erzählt, dass eine glückliche Beziehung nicht vom perfekten Partner, sondern der Liebe zu sich selbst abhängt. Auf den unterschiedlichsten Wegen teilt die Seele uns mit, dass noch nicht genutztes Wissen, verdrängte Sehnsüchte und verborgene Fähigkeiten in uns schlummern.

In unserem wahren Selbst entsteht der Antrieb zu wachsen und individuelle Grenzen zu erweitern. Doch davor hat unser Ich oft Angst. Schließlich basiert ein Großteil seiner Identität und Sicherheit auf dem Gewohnten und Bekannten. Es will immer alles unter Kontrolle haben. Kein Wunder daher, dass es uns schwerfällt, in neue Bereiche vorzudringen, in denen Teile der bisherigen Identität verloren gehen könnten. Denn genau das passiert, wenn wir dem Ruf unseres Herzens folgen und beginnen, unseren persönlichen

Weg zu gehen. Wir werden nicht vermeiden können, bestimmte Aspekte unserer bisherigen Identität hinter uns zu lassen. Doch tun wir das in dem Bewusstsein, dass sie nie wirklich zu uns gehört haben. Sie wurden uns von außen übergestülpt. Wir haben sie ungefragt übernommen. Und nun sind wir bereit, sie nach und nach abzulegen.

Weiterentwicklung verlangt zuallererst, uns selbst zu erkunden und zu dem zu stehen, wer wir sind. Mit allem, was uns ausmacht. Mit all unseren Licht- und Schattenseiten. Die zentrale Frage, die uns dabei begleitet, lautet: *Bin das wirklich ich?* Wenn wir unserer einzigartigen und unverwechselbaren Persönlichkeit, wie sie unserer seelischen Essenz entspricht, voll Interesse und Neugier begegnen, werden wir uns neu entdecken. Wir werden unser wahres Selbst kennenlernen. Es war immer da und ist immer da. Wir erleben es in unseren Gefühlen, Träumen und Sehnsüchten. Seine Impulse lenken und leiten uns. Unser Selbst hilft uns, sinnvolle Entscheidungen zu treffen. Es bringt jenes Wissen ins Bewusstsein, das wir im Augenblick brauchen und im Hinblick auf unsere Entwicklung positiv einsetzen können. Mitunter kann dies auch weniger angenehme Ereignisse und Erkenntnisse mit sich bringen. Gerade in ihnen steckt oft besonders großes Wachstumspotenzial.

Innere Widerstände gegen Veränderung und Weiterentwicklung haben ihre Wurzeln in jenen Schichten unserer Persönlichkeit, die durch Erziehung und Einflüsse des sozialen Umfeldes entstanden sind. Wenn Teile der bisherigen Persönlichkeit ihre Gültigkeit verlieren und neue Aspekte erst kennengelernt und angenommen werden müssen, ist eine Abwehrreaktion des Ego verständlich. Jahrzehntelang haben wir uns mit der uns vertrauten Art zu denken, zu fühlen und zu handeln identifiziert und darin Sicherheit gefunden. Natürlich irritieren uns nun jene Momente, in denen wir beginnen, Gewohntes und Vertrautes anzuzweifeln. Nun gilt es erst einmal herauszufinden, welche Eigenschaften uns tatsächlich entsprechen und was wir wirklich wollen. Wann handeln wir im Einklang mit unserer Seele? Und wann tun wir etwas, weil wir es schon seit Jahren und Jahrzehnten getan haben, ohne es je hinterfragt zu haben?

Was wir wollen

Hinter jedem menschlichen Handeln stecken Motive. Sie sind unser innerer Antrieb, weshalb wir etwas tun oder lassen. Ihre Basis bilden in erster Linie unsere Werte, die uns Orientierung geben und definieren, was uns wichtig ist. Daneben werden unsere Motive von unseren Interessen, Bedürfnissen und Talenten bestimmt.

Besondere Bedeutung haben dabei unsere zentralen Lebensmotive. Jene Antriebe, in denen sich unser wahres Selbst und unsere innere Wahrheit widerspiegeln. Sie sind in Einklang mit unseren ureigenen Werten und Bedürfnissen und sorgen dafür, dass wir die in uns angelegten Talente und Fähigkeiten leben können. Aus ihnen ziehen wir die Energie und Kraft für unsere Vorhaben. Sie fordern zu jenen Handlungen auf, die für die Verwirklichung seelischer Ziele notwendig sind. Langfristig gegen diese zentralen Motive und Werte zu handeln, ist nicht nur frustrierend. Das ständige Ignorieren und Verdrängen der aus ihnen entstehenden Impulse kann uns sogar krank machen.

Meist haben wir das Gefühl, ganz genau zu wissen, weshalb wir etwas tun oder lassen. Wir haben unsere Gründe, und wir glauben sie gut zu kennen. Wagen wir allerdings einen genaueren Blick hinter das Offensichtliche, stellen wir fest, dass das Motiv für unser Handeln vielleicht doch nicht immer ganz so klar und eindeutig ist. Und wenn wir noch genauer hinsehen, erkennen wir unter Umständen sogar, dass wir etwas mit voller Überzeugung tun, das wir eigentlich gar nicht tun wollen.

Was steckt tatsächlich hinter unserem Handeln? Ein tiefes inneres Bedürfnis oder falsche Vorstellungen, wie das Leben zu sein hat? Einer unserer grundlegenden Werte oder der Versuch, es anderen recht zu machen? Ein ehrliches Interesse oder das Streben nach Anpassung?

Alles wäre leicht, wären wir völlig immun gegen Einflüsse von außen. Doch das sind wir nicht. Neben unseren ureigenen Werten tragen wir auch jene in uns, die wir im Laufe der Kindheit und Jugend von Familie, Freunden, anderen wichtigen Bezugspersonen und auch von der Gesellschaft, in der wir aufgewachsen sind und leben, übernommen haben.

Die Eltern lebten vor, wie wichtig es ist, materiell abgesichert zu sein. Sie arbeiteten immer sehr diszipliniert und waren der Meinung, dass es bei dem, was man tut, nicht darum geht, ob es einem Spaß macht, sondern ob man etwas erreichen kann. Daraus ist vermutlich auch in uns ein Teil entstanden, der genau diese Werte leben möchte: Disziplin, finanzielle Sicherheit und beruflicher Erfolg werden zu Leitmotiven. Doch wo bleibt die Freude an dem, was wir tun?

In der Gesellschaft, egal ob engerer Freundeskreis oder entfernteres Umfeld, erleben wir unter Umständen, dass nur jene akzeptiert werden, die die Meinung der Mehrheit vertreten und das wollen, was auch alle anderen wollen. Stimmt der eigene Lebensstil oder ein verfolgtes Ziel nicht mit denen der Allgemeinheit überein, bleiben verständnislose Blicke und Kritik meist nicht lange aus. Wieso spielt Geld keine so große Rolle? Was ist mit der Karriere? Wieso keine Kinder?

Wir versuchen uns anzupassen und identifizieren uns mit dem, was uns ständig vorgelebt wird. Wenn die Mehrheit bestimmte Ziele verfolgt, dann können sie so falsch doch nicht sein, oder? Erst mit der Zeit merken wir, dass wir nie wirklich zufrieden sind. Irgendetwas passt nicht so ganz für uns. Die Vermischung ureigener und anerzogener Werte bringt oft reichlich Verwirrung mit sich. Wir meinen etwas zu wollen und erleben eine Enttäuschung, wenn wir es erreichen. Oder wir können uns einfach nicht entscheiden, weil es einen Konflikt zwischen einem ureigenen und einem übernommenen Wert gibt.

In welche Kategorie ein innerer Antrieb fällt, ob er Teil des wahren Selbst oder sozial geprägt ist, lässt sich nicht immer auf den ersten Blick erkennen. Intensive Innenschau und die Bereitschaft, eigene Beweggründe ehrlich zu hinterfragen, machen es möglich, eins vom anderen zu unterscheiden. Ein wichtiger Indikator ist dabei, wie wir uns fühlen. Es ist wenig sinnvoll, Übungen zu machen, bei denen aus einer vorgegebenen Liste an Werten und Motiven jene auszuwählen sind, die man als besonders wichtig erachtet. Eine solche intellektuelle Auswahl und Bewertung führt mit großer Wahrscheinlichkeit dazu, dass am Ende vor allem jene Motive ganz oben stehen, die aus einem Mangel entstanden oder sozial besonders akzeptiert sind.

Werte, die unserem wahren Selbst entsprechen, identifizieren wir nicht, indem wir lange darüber nachdenken oder eine Bewertung von eins bis zehn vornehmen. Eine solche Liste mit Schlagworten wie Sicherheit, Erfolg, Liebe, Familie, Freiheit, Ruhe usw. mag zwar hilfreich für eine erste Orientierung sein, eine wirkliche Antwort wird sie aber kaum liefern können. Essenzielle Antriebe erkennen wir, wenn wir nach jenen Momenten forschen, in denen wir tiefe Freude empfunden haben. Wenn wir uns Sehnsüchte und Träume bewusst machen, die uns seit Jahren begleiten. Und wenn wir bei dem, was wir tun, darauf achten, wie wir uns fühlen. Im Einklang mit unseren wahren Werten fühlen wir uns authentisch und erleben unser Handeln als sinnvoll.

Einer meiner zentralen Werte im Leben ist Freiheit. Das heißt für mich nicht, ohne jede Rücksicht auf andere tun und lassen zu können, was ich will, sondern die Wahl zu haben in dem, was ich tue, und eigenständig Entscheidungen zu treffen. Das will vermutlich jeder. Die Frage ist aber, wie stark dieser Wert als zentraler Antrieb das eigene Leben beeinflusst.

Als ich nach meinem Wirtschaftsstudium meinen ersten Vollzeitjob hatte, fiel es mir sehr schwer, mich an die Vorgaben und Anweisungen meiner Vorgesetzten zu halten. Von meinem Umfeld bekam ich zu hören, dass ich mich nun mal anpassen müsse und nicht erwarten könne, mit Mitte zwanzig gleich Chefin zu werden. Also versuchte ich mich unterzuordnen, bis mein Leidensdruck so groß wurde, dass ich nach weniger als zwei Jahren den Job kündigte. Danach war ich erst einmal frei, begann eine Ausbildung im Gesundheitsbereich und machte mich das erste Mal selbstständig. Wirklich glücklich wurde ich damit aber auch nicht. Ich sah, wie viele meiner Freunde Karriere machten und viel Geld verdienten, während ich am Existenzminimum dahinkrebste. Irgendwann wurde der Teil in mir, der mehr Geld und Erfolg wollte, so stark, dass ich diesem Antrieb nachgab und mir wieder einen Job suchte, der meinem Studium entsprach. Diesmal hatte ich zwar mehr Gestaltungsspielraum, trotzdem musste ich mich natürlich an gewisse Rahmenbedingungen halten und mich mit Vorgesetzten und Kollegen abstimmen. Viel Entscheidungsfreiheit hatte ich nicht. Ein paar Jahre lang konnte ich mich selbst davon überzeugen, dass doch eigentlich alles gar nicht so schlecht war. Gut, ich hatte nicht viel zu sagen und musste die Dinge so erledigen, wie andere sie für sinnvoll erachteten, dafür wurde ich aber sehr gut bezahlt und hatte die Freiheit, mir alles zu leisten, was ich haben wollte. So versuchte ich mich zu motivieren, während ich innerlich völlig ausbrannte. Nicht, weil mich meine Arbeit so sehr forderte, sondern weil das, was ich tat, für mich keinen Sinn machte und ich wenig Möglichkeiten hatte, die Dinge mehr nach meinen Vorstellungen zu gestalten. Es kostete mich mit jedem Tag mehr Energie, mein Bedürfnis nach Autonomie und Unabhängigkeit zu unterdrücken, um weiter in meinem Beruf zu funktionieren. Bis ich eines Tages auf dem Heimweg von der Arbeit zusammenbrach. Ich kündigte und begann mich intensiv mit mir selbst und dem, was ich wirklich wollte, zu beschäftigen. Eine der ersten Fragen, die mir dabei begegneten, war die nach meinen wichtigsten Werten und Motiven. Dass Freiheit und die Möglichkeit, aktiv etwas zu gestalten, mir wichtig sind, wusste ich schon immer. Wie wichtig, erkannte ich erst im Laufe der Zeit. Auch in meiner jetzigen Tätigkeit kann ich nicht tun und lassen, was ich will. Auch jetzt gibt es Rahmenbedingungen, an die ich mich zu halten habe – wie vereinbarte Termine, bürokratische Vorgaben oder finanzielle Verpflichtungen. Trotzdem habe ich aber sehr viel Freiheit zu entscheiden, was ich wie mache. Und diese Freiheit ist so essenziell für mich, dass ich bereit bin, dafür auf andere, mir weniger wichtige Dinge zu verzichten.

Zu wissen, was uns tief im Inneren antreibt, macht es leichter, den eigenen Weg zu gehen. Dann wissen wir, wo wir hinwollen, weshalb wir dorthin wollen und was wir bereit sind dafür zu geben. Wir folgen dem, was uns im Herzen wirklich berührt, anstatt einer falschen Vorstellung vom Glück hinterherzujagen.

Übung: Gedankenreise »Werte und Motive«

Machen Sie sich auf die Suche nach Ihren essenziellen Werten und Motiven. Hier ist die Anleitung zu einer Gedankenreise, die Sie dabei unterstützen kann. Suchen Sie sich einen Ort, an dem Sie etwa eine halbe Stunde ungestört sind. Bereiten Sie Stift und Papier vor. Sie werden beides nach der Reise benötigen.

Setzen Sie sich bequem hin, schließen Sie die Augen und atmen Sie ruhig ein und aus. Richten Sie Ihre Aufmerksamkeit auf Ihren Atem, ohne ihn verändern zu wollen, und entspannen Sie sich mit jedem Ausatemzug ein bisschen mehr.

Wenn Sie das Gefühl haben, mit Ihrer Aufmerksamkeit ganz bei sich zu sein, dann stellen Sie sich vor, Sie betreten einen Raum, an dessen Wänden viele Bilder hängen. Diese Bilder zeigen Ihnen Situationen in Ihrem bisherigen Leben, in denen Sie Ihre essenziellen Werte gelebt haben und Ihren wahren Leitmotiven gefolgt sind. In diesen Momenten Ihres Lebens fühlten Sie sich authentisch und erlebten eine tiefe Freude und Sinn in dem, was Sie taten. Verbinden Sie sich mit diesem Gefühl, ganz Sie selbst zu sein.

Gehen Sie zum ersten Bild. Was sehen Sie? Was spüren Sie? Was tun Sie? Oder haben Sie sich geweigert, etwas zu tun? Sind Sie alleine oder in Gesellschaft?

Bleiben Sie so lange vor dem Bild stehen, bis Sie die Situation klar erkennen können. Wenn Sie alles in Ruhe betrachtet haben, wenden Sie sich dem nächsten Bild zu. Gehen Sie so von Bild zu Bild durch den gesamten Raum und lassen Sie das, was Sie sehen, auf sich wirken.

Haben Sie alle Bilder im Raum betrachtet, dann richten Sie Ihre Aufmerksamkeit auf die Tür vor sich. Diese führt Sie in einen anderen Raum. Gehen Sie durch diese Tür. Auch in diesem Raum hängen wieder mehrere Bilder an den Wänden. Diese Bilder zeigen Ihnen Ihre Sehnsüchte und Träume. Betrachten Sie das erste Bild und stellen Sie sich dabei die Frage: *Was wünsche ich mir für mich? Was würde mir wirklich Freude machen?*

Warten Sie ab, was Ihnen die Bilder zeigen. Wenn Sie das

Gefühl haben, genug gesehen zu haben, dann verlassen Sie diesen Raum wieder. Kehren Sie mit Ihrer Aufmerksamkeit zu Ihrem Atem zurück. Jeder Einatemzug bringt Sie wieder mehr an den Platz zurück, auf dem Sie sitzen.

Wenn Sie wieder ganz in der Gegenwart angekommen sind, öffnen Sie die Augen und schreiben Sie alle Situationen und Ereignisse auf, die Sie während der Gedankenreise gesehen haben. Danach notieren Sie alle Wünsche und Sehnsüchte, die Ihnen die Bilder im zweiten Raum gezeigt haben.

Vielleicht können Sie sich nicht mehr an alles erinnern. Das macht nichts. Schreiben Sie das auf, was Ihnen noch im Gedächtnis ist. Sie haben jederzeit die Möglichkeit, diese Übung zu wiederholen und noch mehr Situationen und Ereignisse zu sammeln. Als Alternative können Sie diese Gedankenreise auch auf zwei Tage aufteilen, indem Sie an einem Tag nur jene Situationen betrachten, die Sie bereits erlebt haben, und sich dann am nächsten Tag Ihren Sehnsüchten und Träumen widmen. Sie machen diese Übung für sich. Gestalten Sie sie daher so, wie Sie sich am besten auf die inneren Bilder konzentrieren können.

Betrachten Sie im Anschluss an die Übung, was Sie aufgeschrieben haben. Was haben die Situationen und Ereignisse gemeinsam? Welche Werte und Antriebe stecken hinter Ihren Wünschen und Sehnsüchten? Schreiben Sie neben jedes Bild, das Sie gesehen haben, den damit verbundenen Wert oder das Motiv, das Sie dahinter erkennen. Gibt es Gemeinsamkeiten? Welche Werte und Antriebe wiederholen sich?

Die Erforschung essenzieller Werte und Motive werden Sie nicht in dreißig Minuten abgeschlossen haben. Wenn Sie sich aber regelmäßig Zeit dafür nehmen, werden Sie sich an immer mehr Situationen erinnern, in denen Sie ganz Sie selbst waren.

Als kleine Orientierung finden Sie im Folgenden Motive, die hinter menschlichem Handeln stehen können. Wie bereits erwähnt, ist es wenig sinnvoll, eine solche Aufzählung mit dem Verstand zu bewerten und sich dann ein paar Stichworte herauszupicken. Sie sollen lediglich als Idee dienen und es Ihnen leichter machen, Ihre eigenen Antriebe zu identifizieren. Denken Sie nicht darüber nach, sondern erinnern Sie sich. Dann zeigen sich Ihre wahren Werte und Motive.

Eine Auswahl möglicher Motive (diese Aufzählung kann beliebig weitergeführt werden):
Freiheit, Neugier, Wertschätzung, Ordnung, Loyalität, Gerechtigkeit, Beziehungen, Status, Familie, Selbstverwirklichung, Wachstum, Genuss, Führung, Verantwortung, Schönheit, Spaß, Ruhe, Reichtum, Harmonie, Herausforderung, Ruhm, Freude, Idealismus, Sicherheit, Abenteuer, Unabhängigkeit, Aktivität, Spiritualität, Kreativität, Individualität, Lernen, Wissen, Kommunikation, Trost, Gemeinschaft ...

Etappe 3 - Der erste Schritt

»Ich kann freilich nicht sagen, ob es besser werden wird, wenn es anders wird;
aber so viel kann ich sagen: Es muss anders werden,
wenn es besser werden soll.«
Georg Christoph Lichtenberg

Aller Anfang ist schwer. Sagt man. Eine Veränderung einleiten, ein neues Projekt starten oder eine alte Gewohnheit ablegen: Was immer das Leben gerade von uns verlangt, den ersten Schritt empfinden wir oft als besonders schwierig. Die zu überwindende Hürde erscheint ungeheuer hoch. Wir hätten gerne eine Garantie, dass dieser erste Schritt richtig und gut gewählt ist, uns aber vor allem möglichst schnell und ohne Umweg dahin bringt, wo wir hinwollen.

Wie erfolgreich ein neuer Weg sein wird, hängt allerdings weder von der Weite noch vom Ergebnis des ersten Schritts ab. Veränderungen beginnen in der Regel, lange bevor wir sie als solche wahrnehmen. Nagende Unzufriedenheit, latente Gereiztheit, chronische Erschöpfung, zunehmende Zerstreutheit oder körperliche Beschwerden – sie alle können ein Hinweis sein, dass sich ein Teil von uns bereits auf den Weg gemacht hat und unser Leben in eine andere Richtung lenken will.

Am Beginn der Reise ist die einzige Gewissheit die, dass dem ersten noch viele weitere Schritte folgen werden. In dieser Phase zählt einzig, einen bewussten Anfangsimpuls zu setzen. Egal, wie klein dieser auch sein mag, seine Wirkung ist groß. Wir verlangen vom Leben, dass es planbar ist. Wir wollen vorhersehen können, wohin unsere Entscheidungen uns führen. Wir möchten wissen, wie die Reise endet, noch ehe sie begonnen hat. Das Leben soll uns klar und deutlich den direkten Weg zu unserer Bestimmung zeigen. Und solange wir diesen nicht erkennen, tun wir nichts und warten ab. Anstatt loszugehen, offen zu sein für das, was uns erwartet, und auch unvorhergesehene Wendungen zuzulassen, verharren wir passiv im Gewohnten und Altvertrauten.

Was immer das Ziel ist, wie unerreichbar es auch erscheinen und wie weit der ersehnte Endzustand entfernt sein mag, der Weg beginnt immer am Anfang. Voranzukommen verlangt, sich in Bewegung zu setzen. Wenn wir einen Berg besteigen möchten, genügt es nicht, am Fuße des Berges zu stehen, zum Gipfel zu blicken und zu sagen, dass wir dort hinaufwollen. Um den Gipfel zu erreichen, müssen wir uns auf die Suche nach einem Weg machen. Vielleicht ist der Weg, den wir finden, nicht der kürzeste oder einfachste. Möglicherweise biegen wir an einer Abzweigung falsch ab und benötigen mehr Zeit als geplant. Während wir gehen, fragen wir uns, ob wir dort auch wirklich hinwollen, ob es die Anstrengung wert ist, ob es nicht besser wäre, wieder umzukehren. Doch wer kontinuierlich voranschreitet, kommt irgendwann oben an. Wer am Fuße des Berges stehen bleibt, nicht.

Ideen, Träume, Gedanken und Worte sind geduldig. Sie drängen nicht zur Umsetzung. Wir können noch so lange nachdenken, planen und Pläne wieder verwerfen: Überlegungen alleine werden nicht genügen, um herauszufinden, ob das, was wir uns vorgenommen haben, auch funktioniert.

Die bewusste Entscheidung

Die bewusste Entscheidung für den Wandel ist der erste wichtige Impuls am Beginn des Weges. Wer entscheidet, übernimmt Verantwortung. Die Bereitschaft, diese Verantwortung für das eigene Denken, Fühlen und Handeln zu übernehmen, ist Voraussetzung, um das Leben nach den eigenen Vorstellungen zu gestalten.

Nachdem wir beschlossen haben aufzubrechen, gilt es zu entscheiden, welchen ersten Schritt wir uns zutrauen. Es gibt keinen Preis für die besonders Wagemutigen. Ebenso gibt es keine Garantie, dass diejenigen, die mehr riskieren, schneller an ihr Ziel kommen. Der Anfangsschritt soll aus der Komfortzone hinausführen, jedoch nicht so groß sein, dass er völlig überfordert. Das gilt natürlich auch für alle weiteren Schritte entlang des Weges. Wir werden immer von Neuem entscheiden müssen, was möglich ist und wie viel wir uns im Moment zutrauen. Gerade der Beginn der Reise ist eine sensible Phase. Muten wir uns mehr als nötig zu, versuchen wir, zu hohe Hürden zu überspringen, und bewegen wir uns zu schnell und zu weit aus dem gewohnten und sicheren Umfeld weg, landen wir unter Umständen bald in einem Zustand der Überforderung und Verunsicherung. Der einzige Fluchtweg führt dann oft zurück in die alte Starre.

Viele meiner Klienten kommen mit dem Wunsch zu mir, sich beruflich selbstständig zu machen. Die Unzufriedenheit mit der aktuellen Arbeitssituation nährt den Traum, unabhängig zu sein und eine Tätigkeit auszuüben, die wirklich Freude macht. Ja, der eigene Chef zu sein, kann sehr erfüllend sein. Doch auch die Welt der Selbstständigen ist nicht nur rosarot. Das musste eine Klientin von mir vor einigen Jahren feststellen. Christine arbeitete als mobile Krankenschwester und litt zunehmend nicht nur unter den anstrengenden Arbeitszeiten mit Wochenend- und Nachtdiensten, sondern vor allem unter dem in der Organisation herrschenden Betriebsklima. Da sie nebenbei bereits verschiedene Ausbildungen absolviert hatte, spielte sie mit dem Gedanken, ihren Job zu kündigen, sich als Energetikerin selbstständig zu machen und sich zusätzlich ein zweites Standbein im Direktvertrieb verschiedener Gesundheitsprodukte aufzubauen. Da sie auf das sichere Einkommen ihrer Krankenschwestertätigkeit nicht verzichten wollte, versuchte sie zuerst, alles unter einen Hut zu bekommen, bis irgendwann die eigene Praxis und der Direktvertrieb so gut laufen würden, dass sie ihren Job kündigen könnte.

Eines Tages kam es dann zu einem Streit mit ihrer Vorgesetzten, woraufhin Christine kündigte. Ab nun wollte sie sich ganz auf ihre eigene Praxis konzentrieren. Sie war fest davon überzeugt, das sei der einzig richtige Schritt für sie. Schon nach wenigen Wochen stellte sie aber fest, dass sich der Erfolg ihrer unternehmerischen Tätigkeit nicht so schnell zeigte, wie sie das erwartet hatte. Vor allem das

Fehlen eines regelmäßigen Einkommens setzte sie immer mehr unter Druck. Sie war diese Sicherheit so sehr gewohnt gewesen, dass sie sich nie die Frage stellte, ob sie auch ohne sie leben könnte. Außerdem erkannte sie, dass mit einer selbstständigen Tätigkeit auch Aufgaben verbunden waren, die nicht so viel Spaß machten und oft sehr viel Zeit und Energie verlangten. Die Freude an der Energiearbeit wurde nach und nach durch solche Verpflichtungen getrübt. Die Tatsache, dass sie nicht schon im Vorhinein wusste, wie viel am Ende des Monats auf dem Konto sein würde, machte ihr außerdem zu schaffen. Ihr Wunsch nach mehr (finanzieller) Sicherheit wurde irgendwann so stark, dass sie bei ihrem früheren Arbeitgeber wieder um eine feste Anstellung bat. Sie hatte ihre berufliche Situation so schnell und so radikal verändert, dass sie sich selbst damit überforderte. Anstatt zu hinterfragen, was sie wirklich wollte, was ihr wichtig war und wie sie dorthin gelangen konnte, wählte sie einen Schritt, der in der damaligen Situation einfach noch zu groß für sie war. In ihrer verzweifelten Suche nach Sicherheit flüchtete sie sich dorthin zurück, wo sie hergekommen war. Dort ist sie nach wie vor nicht glücklich, hat mit Problemen mit Vorgesetzten und Kollegen, zunehmendem Zeitdruck und familienfeindlichen Arbeitszeiten zu kämpfen. Sie ist nun aber wieder in einem vertrauten Umfeld. Ihre Angst, etwas zu verändern, ist nach der Hals-über-Kopf-Entscheidung größer denn je.

Wenn wir entscheiden, übernehmen wir die Führung für uns und unser Leben. Je weniger wir uns als Herr oder Frau der Lage empfinden, desto verunsicherter und ängstlicher sind wir. Führung bedeutet allerdings nicht, alles, was passiert, unter Kontrolle zu bekommen. Führung bedeutet, eigenverantwortlich zu handeln, die eigenen Fähigkeiten richtig einzuschätzen und persönliche Bedürfnisse zu berücksichtigen. Wir müssen nicht ständig entscheiden und handeln, um voranzukommen, aber dazu bereit sein, wenn es so weit ist. Entwicklung geschieht von ganz allein. Wir müssen ihr nur Raum geben.

Nie wird es uns gelingen, äußere Rahmenbedingungen, andere Menschen oder Ereignisse, die in unser Leben treten, zu kontrollieren. Das Leben ist voll von Geschehnissen, Entwicklungen und Personen, auf die wir keinen Einfluss haben. Die Arbeit, die wir aufgrund von Kosteneinsparungen verlieren, eine ungeplante Schwangerschaft, eine Krankheit, die uns selbst oder einen uns nahestehenden Menschen trifft, der Partner, der uns nach jahrelanger Beziehung betrügt oder verlässt. Die Bandbreite an lebensverändernden Ereignissen scheint grenzenlos zu sein. Niemand kann sich dem Lauf seines Lebens völlig entziehen. Oftmals haben wir keinen Einfluss auf die Wendungen in unserem Leben. Es liegt allerdings in unseren Händen, wie wir darauf reagieren und mit ihnen umgehen.

Manche wählen die Strategie, sich in eine Opferhaltung zu begeben und das eigene Schicksal zu bedauern. Der Chef, der Partner, die Kollegin, die Gesellschaft, äußere Umstände oder das Universum sind verantwortlich für das, was ihnen passiert. Sie geben die Führung und Verantwortung für ihr Leben an andere ab und lassen sich von äußeren Gegebenheiten und anderen Menschen lenken. Ständiges Jammern und Klagen über die eigene Situation werden zum bestimmenden Lebensinhalt. Was immer auch passieren mag, schuld sind immer die anderen.

Wer etwas will, findet Wege; wer nicht will, findet Gründe. Es lässt sich immer ein Grund finden, einen Schritt nicht zu wagen: Beruf, Familie, soziale Verpflichtungen, Zeit, Geld. Während wir auf einen besseren Zeitpunkt, einen unerwarteten Geldsegen, ein Zeichen des Himmels oder die richtige Sternenkonstellation warten, vergessen wir im Laufe der Jahre, was uns wirklich wichtig ist und was uns ausmacht.

Die Komfortzone verlassen

Jede noch so kleine Veränderung am Anfang ist gut. Sie unterstützt unsere Neuausrichtung. Die Wohnung umgestalten, neue Kleidung kaufen, ein paar Kilo abnehmen, eine andere Frisur ausprobieren, ein neues Hobby beginnen oder die Ernährung umstellen. So wenig bedeutsam uns diese Schritte auch erscheinen mögen, sie können Ausdruck einer Suche sein. Der Suche nach Möglichkeiten, den Wandel, der im Inneren bereits begonnen hat, nach außen zu tragen. Wenn wir Neues ausprobieren, führt uns das aus der Komfortzone. Etwas verändert sich. Wie weit diese Veränderung geht und wie nachhaltig sie letztlich ist, wird vor allem davon abhängen, welche weiteren Schritte wir bereit sind zu gehen.

Die ersten Schritte in eine neue Richtung unterbrechen unweigerlich die bekannte Routine. Jahrelang, mitunter jahrzehntelang, waren wir im Takt gewohnter Muster unterwegs, haben uns an die täglichen Abläufe und die Menschen in unserer Umgebung gewöhnt. Sie sind uns vertraut. Hier fühlen wir uns sicher. Wir richten es uns in unserer kleinen feinen Welt so gemütlich ein, dass wir an guten Tagen sogar wirklich davon überzeugt sind, eigentlich nicht mehr zu brauchen, um glücklich zu sein. Tagträume werden als Spinnereien abgetan. Ziele von einst verlieren an Bedeutung.

Je mehr Zeit wir in unserer Komfortzone verbracht haben, je enger die Bindung an das Altbekannte ist, desto mehr Aufwand scheint mit dem ersten Schritt hinaus aus dem gewohnten Trott verbunden zu sein. Dann sind wir uns gar nicht mehr so sicher, ob wir überhaupt etwas ändern wollen. Es ist ja auch ganz schön, wie es ist. Wäre da nicht dieser innere Antrieb, der uns mal mehr, mal weniger stark drängt, der uns auffordert zu hinterfragen und es irgendwie schafft, dass wir uns über kurz oder lang selbst in unserer Komfortzone nicht mehr richtig wohl fühlen.

Nicht ein kurzer Ausflug bringt uns dorthin, wo wir hinwollen, sondern eine längere Reise. Der Weg zur persönlichen Erfüllung ist auch mit Aufwand verbunden. Mitunter scheinen so viele Aufgaben, Veränderungen und nicht abschätzbare Konsequenzen zu warten, dass wir angesichts dieser Aussichten in eine Art Ohnmacht fallen. Selbst kleine Vorhaben wirken plötzlich unbewältigbar. Anstatt den Weg Schritt für Schritt zu gehen, sehen wir Hindernisse, die es (noch) nicht gibt, Probleme, die mit großer Wahrscheinlichkeit nie auftauchen werden, und eine Fülle an Fragen, die sich letztlich überhaupt nicht stellen. Dennoch beschäftigen wir uns intensiv damit und nutzen sie als Ausreden, erst gar nicht aufzubrechen.

Da sind die alten, pflegebedürftigen Eltern, die wir nicht im Stich lassen können, die Ausbildung, die uns fehlt, um das zu tun, was wir eigentlich gerne tun würden, die Sprache, die wir nicht gut genug beherrschen, um auf Reisen zu gehen oder sogar im Ausland zu leben, oder die Verpflichtungen gegenüber Partner oder Partnerin, der/die nie gelernt hat, ganz auf eigenen Beinen zu stehen. Wir betrachten diese Gegebenheiten als unabänderliche Tatsachen, die unseren Aufbruch völlig unmöglich machen. Die Frage, ob diese Hindernisse wirklich so unüberwindbar sind, stellen wir nicht. Doch wäre es nicht möglich, für die Eltern eine Pflegekraft zu organisieren? Brauchen wir diese Ausbildung wirklich noch, müssen wir diesen zehnten Kurs tatsächlich noch besuchen, bevor wir so weit sind? Lässt sich die Sprache nicht am besten in dem Land lernen, in dem sie auch gesprochen wird? Und ist unser Partner nicht erwachsen genug, um den Alltag selbstständig bewältigen zu können?

Für viele meiner Klienten sind vor allem die (vermeintlichen) Verpflichtungen gegenüber anderen der Hauptgrund, weshalb sie nicht jenen Weg gehen, auf den ihre Seele sie lenken möchte. Beginnen sie dann aber etwas zu verändern, stellen sie oft mit Erstaunen fest, wie einfach doch alles geht. Bei einer Klientin waren die Eltern froh und erleichtert, als ihre Tochter sich endlich mehr um sich selbst kümmerte und eine Pflegekraft für sie engagierte. Sie fühlten sich schon seit Jahren als Belastung, sagten aber nichts, um ihre Tochter nicht zu kränken. Der Mann einer anderen Klientin freute sich über ihre Ankündigung, sich ab nun nicht mehr jeden Tag um die Einkäufe zu kümmern und für die ganze Familie zu kochen. Endlich, so sagte er, könne er essen, worauf er Lust habe, und mitentscheiden, was zu Hause auf den Tisch komme.

Wer Verantwortung für sich und sein Leben übernimmt, kann anderen nicht mehr die Schuld für die eigene Unzufriedenheit geben. Hinter der Suche nach Gründen im Außen steckt die Angst vor dem, was wir entdecken könnten, wenn wir beginnen, unsere Aufmerksamkeit mehr uns selbst zu widmen. Wünsche, Bedürfnisse und Potenziale könnten sich zeigen, die sich nicht mehr so leicht verdrängen lassen und eine Rückkehr in das Altbewährte unmöglich machen.

Veränderung macht Angst

Unabhängig davon, wie entschlossen wir uns auf den Weg machen, wie wir die Reise gestalten und ob wir alleine oder mit Weggefährten unterwegs sind, Veränderung ist eine Herausforderung und macht vielen von uns Angst. Wie wir mit dieser Angst umgehen, ist sehr unterschiedlich. Während die einen sich Hals über Kopf in das Neue stürzen und keinen Stein auf den anderen lassen, zögern die anderen lange und finden immer wieder neue Ausreden, um doch nichts ändern zu müssen. Veränderungen (zu) schnell anzupacken, soll weiterhin das Gefühl vermitteln, das Leben unter Kontrolle zu haben und allen Herausforderungen gewachsen zu sein. Das Aufschieben längst fälliger Schritte hingegen schürt die Hoffnung, dass sie vielleicht am Ende doch nicht notwendig sind. Mit viel Glück geht der Kelch noch einmal an einem vorüber. Und dann gibt es jene, die sich mit verschiedensten Aktivitäten ablenken, um sich selbst zu suggerieren, dass ja eigentlich gar keine Zeit für Veränderung bleibt. Alles Methoden, um mit einer aufsteigenden Unsicherheit umzugehen. Ob bewusst oder nicht, ab dem Moment, in dem deutlich wird, dass es Zeit ist, uns von Vertrautem und Altbekanntem zu lösen, werden auch tief sitzende Ängste geweckt.

Wer sich ständig gegen Wandel und das Neue wehrt, wehrt sich gegen das Leben selbst. Unsere Existenz ist kein statischer Zustand, sondern ein ständiges Fließen und Wachsen. Es stellt sich nicht die Frage, ob es Veränderung in unserem Leben geben wird. Die Frage ist, wie wir mit ihr umgehen.

Wenn äußere Ereignisse einen Wandel einleiten oder der innere Leidensdruck unerträglich wird, ist es nur allzu menschlich, verunsichert oder verängstigt zu sein. Besonders dann, wenn dadurch unser bisheriges Leben in seinen Grundfesten erschüttert wird. Doch weder überstürztes Handeln noch totale Lethargie helfen in solchen Situationen wirklich weiter. Als Erstes können wir nur anerkennen, was ist. Die neue Situation, die unerwartete Wendung, vor allem aber die eigenen Gedanken und Gefühle.

Wenn wir uns dem Fluss des Lebens hingeben, verstehen wir bestimmt nicht immer alles, was in und um uns herum passiert. Oft kommt es anders als erwartet. Doch wir werden feststellen, dass anfangs gefürchtete Ereignisse mitunter auch ihre guten Seiten haben. Wir lernen zu vertrauen, dass alles seinen Sinn hat. Auch wenn wir ihn erst sehr viel später erkennen. Wir werden sicherer im Umgang mit den Wendungen des Lebens. Wir sehen Neuem und Unerwartetem gelassener entgegen. Wir akzeptieren, dass Wandel notwendig ist. Besonders dann, wenn das Drängen in uns keinen Zweifel mehr daran lässt, dass der Zeitpunkt dafür gekommen ist.

Veränderung in kleinen Schritten

»Wer glücklich sein möchte, muss sich oft verändern«, sagte Konfuzius einst. Trotzdem ist meist nicht Freude oder das Empfinden von Glück die erste Reaktion auf neue Entwicklungen in unserem Leben. Nicht zu wissen, was am Ende dabei rauskommt, ängstigt uns. Während es in vielen Bereichen des Lebens logisch scheint, in kleinen Schritten zu denken, versuchen wir im Umgang mit Veränderungen oft gleich den großen Sprung. Niemand erwartet bereits am ersten Tag einer Diät einen Gewichtsverlust von zehn Kilogramm. Keiner, der beginnt, eine neue Sprache zu lernen, geht davon aus, sie bereits am zweiten Tag perfekt zu beherrschen. Und wohl kaum jemand würde einen Marathon laufen, ohne vorher dafür trainiert zu haben. Und zwar in langsam aufbauenden Trainingseinheiten.

Bei Veränderungen soll es aber möglichst schnell gehen. Sei es, weil wir schnell wieder ein Gefühl der Kontrolle haben wollen oder weil uns unsere eigene Ungeduld vorantreibt, besonders, wenn wir selbst die Entscheidung für den Wandel getroffen haben. Wir machen uns Druck und verlangen oft viel zu viel von uns. Veränderung fordert uns heraus. Wir müssen sie uns nicht noch schwerer machen, als sie manchmal ohnehin ist. Leichter wird es, wenn wir in weniger großen Dimensionen denken und uns eine Etappe nach der anderen vornehmen. Was ist im Moment möglich? Wozu fühle ich mich jetzt in der Lage? Sind wir unentschlossen, fühlen wir uns schwach oder haben Zweifel, ist das eben eine Weile so. Dann ist jetzt nicht der Zeitpunkt für große Sprünge. Akzeptieren wir stattdessen lieber, wie wir uns fühlen, und geben uns die Zeit, die wir brauchen. Mit unseren hohen Anforderungen an uns selbst stehen wir uns nur im Weg. Ebenso wie mit unseren zu konkreten Vorstellungen davon, was möglich und was nicht möglich ist. Wir glauben zu wissen, was das Leben bringt, welche Ziele wir erreichen können und welche Entwicklungen realistisch sind.

Unzählige Gedanken über Dinge, die passieren könnten, und festgefahrene Überzeugungen halten uns zurück. Wir betreten den Weg erst gar nicht, weil ohnehin schon festzustehen scheint, dass wir am Ende scheitern oder enttäuscht sein werden. Wir gehören eben nicht zu jenen, denen das Glück hold ist. In endlosen inneren Dialogen und Gedankenkarussellen haben wir uns selbst davon überzeugt, dass Veränderung – egal, welche – nichts Gutes für uns bereithält. Auch wenn unsere jetzige Situation uns belastet und unglücklich macht. Lieber bleiben wir im altvertrauten Unglück, als uns auf das Neue einzulassen. Schließlich kann alles immer noch schlimmer kommen.

Wir sind felsenfest davon überzeugt, dass die Welt so ist, wie wir sie sehen. Entsprechend unseren Vorstellungen wählen wir dann auch unsere Ziele. Was wir uns nicht vorstellen können, kann auch nicht sein. So glauben wir ganz genau unsere Möglichkeiten und den in der Regel einzigen Weg zum Ziel zu kennen. Chancen und Zeichen am Wegesrand nehmen wir nicht wahr. Die Fixierung auf den einen Weg zum Ziel, auf diese vermeintlich einzige Möglichkeit, versperrt die Sicht auf die vielen anderen Alternativrouten, Schleichwege und Abkürzungen. Wir wollen mit dem Kopf durch die Wand und sehen die Tür direkt daneben nicht.

Anstatt einen Weg zu verfolgen, ohne nach links und rechts zu blicken, machen wir es uns selbst leichter, wenn wir uns von eingemauerten Ideen, wie die Dinge zu sein haben, lösen. Wahrscheinlich ändern wir, während wir unterwegs sind, noch ein wenig unser Ziel oder die Richtung. Der innere Wandel findet laufend statt. Er ist nicht eines Tages einfach vorbei. Die Neuordnung geht Schritt für Schritt voran, und das nicht immer stur in nur eine einzige Richtung. Richtungsanpassungen sind normal und Teil des Weges. Oft sind sie notwendig, um uns dorthin zu bringen, wo wir hinwollen und -sollen. Lockern wir die eigene gedankliche Starre und schreiten aufmerksam und offen für Impulse voran, können wir darauf vertrauen, dass wir am Ende an unser ganz persönliches Ziel gelangen. Begleitet von der Erkenntnis, dass so manch ungeplanter Umweg und die eine oder andere unvorhergesehene Abzweigung doch ihren Sinn hatten.

Unterstützung suchen

Vieles im Leben wird einfacher, wenn man es nicht alleine machen muss. Dennoch gehen wir oft als Einzelkämpfer durchs Leben und scheuen uns, andere um Hilfe zu bitten. So stark und unabhängig wir auch sein mögen, Veränderungen bringen uns mitunter an unsere Grenzen. Wie wertvoll kann es da sein, jemanden zu haben, der uns unterstützt. Ein Weggefährte, der ebenfalls bereit ist, den Schritt in ein neues Leben zu wagen, eine gute Freundin, die uns ermutigt und die richtigen Worte findet, wenn wir zu verzweifeln meinen, oder eine neue Bekanntschaft, die uns hilft, Dinge anzupacken.

Wenn wir uns auf den Weg machen, begegnen wir immer wieder Menschen, die uns wohlgesonnen sind, die uns motivieren oder aktiv unterstützen. Sie können uns nicht abnehmen, den Weg zu gehen. Auch die Entscheidungen, wie wir unser Leben gestalten wollen, liegen einzig in unserer Verantwortung. Verantwortung für sich selbst zu übernehmen bedeutet aber auch, zu erkennen, wann wir alleine nicht mehr weiterkommen. Um Hilfe zu bitten, ist kein

Zeichen von Schwäche. Wir zeigen damit, dass es uns wirklich ernst ist und dass wir unsere eigenen Kräfte und Ressourcen gut einschätzen können. Stark ist nicht, wer alles im Alleingang schafft. Stark ist, wer die eigenen Grenzen kennt und weiß, wann es Zeit ist, sich von anderen helfen zu lassen.

Hilfe und Unterstützung finden wir nicht nur im Außen. Selbst in jenen Momenten, in denen wir uns völlig verlassen, einsam und isoliert fühlen, sind wir in unserem Innersten stets von einer Instanz begleitet, die uns Mut und Kraft spendet. Unsere Seele ist immer mit an Bord und weiß, was für uns gerade das Richtige ist. Auch dann, wenn wir in unserem Streben, alles planen und vorhersehen zu wollen, den bewussten Kontakt zu ihr verlieren. Wir werden geführt. Und wir haben jederzeit die Möglichkeit, uns Unterstützung von dieser inneren und gleichzeitig höheren Instanz zu holen. Alles, was wir dazu brauchen, sind Vertrauen in uns selbst und Achtsamkeit für innere Impulse. Wenn im Außen alles im Umbruch ist und um uns ein Orkan tobt, hilft es, sich daran zu erinnern, dass wir den Anker, der uns mit festem Boden verbindet, in uns tragen. Vielleicht geraten wir gelegentlich ins Schwanken, spüren das Auf und Ab, bekommen Schieflage oder treiben ein wenig hin und her. Doch irgendwann legt sich der Sturm wieder. Die Wellen beruhigen sich. Solange wir uns nicht am stürmischen Außen, sondern an der sicheren Verbindung im Inneren orientieren, werden wir keinen größeren Schaden davontragen.

Die Richtung finden

Ist die Entscheidung zum Aufbruch getroffen, fühlen wir uns bereit, dem Leben eine neue Richtung zu geben, folgt oft die Frage: Wohin soll es denn eigentlich gehen? Wie können wir einen neuen Weg beginnen, wenn wir keine Ahnung haben, wo dieser hinführen soll? Der Versuch, das endgültige Ziel klar zu definieren, lässt viele verzweifeln. Glücklicherweise müssen wir das aber noch gar nicht so genau wissen. Um die Reise zu beginnen, ist alles, was wir brauchen, eine Richtung. Wo wollen wir eher hin – und wohin nicht? Wenn wir die Eckpfeiler des Lebens, wie wir es leben wollen, kennen, können wir darauf vertrauen, dass wir während der Reise Hinweise erhalten, wo und wie es weitergeht. Mit jedem Schritt wird dann auch das Ziel deutlicher.

Wollen wir einen Beruf finden, der uns erfüllt und Freude macht, können wir beginnen, uns auf den Weg dorthin zu machen. Auch wenn wir noch nicht wissen, welche konkrete Tätigkeit am Ende stehen wird. Doch wir wissen, wie wir uns fühlen, wenn wir etwas mit Freude tun. Diesem Gefühl können wir folgen. Oder wir sehnen uns nach einer Partnerschaft voll Liebe und gegenseitiger Wertschätzung. Obwohl wir noch nicht wissen, wo wir die Frau oder den Mann fürs Leben finden, so haben wir doch (hoffentlich) bereits erfahren, wie es sich anfühlt, geliebt und wertgeschätzt zu werden. Was wir daher tun können, ist bewusst die Gegenwart jener Menschen zu suchen, die uns diese Gefühle vermitteln. Und auch wenn wir das Allheilmittel für ewige Gesundheit und Vitalität noch nicht gefunden haben, wissen wir, in welchen Momenten wir uns gesund und lebendig fühlen. Wir können uns also aufmachen, den angenehmen und schönen Gefühlen zu folgen. Mehr von jenen Tätigkeiten, Momenten und Menschen in unser Leben zu holen, die uns ein gutes Gefühl geben.

Empfindungen wie Freude, Liebe, Sicherheit, Gelassenheit, Vitalität oder Begeisterung sind uns bekannt. Manche davon haben wir vielleicht nur kurz kennengelernt. Doch das genügt, um sie für immer in unserem System zu speichern. Dort stehen sie uns als innere Wegweiser zur Verfügung. Daran, wie wir uns fühlen, können wir uns während der gesamten Reise orientieren.

Übung: Innere Ausrichtung

Beginnen Sie Ihre inneren Wegweiser auszurichten, indem Sie Ihre Gefühle und Empfindungen besser kennenlernen. Die schönen wie die weniger angenehmen. Sie helfen Ihnen, Ihre Richtung zu finden. Diese Übung besteht aus **zwei Teilen**, die Sie am besten unmittelbar hintereinander machen.

Suchen Sie sich dafür einen ruhigen Platz, schließen Sie die Augen und lösen Sie sich von den Gedanken und Ereignissen des Alltags. Am einfachsten gelingt das, indem Sie sich auf Ihren Atem konzentrieren. Beobachten Sie, wie Sie ein- und ausatmen, und lassen Sie mit jedem Atemzug das Außen ein Stückchen mehr los.

Teil 1
Denken Sie an eine Situation in Ihrem Leben, die Sie verärgert, gekränkt, frustriert oder traurig gemacht hat (z. B. an einen Streit, eine Enttäuschung, einen schlechten Tag in der Arbeit ...). Beobachten Sie die Bilder, die in Ihrem Kopf entstehen, und achten Sie auf die Körperempfindungen, die diese Bilder in Ihnen auslösen. Wie drückt sich das Gefühl der Wut, Traurigkeit oder Frustration aus? Haben Sie ein mulmiges Gefühl? Wenn ja, wo im Körper spüren Sie es? Hat sich Ihre Atmung verändert? Sind Ihre Muskeln angespannt oder locker? Wo verändert sich etwas in Ihrem Körper? Nehmen Sie Ihre Empfindungen bewusst wahr.

Danach kommen Sie mit Ihrer Aufmerksamkeit kurz zurück ins Hier und Jetzt. Öffnen Sie einen Moment die Augen, trinken Sie einen Schluck Wasser und konzentrieren Sie sich dann wieder auf Ihren Atem, so lange, bis Sie sich wieder neutral genug fühlen, um mit dem zweiten Teil der Übung fortzufahren.

Teil 2
Schließen Sie erneut die Augen, entspannen Sie sich wie beim ersten Teil und denken Sie nun an eine reale oder fantasierte Situation, in der Sie glücklich waren oder von der Sie annehmen, dass sie Sie glücklich machen würde (z. B. ein schöner Urlaub, ein besonderer Moment mit einem anderen Menschen, ein Hobby, ein freudiges Ereignis ...).

Beobachten Sie die Bilder, die in Ihrem Kopf entstehen, und achten Sie auf die Körperempfindungen, die diese Bilder in Ihnen auslösen. Wie drückt sich das Gefühl der Freude und Zufriedenheit aus? Spüren Sie ein Kribbeln? Wenn ja, wo im Körper? Wird es in Ihrer Brust, da, wo das Herz sitzt, wärmer? Hat sich Ihre Atmung verändert? Lässt die Anspannung in Ihren Muskeln nach? Oder ganz im Gegenteil?

Genießen Sie diese Empfindungen für eine Weile. Tauchen Sie ganz in Ihr Gefühl des Glücks ein. Bleiben Sie ruhig ein bisschen länger in diesem Gefühl, so lange, bis Sie sich bereit fühlen, wieder in die Gegenwart zurückzukommen.

In dieser Übung haben Sie zwei sogenannte »Referenzerfahrungen« gemacht. Sie haben bewusst gespürt, wie es sich anfühlt, wenn Sie etwas tun oder erleben, das Ihnen Freude macht, bzw. wie Sie körperlich darauf reagieren, wenn das nicht der Fall ist. Diese Erfahrung wird Ihnen die Orientierung entlang des Weges erleichtern. Besonders der Teil, in dem Sie in Kontakt mit Ihrem Gefühl der Freude und des Glücks kommen, eignet sich hervorragend als Orientierungshilfe. Es lohnt sich, ihn regelmäßig zu wiederholen.

Gefühlvoll statt emotional

Gefühle sind die beste Orientierung, die wir haben. Sie zeigen uns deutlich, was für uns gut und richtig ist. Fühlen wir uns schlecht bei dem, was wir tun, in der Gegenwart bestimmter Menschen oder bei der Aussicht auf das, was uns erwartet, ist anzunehmen, dass wir gerade nicht unserer inneren Wahrheit und unserem Weg folgen. Wichtig ist jedoch, dieses »schlechte« Gefühl genauer zu hinterfragen. Denn es ist durchaus möglich, dass wir völlig im Einklang mit unserem innersten Kern handeln und trotzdem – oder gerade deswegen – etwas in uns spüren, das wir erst einmal als negativ bewerten. Wir nehmen beispielsweise Zweifel, Angst, Unsicherheit oder Schuldgefühle wahr, und nichts davon fühlt sich gut an. Spüren wir genauer hin, stellen wir fest, dass sich hinter den offensichtlichen Empfindungen etwas anderes verbirgt. Ein Gefühl der Freude und der Gewissheit etwa, das von anderen Gemütsregungen überlagert wird. Diese tauchen immer dann auf, wenn wir entgegen unseren Prägungen, den Erwartungen anderer oder alten unbewussten Mustern handeln.

Mit Aufmerksamkeit für unsere Empfindungen können wir ihren

Ursprung entdecken. Auch wenn unsere Gefühlswelt viel zu facettenreich ist, um sie in feste Kategorien einzuteilen, hilft vor allem die Unterscheidung in zwei große Gruppen dabei, den eigenen Gemütsregungen auf den Grund zu gehen. Die eine ist die Gruppe der Emotionen, die andere die der Gefühle.

Emotionen sind keine Gefühle im eigentlichen Sinne. Der Begriff »Emotion« ist vom lateinischen Wort *emovere* abgeleitet, das so viel bedeutet wie herausbewegen, erschüttern oder stören. Eine Emotion ist also eine Störung, die uns innerlich in einen bewegten Zustand versetzt. Für eine solche innere Bewegung braucht es einen Auslöser. Ein Ereignis oder auch nur ein Gedanke ruft in uns eine emotionale Reaktion hervor.

Am Anfang jeder Emotion steht ein Sinneseindruck. Dieser wird von unserem Unterbewusstsein sofort entsprechend den dort abgespeicherten Programmen und Mustern bewertet. Die erste automatische Reaktion auf diesen Sinneseindruck können wir kaum beeinflussen. Sie wirkt auf unseren Körper ebenso wie auf unsere Gedanken. Erst wenn wir unsere Reaktion bewusst wahrnehmen, haben wir die Möglichkeit zu entscheiden, wie wir mit dieser »Störung« umgehen wollen. Bis dahin wirken unbewusste Mechanismen. Emotionen sind somit Botschaften unseres Unterbewusstseins.

Sehen wir zum Beispiel unseren Partner mit einer uns unbekannten Frau lachend in einem Café sitzen, entsteht aus diesem Sinneseindruck automatisch eine erste Empfindung. Nennen wir sie Eifersucht. Unmittelbar folgt der Gedanke: Er betrügt mich! Mit großer Wahrscheinlichkeit folgen diesem ersten Gedanken sofort einige weitere: Er betrügt mich sicher schon seit Monaten – darum ist er in letzter Zeit so abwesend – meine Mutter hat mich immer vor ihm gewarnt. Sie alle verstärken mehr und mehr die erste Empfindung. Entsprechend beginnt nun auch unser vom Unterbewusstsein gesteuertes Wahrnehmungssystem zu arbeiten. Wir erinnern uns an Situationen, in denen es aus unserer Sicht bereits erste Anzeichen gab. Hat er nicht erst vergangene Woche der Kellnerin im Restaurant etwas zu freundlich zugelächelt? Wir beginnen Ereignisse aus der Vergangenheit noch einmal neu zu bewerten.

Emotionen sind das Ergebnis automatischer Bewertungen aufgrund innerer Programme. Wir sehen das, was wir sehen wollen, und verlieren den Blick für das, was tatsächlich ist. Betrachten wir die Bewertung unserer Wahrnehmung und die damit verbundenen Gedanken objektiv, verlieren Emotionen meist schnell an Intensität und Überzeugungskraft. Erkennen wir unbewusste Programme dahinter und lernen uns von diesen zu distanzieren, tauchen manche Emotionen unter Umständen nie wieder auf. Schon allein die Tatsache, dass wir einen unserer unbewussten Mechanismen bewusst erkannt haben, lässt uns bei der nächsten automatischen emotionalen Reaktion achtsamer sein. Sind die Dinge wirklich so, wie wir sie erleben? Oder lassen wir uns von einer Fehlinterpretation unseres Unterbewusstseins leiten?

Keine Emotion ist grundlos

Manchmal ist es nicht so leicht, ein konkretes Ereignis als Auslöser für unseren emotionalen Zustand auszumachen. Fast jeder hat schon einmal erlebt, morgens mit einem unguten Gefühl aufzuwachen. Wir sind verärgert, traurig, schlecht gelaunt oder gestresst, noch bevor der Tag begonnen hat. Auch wenn wir im ersten Moment nicht wissen, warum wir uns fühlen, wie wir uns fühlen, es gibt einen Grund. Was ist am Tag zuvor passiert? Woran haben wir vor dem Einschlafen gedacht? Was haben wir geträumt?

Wir fühlen uns nicht einfach so unruhig oder verärgert. Emotionen haben einen Grund. Und zwar einen, der immer mit uns selbst zu tun hat. Sie sind unsere Reaktion auf etwas. Wenn wir über unseren Gemütszustand sprechen, liefern wir häufig die Ursache – oder zumindest das, was wir dafür halten – gleich mit. Wir ärgern uns, weil jemand etwas getan hat. Oder wir sind enttäuscht, weil jemand etwas nicht getan hat. Wir sind wütend über das, was ein anderer gesagt hat, traurig, weil etwas passiert ist, oder wir freuen uns, weil wir etwas Schönes erlebt haben. Weil, weil, weil ... Unser Verstand hat für unsere Empfindungen stets schnell eine Erklärung parat.

Welche Ereignisse auch immer eine Emotion hervorrufen mögen, sie sind lediglich Auslöser, nie aber ihre Ursache. Wir reagieren, wie wir reagieren, weil etwas in uns in Resonanz geht. Ein unbewusstes Programm, falsche Erwartungen, zu enge Vorstellungen, wie die Welt zu sein hat und wie andere sich zu verhalten haben, das Streben nach Kontrolle oder die Erinnerung an eine Verletzung aus der Vergangenheit. Was tatsächlich hinter einer Emotion steckt, finden wir nur heraus, wenn wir dahinter blicken. Es mag zwar leichter sein, anderen Menschen, der Gesellschaft oder den Umständen die Schuld zu geben, bewusster macht uns das aber nicht.

Nur wenn wir nach dem Ursprung unserer emotionalen Reaktion forschen, haben wir die Möglichkeit, aus der Endlosspirale von Wut, Angst, Ärger oder Enttäuschung auszubrechen. Beginnen wir uns mit dem Warum für eine Emotion zu beschäftigen, entdecken wir darunter oft eine ganze Reihe weiterer Empfindungen. Der Grund unserer Wut ist eigentlich eine Enttäuschung, die wiederum Ausdruck einer Erwartung ist, die ihren Ursprung in unserem Bedürfnis nach Anerkennung hat und so weiter. Schicht für Schicht dringen wir tiefer zur eigentlichen Wurzel der Emotion vor. Und je näher wir dieser kommen, desto mehr verliert sie an Kraft, uns zu beherrschen.

Spüren wir, dass wir emotional auf etwas reagieren, ist es auch schon zu spät, dagegen noch etwas zu unternehmen. Der Prozess ist schon in Gang. An diesem Punkt können wir die Emotion mit allem, was dazugehört, einfach nur annehmen. Und das ganz bewusst. Hat ihre erste Wirkung auf uns nachgelassen, haben wir die Möglichkeit, uns mit dem zu beschäftigen, was dahintersteckt. Wir können unsere Reaktion auf ein Ereignis, auf das Verhalten eines anderen Menschen oder auf unsere eigenen Gedanken nutzen, um zu einer neuen Erkenntnis über uns selbst zu gelangen.

»Ich habe eine solche Wut im Bauch«, war fast schon der Standardsatz von Melanie, einer meiner Klientinnen, am Beginn unserer Sitzungen. Auf wen sie wütend war, musste ich bald nicht mehr fragen. Die Antwort war stets dieselbe: auf ihren Vater. Sie war Anfang vierzig, erfolgreich in ihrem Beruf, verheiratet und Mutter von zwei Kindern. Sie kümmerte sich um Haushalt und Familie, engagierte sich in diversen Organisationen und Vereinen und leitete in ihrem Job ein wichtiges Projekt nach dem anderen. Es gelang ihr mehr als gut, Familie und Beruf unter einen Hut zu bringen. Sie war zufrieden mit ihrem Leben, und alles war in bester Ordnung, allerdings immer nur so lange, bis es zum nächsten Familienbesuch kam. Voll Freude und Begeisterung erzählte sie dann ihren Eltern von ihrer Arbeit, von dem, was die Kinder in der Schule erlebt hatten, von gemeinsamen Freizeitaktivitäten und künftigen Plänen. All ihre Erzählungen wurden von ihrem Vater stets nur mit einem stummen Kopfnicken kommentiert. Und das ärgerte sie. »Warum kann er nicht einmal auch ein bisschen Freude zeigen? Oder sagen, dass er stolz auf mich oder seine Enkelkinder ist? Er zeigt überhaupt kein Interesse an dem, was ich ihm erzähle. Wieso ist er so?« Diese Fragen stellte sie mir regelmäßig. Meine Gegenfrage lautete stets: »Wieso macht Sie sein Verhalten so wütend?« Denn eigentlich hätte es einer erwachsenen Frau, die glücklich und zufrieden mit ihrem Leben war, auch egal sein können, was der Vater davon hielt oder wie er auf ihre Erzählungen reagierte. Was steckte also wirklich hinter dieser Wut? Als wir begannen, genauer hinzuschauen, stand am Ende einer Reihe von Erwartungen, Enttäuschungen und dem Wunsch nach Bestätigung eine große Ohnmacht. Die Ohnmacht eines Kindes, das nie Zuwendung oder Aufmerksamkeit vom eigenen Vater bekommen hatte. Dieser Teil in ihr, der immer Kind geblieben war, war nach wie vor auf der Suche nach Bestätigung und Liebe vom Vater. Es ist schwierig, sich diese Ohnmacht als Erwachsene einzugestehen. Sie vermittelt ein Gefühl der Schwäche. Viel leichter ist es, wütend zu sein, denn es tut weh, sich und anderen gegenüber zuzugeben, wie sehr einen das Verhalten des anderen verletzt. Ihre Wut hatte ihr geholfen, sich stark zu fühlen. Doch sie erkannte, dass sie entweder ein Leben lang darauf warten konnte, dass sich ihr Vater doch noch ändern würde. Oder sie konnte lernen, sein Verhalten zu akzeptieren und sich davon unabhängig zu machen. Wenn ihre Familie und sie selbst glücklich waren, wozu brauchte es da noch die Bestätigung des Vaters?

Die Ursache einer Emotion

Emotionen können uns viel über uns selbst verraten. Es lohnt sich, sie mit Neugier zu betrachten. Nicht, um sie zu verändern oder zu verdrängen, sondern um sie kennenzulernen und durch sie Aspekte unserer Persönlichkeit zu entdecken, die uns vielleicht bis dato verborgen geblieben waren. Sie führen uns zu verleugneten Bedürfnissen, tiefsitzenden Überzeugungen, unentdecktem Potenzial und verborgenen Wünschen. Und dadurch wieder näher zu uns selbst.

Was steckt hinter unserem Ärger? Wieso reagieren wir mit so viel Wut? Woher kommt das latente Gefühl der Traurigkeit? Was löst diese Verunsicherung in mir aus? Warum plagen mich ständig Schuldgefühle? Hinter dem Ärger über Menschen, die sich wie selbstverständlich in den Mittelpunkt stellen und viel Aufmerksamkeit auf sich ziehen, könnte das eigene Bedürfnis nach mehr Aufmerksamkeit stehen. Der Auslöser für die Wut auf den Chef ist vielleicht der Wunsch nach Wertschätzung. Und hinter der Traurigkeit steckt möglicherweise das Bedauern, die eigenen Ziele nie verwirklicht zu haben.

Emotionen maskieren oft nur das, was wir eigentlich empfinden. Weil wir nicht gelernt haben, mit unseren Gefühlen umzugehen, verkleiden wir sie mit Reaktionen, die wir für geeigneter halten. In einem unbewussten Vorgang wandeln wir unsere Empfindung in eine Haltung um, die zweckmäßiger und angebrachter scheint. Und die uns mehr Schutz bietet. Wir entwickeln unsere ganz persönliche Überlebensstrategie im Umgang mit Verletzungen, Unsicherheit, Angst und Machtlosigkeit. Wir empören uns, kritisieren, argumentieren oder ziehen uns in uns selbst zurück. Alles, um möglichst wenig spüren zu müssen.

Ereignisse und Menschen, auf die wir emotional reagieren, treffen einen wunden Punkt. Etwas in uns geht in Resonanz, unabhängig davon, ob wir uns dieses verleugneten Anteils bewusst sind oder nicht. Zu diesen verborgenen Anteilen gehören nicht nur alte Verletzungen oder schlechte Erfahrungen. Auch unser wahres Potenzial, unsere innere Wahrheit und unsere individuellen Bedürfnisse melden sich. Prägung und Erziehung haben meist schon sehr früh dafür gesorgt, dass wir bestimmte Eigenschaften und Fähigkeiten ausblenden. Irgendwann beginnt unser wahres Selbst, gegen diese Unterdrückung zu rebellieren. Menschen und Situationen, die immer wieder eine bestimmte Reaktion in uns auslösen, die uns fast schon zu verfolgen scheinen, tragen eine Botschaft in sich. Wenn ähnliche Ereignisse stets von Neuem eine bestimmte Emotion in uns hervorrufen, ist es Zeit, genauer hinzusehen. Was will das Leben uns mitteilen?

Die Gefühlswelt erkunden

Wer beginnt, sich auf die Welt der eigenen Emotionen und Gefühle einzulassen, wird anfangs unter Umständen von ihrer Wucht überwältigt. Gerade dann, wenn diese jahre- oder jahrzehntelang tief im Inneren weggesperrt wurden. Doch was immer passiert, danach werden wir uns leichter, freier, vor allem aber uns selbst näher fühlen. Wenn die innere Staumauer bricht, haben wir keine andere Wahl, als das zuzulassen, was aus dem Vorborgenen hervortritt. Vielleicht sitzen wir tagelang heulend zu Hause. Oder wir lachen, bis alle Muskeln schmerzen. Oder uns erfüllt ein plötzlicher Zorn, bei dem uns ein Boxsack gerade recht kommt.

Welche Impulse auch auftauchen mögen, wir fühlen, vielleicht erstmalig in unserem Leben, bewusst, was in unserem Inneren vorgeht. Eine neue Phase unseres Daseins hat begonnen, in der wir das, was wir empfinden, neu kennenlernen und alte Bekannte wieder treffen. Das Misstrauen gegenüber allem und jedem, die Wut auf uns selbst, die Trauer über nicht erhaltene Zuneigung, der Ärger über längst vergangene, vergebene Chancen, die Angst davor, das zu tun, was wir uns eigentlich schon so lange wünschen. Emotionen sind wie gute Freunde, die regelmäßig zu Besuch kommen. Wir sollten sie einladen, sie willkommen heißen und ihnen offen begegnen, anstatt ihnen die Türe vor der Nase zuzuschlagen.

Keine Frage, es braucht Mut hinter die Fassade dessen zu blicken, was man gerade empfindet. Über die Jahre haben wir um unser Herz eine Schutzpanzerung aufgebaut. Wir wollen immun sein gegen Enttäuschung und Verletzung. Damit schützen wir uns allzu oft auch vor dem, wonach wir uns so sehr sehnen: Liebe, Zärtlichkeit, Verständnis, Anerkennung. Mitunter ist es leichter, eifersüchtig oder verärgert zu sein, als sich das Bedürfnis nach menschlicher Nähe oder die liebevollen Gefühle gegenüber einem anderen Menschen einzugestehen. Viel zu groß scheint die Gefahr der Zurückweisung. Wir meinen, leichter mit dem Frust und der Leere unseres Alltags zurechtzukommen, indem wir über Kollegen, Vorgesetzte und uns übertragene Aufgaben jammern, als die ehrliche Frage zu stellen, was wir wirklich wollen, und die Konsequenzen in Kauf zu nehmen, die die Verwirklichung unserer Wünsche mit sich bringt.

Wir müssen die Schutzmauer nicht mit einem Schlag einreißen. Beobachten wir, was passiert, wenn wir behutsam dahinter blicken und sie Stein für Stein abbauen. Es wird uns dann leichter fallen, dazu zu stehen, wie wir uns fühlen. Wir beginnen eine neue Beziehung zu uns selbst. Wir schaffen Raum für die Botschaften der inneren Führung. Wir öffnen uns für ein neues Lebensgefühl.

Übung: Emotionen erforschen

Nehmen Sie sich ein paar Minuten Zeit für einen Blick hinter Ihre Emotionen. Diese Übung machen Sie am besten relativ zeitnah nach einer Situation oder einem Ereignis, das eine emotionale Reaktion in Ihnen ausgelöst hat.

Gönnen Sie sich einen Moment Ruhe und versetzen Sie sich noch einmal in die Situation, in der die Emotion besonders heftig war. Erinnern Sie sich an das Ereignis, auf das Sie stark reagiert haben. Was ist passiert? Oder was ist gerade nicht passiert? Was war Auslöser Ihres Ärgers, Ihrer Wut, Ihrer Enttäuschung, Ihrer Kränkung oder Ihrer Resignation? Eine andere Person? Etwas, das jemand getan oder gesagt hat? Oder haben alleine Ihre Gedanken Ihren Gemütszustand verändert? Woran haben Sie gedacht?

Achten Sie darauf, wo im Körper eine Reaktion spürbar ist. Beobachten Sie Ihre Empfindungen und Gedanken, ohne das, was Sie fühlen oder denken, zu bewerten. Nehmen Sie alles einfach so an, wie es ist. Atmen Sie ruhig und schauen Sie, wo Ihre Emotion Sie hinführen möchte. Lassen Sie sie voll und ganz zu. Vielleicht taucht sie noch einmal in ganzer Stärke auf. Oder sie verändert sich, und Sie fühlen nun etwas anderes als zuvor. Nehmen Sie wahr und lassen Sie geschehen, was geschieht. Wenn Sie die Emotion an einer bestimmten Körperstelle besonders stark spüren, legen Sie eine Hand dorthin. Beobachten Sie, was passiert. Oft beginnt sich dadurch etwas zu lösen.

Zeigen Sie Verständnis für sich und Ihre Reaktion. Fragen Sie sich, was der Grund dafür sein könnte. Was ist der Grund *in Ihnen*? Eine alte Verletzung, eine schlechte Erfahrung, Unsicherheit oder ein unterdrücktes Bedürfnis?

Nicht immer zeigt sich der wahre Grund von Anfang an. Wiederholen Sie diese Übung regelmäßig. Immer dann, wenn Sie besonders stark auf ein Ereignis oder einen bestimmten Menschen reagieren. Mit der Zeit werden Sie sich Ihrer eigenen Muster bewusster werden. Sie werden achtsamer für Ihre eigenen Reaktionen werden und einige der automatischen Mechanismen auflösen können.

Vielen Menschen fällt es anfangs leichter, zuerst die Gedanken wahrzunehmen, die mit ihrem emotionalen Zustand einhergehen. An der Art der Gedanken lässt sich leicht feststellen, ob wir traurig, wütend, enttäuscht oder freudig und gut gelaunt sind. Beobachten Sie Ihre Gedanken. Nicht nur während dieser Übung, auch im Alltag. Häufig führen wir uns selbst mit dem, was wir denken, direkt in eine heftige emotionale Reaktion. Wir vermuten die Ursache im Außen und merken nicht, dass unser Denken der Auslöser dafür ist.

Erwarten Sie nicht, dass mit dieser Übung Ihre Emotionen von einem Moment auf den nächsten einfach verschwinden. Sie werden Sie allerdings nicht mehr ganz so lange wie zuvor im Griff haben und zunehmend an Intensität verlieren. Sie werden dadurch freier in Ihrer Art zu reagieren.

Gefühle weisen den Weg

Im Gegensatz zu Emotionen brauchen Gefühle keinen Auslöser. Sie sind unabhängig davon, was im Außen passiert, wie sich andere Menschen verhalten oder welche Gedanken wir uns machen. Sie sind keine Reaktion auf etwas. Wahre Gefühle erleben wir ausschließlich positiv, als eine Empfindung, die unser Herz erfüllt und für die es oft keine logische Begründung gibt.

Tiefes Vertrauen, das trotz widriger Umstände unerschütterlich bleibt, bedingungslose Liebe, die unabhängig vom Verhalten des anderen besteht, ehrliches Verständnis, das keiner Worte bedarf, oder beglückende Freude, die direkt aus unserem Herzen fließt. Gefühle sind intensive Empfindungen, die weniger mit dem Verstand, dafür umso mehr mit dem Herzen verbunden sind. Sie sind die direkte Verbindung zu unserer Seele. Oft können wir sie weder begründen noch erklären. Es fehlen die richtigen Worte. Wir wissen: Da ist etwas. Doch der Verstand ist (noch nicht) in der Lage, dieses Etwas zu erfassen.

Die Richtung, die uns unsere Gefühle vorgeben, ist meist eindeutig. Trotzdem finden wir uns immer wieder in einem sogenannten Gefühlschaos wieder. Die Schwierigkeit liegt nicht darin, dass wir unsere Gefühle nicht wahrnehmen könnten oder nicht wüssten, wie wir sie deuten sollen. Es ist der Konflikt zwischen unseren Gefühlen und anderen inneren Impulsen, der es uns oft so schwer macht. Gedanken, mit denen wir uns selbst unsere Gefühle auszureden versuchen, Angst, die uns vor Unvorhersehbarem warnt, oder ein inneres Bild, wie wir glauben sein zu müssen. Wir wollen das, was wir fühlen, logisch nachvollziehen können. Es irritiert, wenn sich nach der hart erarbeiteten Beförderung kein Glücksgefühl einstellt. Es verunsichert, wenn das Traumhaus endlich fertig ist und die Sehnsucht in die Ferne nur noch stärker wird. Es frustriert, wenn trotz vieler Reisen, toller Abenteuer und aufregender Erlebnisse die innere Leere nicht gefüllt werden kann.

Nichts davon ist logisch. Nichts davon verstehen wir. Müssen wir auch nicht. Wir müssen nur anerkennen, dass es so ist. Anerkennen, dass erreichte Ziele und verwirklichte Pläne nicht die erhofften Gefühle in uns hervorgerufen haben. Wahre Liebe, persönliche Erfüllung oder tiefes Vertrauen lassen sich nicht durch etwas auslösen, das wir tun oder nicht tun. Wir blockieren sie oder entfernen uns aber immer dann von ihnen, wenn wir inneren Impulsen nachgehen, die unseren Ängsten oder falschen Lebensvorstellungen entsprechen. Das innere Chaos beginnt, wenn der Verstand anfängt, Gefühle zu bewerten, wegzureden oder verändern zu wollen. Die eigenen Gefühle wahrzunehmen, anzunehmen und den Mut aufzubringen, der Richtung, die sie vorgeben, zu folgen, ist eine der großen Lernaufgaben entlang unseres Weges.

Wer im Einklang mit sich selbst lebt, fühlt sich für gewöhnlich frei und kraftvoll, empfindet Freude, erkennt einen Sinn im eigenen Tun und Sein und lässt sich auch von unvorhergesehenen Wendungen nicht so leicht aus der Bahn werfen. Wenn wir lernen, unseren inneren Zustand genauer zu beobachten, werden wir Momente in unserem Leben entdecken, in denen wir uns so fühlen. Oder wir erinnern uns an Augenblicke, in denen wir uns so fühlten. Diesen Momenten gilt es besondere Aufmerksamkeit zu schenken. Vor allem aber gilt es, mehr davon in unser Leben zu holen.

Schnell und intensiv

Gefühle und Emotionen sind es, die unserem Dasein Farbe verleihen, die das Leben aufregend, spannend, intensiv und mitunter auch anstrengend machen. Erst durch sie sind wir in der Lage, uns selbst wirklich zu spüren. Jeder hat schon einmal erlebt, wie es ist, von einer intensiven Empfindung übermannt zu werden, wie Körper und Gedanken mit dieser Empfindung in Resonanz gehen. Wenn wir uns freuen, spüren wir diese Freude auch körperlich. Das Herz klopft, wir fühlen uns leicht und beschwingt, haben ein Lächeln im Gesicht, die Augen strahlen, unser ganzer Körper richtet sich auf, fühlt sich vitaler und kraftvoller an. Umgekehrt verkrampfen sich Magen und Muskulatur, wenn wir uns schlecht fühlen,

Angst haben oder wütend sind. Wir spüren einen Druck auf der Brust, etwas nimmt uns die Luft zu atmen, wir beißen die Zähne zusammen, und unser Körper ist angespannt. Passend dazu kreisen entsprechende Gedanken durch unseren Kopf. Es ist schwierig, sich gut zu fühlen und gleichzeitig negativ zu denken. Ebenso haben positive Gedanken kaum eine Chance, wenn wir gerade wütend oder verängstigt sind.

Die Schnelligkeit und Intensität, mit der Gefühle, aber auch Emotionen auf uns wirken, können wir nutzen, um unseren Weg zu finden. Daran, wie wir uns fühlen, erkennen wir, wann wir uns unserem Ziel nähern und wann wir uns weiter davon entfernen. Wenn wir die eigenen Empfindungen bewusst wahrnehmen, werden wir im Laufe der Zeit verschiedene Gefühlsqualitäten unterscheiden können. Wir werden merken, welchen Ursprung eine Empfindung hat, ob sie im Einklang mit unserem innersten Kern und unserer inneren Wahrheit ist oder ob sie nur eine Maske ist, mit der wir versuchen, das, was wirklich darunter liegt, zu kaschieren.

Wahre Gefühle verbinden uns mit uns selbst, mit unserer Essenz. Emotionen lenken unsere Aufmerksamkeit hingegen auf äußere Geschehnisse. Das macht uns für seelische Impulse blind. Die innere Führung versucht mit Ratschlägen zu uns durchzudringen, doch wir nehmen ihre Botschaften nicht wahr. Unsere Emotionen halten uns gefangen und hindern uns daran, das zu tun, was eigentlich unserem wahren Wesenskern entsprechen würde. Wir identifizieren uns mit Ärger, Angst oder Stolz und lassen kaum noch Raum für echte Gefühle.

Die Verantwortung für die eigenen Gefühle

Wir wurden dazu erzogen, uns nach den Wünschen, Vorstellungen und Bedürfnissen anderer zu richten. Uns an dem zu orientieren, was allgemein als normal und erstrebenswert angesehen wird. Kaum einer fragt nach unseren Wünschen und Träumen, danach, was uns glücklich macht oder wie wir unser Leben gestalten wollen.

Stattdessen werden wir mit den Erwartungen und Meinungen anderer Menschen konfrontiert, die wir meist übernehmen, ohne sie zu hinterfragen. Neid, Eifersucht und Frustration sind oft die Konsequenz dieser Anpassung. Wer nichts tut, um eigene Wünsche und Träume wahr werden zu lassen, schenkt dem Leben anderer nur allzu gerne Aufmerksamkeit. Das lenkt vom wahren Grund für die eigene Unzufriedenheit ab. Die anderen wirken viel glücklicher und zufriedener und scheinen genau das zu haben oder zu tun, wonach wir uns sehnen. Auch wenn wir noch nicht einmal so genau wissen, was das eigentlich ist.

Die Aufmerksamkeit vor allem auf das Leben anderer Leute zu richten, hat noch niemanden glücklich gemacht. Ganz egal, welches Leben der Arbeitskollege, die ehemalige Schulkameradin oder der Nachbar führen mag, es ändert nichts am eigenen Dasein. Was immer wir aus unserem Leben machen wollen, was immer wir haben wollen und wer immer wir sein wollen, wir müssen den Blick auf uns selbst lenken.

Menschen, die in Verbindung mit ihrem wahren Selbst, ihrem Potenzial und ihren Wünschen sind, wissen, was sie wollen. Und sie setzen ihre Energie dafür ein, es zu verwirklichen. Sie kennen sich selbst. Sie achten auf ihre Bedürfnisse. Sie leben an einem Ort, an dem sie sich wohl fühlen, üben einen Beruf aus, der sie interessiert, gehen ihren Interessen nach und umgeben sich mit Menschen, die ihnen guttun. Ihnen geht es nicht in erster Linie darum, von allen gemocht zu werden, sondern ein Leben zu führen, das ihren eigenen Vorstellungen entspricht. Sie orientieren sich nicht an gesellschaftlichen Normen. Stattdessen folgen sie konsequent ihrer eigenen Wahrheit. Dafür werden sie von vielen bewundert, stoßen aber gleichzeitig nicht selten auch auf Ablehnung. Ihre Einstellung zum Leben löst bei so manchem Angst aus. Denn sie halten jedem, der sein Leben nicht in die Hand nimmt, einen Spiegel vor. Sie zeigen, dass es möglich ist, seinen Weg zu gehen, wenn man bereit ist, Verantwortung für sich und das eigene Leben zu tragen. Statt Ausreden suchen sie nach Möglichkeiten und glauben auch dann an sich, wenn der Weg einmal etwas steiniger wird.

Die Ärztin Elisabeth Kübler-Ross stieß bei ihren Kollegen anfangs auf viel Widerstand, als sie begann, auf eine völlig neue Art und Weise mit Sterbenden und deren Angehörigen umzugehen. Ihre Erkenntnisse zum Sterbe- und Trauerprozess sind heute die Grundlage moderner Palliativmedizin und Hospizarbeit. Mahatma Gandhi gilt nach wie vor als leuchtendes Beispiel dafür, dass man auch ohne Gewalt für etwas kämpfen kann. Seine Wahrheit war es, sich friedlich für eine Sache einzusetzen und jedem Menschen mit Respekt zu begegnen. Vincent van Gogh widmete sein Leben der Malerei und ließ sich davon nie abbringen, obwohl er mit seinen Bildern zu Lebzeiten keinen Erfolg hatte. Joanne K. Rowling, die Autorin der *Harry Potter*-Bücher, begann den zweiten Teil der Geschichte zu schreiben, noch bevor sie einen Verlag für den ersten Band gefunden hatte.

Biografien wie diese gibt es unzählige. Sie beeindrucken uns nicht in erster Linie, weil diese Menschen berühmt geworden sind oder viel Geld verdient haben. Was uns inspiriert, sind die Überzeugung und Unbeirrbarkeit, mit der sie ihr Ziel verfolgt haben, das Vertrauen, das sie in sich und ihren Weg hatten, und die Tatsache, dass sie sich auch von Widerständen, Kritik und Rückschlägen nicht entmutigen ließen.

Wer seinen ureigenen Weg nicht geht, verzichtet nicht nur auf ein bisschen Lebensfreude. Innere Impulse dauerhaft zu verdrängen und zu ignorieren, bedeutet, den Sinn des eigenen Daseins zu verleugnen. Wir haben uns selbst gegenüber eine Verantwortung. Die Verantwortung nachzufragen und nachzuforschen. Nach der Richtung im Leben. Nach dem großen Bild für unser Dasein. Danach, wie wir uns jetzt fühlen und wie wir uns fühlen wollen. Nach den Dingen, die uns wirklich wichtig sind, und dem, was wir am Ende bereuen würden nicht getan zu haben.

Der innere Kompass

Mit unserer Selbsterforschung gewinnen wir wertvolle Erkenntnisse über uns selbst. Diese Erkenntnisse sind unser Kompass. Sie weisen uns den Weg. Unser innerer Kompass hilft uns nicht nur, die Richtung zu bestimmen, sondern auch, einen einmal festgelegten Kurs beizubehalten. Wohin zeigt die Kompassnadel? Wo geht es lang?

Damit ein Kompass zuverlässig funktioniert, muss die Kompassnadel an einem Punkt in der Mitte fixiert sein. Sie braucht ein stabiles Zentrum. Und dieses brauchen auch wir. Damit unser Seelenkompass zuverlässig die Richtung weisen kann, müssen auch wir gut in unserer Mitte verankert sein. Je zentrierter wir innerlich sind, umso leichter fällt die Ausrichtung.

Gerade diese innere Zentrierung gelingt uns zu Beginn der Reise oft nicht. Wir fühlen uns aus unserer Mitte gerissen, sind ins Schwanken geraten und verzweifelt auf der Suche nach etwas, das uns Halt gibt. Die Stabilität, nach der wir uns sehnen, können wir nur in uns finden. In unserer Mitte finden wir Stille. Und in dieser Stille wieder Klarheit. Je öfter wir unseren inneren Ruhepol aufsuchen, desto mehr festigen wir den Kontakt zu uns selbst. Wir geben uns selbst Halt und spüren deutlicher, wann wir aus unserer Mitte geraten.

Gut zentrieren können wir uns, wenn wir entspannt sind und innehalten. Doch sind die Gelegenheiten dazu in unserem Alltag meist rar. Ständig unterwegs von einem Termin zum nächsten, im Kopf ein nicht anzuhaltendes Gedankenkarussell, das sich unermüdlich dreht – um Dinge, die noch zu tun sind oder bereits getan wurden. Umgeben von Lärm, Verpflichtungen und den Ansichten anderer Menschen finden wir kaum einen ruhigen Augenblick, in dem wir ganz für uns sein können. Irgendetwas oder irgendjemand fordert laufend unsere Aufmerksamkeit.

Vieles strömt gleichzeitig auf uns ein. Es fällt schwer, sich auf eine Sache nach der anderen zu konzentrieren. Wir haben gelernt, effizient zu sein, und beherrschen die Kunst des Multitasking. Mit Stolz blicken wir auf unsere Fähigkeit, mehrere Dinge parallel zu erledigen. Während wir mit einer Freundin telefonieren, schreiben wir die Einkaufsliste und füttern die Katze. Beim Einkaufen im

Supermarkt sind die Gedanken nicht nur beim Abendessen, das noch zuzubereiten ist, sondern auch bei dem wichtigen Kundentermin in zwei Tagen, für den noch eine Präsentation gemacht werden muss. Das gemeinsame Abendessen mit Partner oder Familie können wir kaum genießen, fällt doch der Blick auf die Kommode, die dringend mal wieder abgestaubt werden müsste. Und wollten wir nicht noch die Waschmaschine einschalten? Nicht zu vergessen das stets präsente Smartphone, das mit Tönen und Blinken laufend unser Interesse weckt. Man will ja schließlich nichts verpassen. So vergeht der Tag, ohne dass wir auch nur einen einzigen Augenblick bewusst erlebt haben. Unsere Aufmerksamkeit ist in viele verschiedene Richtungen zerstreut. Was um uns geschieht, nehmen wir kaum wahr. Von dem, was in uns geschieht, ganz zu schweigen.

Ruhe im Alltag finden

Der Kontakt zu uns selbst, zu unseren Gefühlen und Bedürfnissen, geht zunehmend verloren. Signale des Körpers werden übersehen oder missachtet, Gedanken drehen sich permanent im Kreis, und Sehnsüchte, aber auch Ängste und Unsicherheiten bleiben unter der Oberfläche unserer bewussten Wahrnehmung. Die Hinweise der inneren Führung haben kaum eine Chance, bis ins Bewusstsein durchzudringen. Wir wünschen uns mehr Gelassenheit, Sicherheit oder Orientierung im Leben und versperren uns selbst den Weg dorthin. Es ist schwierig, inneren Impulsen zu folgen, wenn sie der eigenen Aufmerksamkeit entgehen. Solange wir uns und unserer Umgebung nicht mit mehr Achtsamkeit begegnen, blockieren wir die Tür zu unserer inneren Weisheit und verstellen uns selbst den Blick auf die Botschaften unserer Seele.

Erst der bewusste Kontakt zu uns selbst lässt uns wieder klarer sehen. Rückzug und Entspannung sind die besten Voraussetzungen, diesen Kontakt wiederherzustellen. In der Ruhe des Alleinseins können wir uns selbst erforschen. Wir spüren unseren Körper, hören unsere Gedanken, empfinden unsere Gefühle und entdecken unseren wahren Wesenskern. In der Geborgenheit der Stille wagen sich Erkenntnisse ans Tageslicht, die im täglichen Treiben verborgen bleiben würden.

Dazu müssen wir nicht unbedingt ins Kloster gehen, einen Meditationskurs besuchen oder begleitet vom Duft der Räucherstäbchen im perfekten Lotussitz Mantras rezitieren. Dem einen oder anderen mögen spezielle Rituale den Ausstieg aus dem Alltag erleichtern, im gewohnten Tagesablauf können wir Momente der Ruhe aber auch ohne viel Aufwand schaffen. Was wir dafür brauchen, ist ein Ort, an dem wir eine gewisse Zeit alleine sein, uns sicher fühlen und ganz bei uns sein können. Einen Platz, an dem uns eine Weile niemand stört, kein Telefon läutet, kein Radio oder Fernseher laufen und niemand spricht. Das kann ein Zimmer in der Wohnung, ein Platz in der Natur oder sogar das Auto in der Garage sein. Es überrascht mich immer wieder, wie kreativ einige meiner Klienten auf der Suche nach ihrem Ruheplatz werden. Von der Badewanne bis zum begehbaren Schrank war schon fast alles dabei.

Die Räume der Stille in unserem Alltag sind weniger geworden, doch wollen wir die Stimme der inneren Führung wahrnehmen, sind wir aufgefordert, sie uns zurückzuerobern. Viele meiden diese Momente der inneren Einkehr – aus Furcht vor dem, was darin auftauchen könnte. Sie haben Angst vor der Leere, der Einsamkeit, der Unerfülltheit, der Traurigkeit oder anderen nicht eingestandenen inneren Zuständen, die plötzlich präsent werden könnten. Hält man die Stille allerdings eine Weile aus, führt sie immer näher zum wahren Selbst.

Die Bedeutung von Achtsamkeit

Wer zur Ruhe kommt, wird zugleich auch achtsamer gegenüber sich selbst und seiner Umgebung. In den vergangenen Jahren ist Achtsamkeit zu einem Modewort geworden. Überall werden wir aufgefordert, achtsam zu sein. Von unzähligen Lebensratgebern auf dem Büchermarkt ebenso wie von der freundlichen Tonbanddurchsage in den öffentlichen Verkehrsmitteln. Achtsamkeit scheint im Trend zu liegen. Was wirklich dahintersteckt, bleibt in einer Gesellschaft, in der nicht der Augenblick, sondern das Höher, Schneller, Weiter zählt, vielen aber verborgen.

Achtsamkeit bedeutet, sich dem zuzuwenden und das anzunehmen, was gerade ist. Ohne zu bewerten, ohne zu interpretieren und ohne verstehen zu wollen. Einfach dem zu begegnen, was wir fühlen, denken und tun. Aufmerksam im Hier und Jetzt zu sein. Frei von Sorgen, Gedanken und Sehnsüchten. Beobachten, wahrnehmen und sein. Nichts sonst.

So selten wir im Alltag solche Augenblicke auch erleben, mit jedem Mal erkennen wir mehr von ihrer Schönheit und beginnen sie uns immer öfter auch zu gönnen. Sie bringen uns zurück in die eigene Mitte, spenden Kraft und schärfen unseren Blick für jene Dinge, die uns wichtig sind. Wir können diese Momente der Stille jeden Tag ein bisschen mehr in unser Leben integrieren. Egal, wie wenige wir davon bisher hatten. Wir können uns regelmäßig, und sei es nur für wenige Minuten, daran erinnern, achtsam uns selbst und unsere Umgebung wahrzunehmen. Irgendwann werden wir die bewusste Erinnerung nicht mehr brauchen. Achtsamkeit wird ein Teil unserer inneren Haltung. Sie wird selbstverständlich und natürlich. Mit ihr einher gehen eine neue Gelassenheit und eine innere Gewissheit, in der wir uns geborgen fühlen. Wir spüren, wann es Zeit ist innezuhalten und ein paarmal tief durchzuatmen. Und wir spüren, wann uns ein innerer Impuls dazu auffordert, aktiv zu werden.

Wir beginnen aus der eigenen Kraft zu agieren, statt wie ferngesteuert auf äußere Ereignisse zu reagieren. Die Führung in unserem Leben und die Verantwortung für unsere Entscheidungen, unser Verhalten und unsere Einstellung dem Leben gegenüber liegt bei uns. Achtsamkeit macht uns unsere automatischen Muster bewusst und bietet uns die Möglichkeit zu entscheiden, wie wir denken und handeln wollen. Mit zunehmender Aufmerksamkeit uns selbst gegenüber erkennen wir, was und wer uns guttut, was wir brauchen und was nicht, wann wir mit uns selbst im Einklang sind und wann wir aus dem Gleichgewicht geraten. Daraus entsteht auch eine feinere Wahrnehmung für unsere Umgebung. Die Begegnung mit dem Neuen und Unbekannten wird offener und unbefangener. Vielfältigere Möglichkeiten und Chancen zeigen sich. Wir erleben eine bisher unbekannte Intensität des Lebens, die nicht von Lärm, Hektik und ständigem Tatendrang, sondern von tiefer Ruhe, fokussierter Wahrnehmung und entspanntem Innehalten geprägt ist.

Ruhe ist wichtig für uns. Wir brauchen sie, um unsere Batterien wieder aufzuladen, Gedanken und Empfindungen zu sortieren und Energie für weitere Vorhaben zu tanken. Jeder Sportler weiß, dass die Phasen der Regeneration ebenso zentral sind wie aktive Trainingsphasen. Der Zuwachs an Leistungsfähigkeit und Muskelkraft erfolgt nicht während des Trainings, sondern in den Pausen dazwischen. Diese Regenerationsphasen auszulassen oder sich zu wenig Zeit dafür zu nehmen, reduziert langfristig die Leistungsfähigkeit. Das gilt auch für uns: Verzichten wir auf die Phasen bewusster Ruhe und Erholung, verlieren wir Kraft und Energie. Im Sport spricht man dann von Übertraining. Im Leben von Überforderung.

Ruhe hat nichts mit Langeweile oder Faulheit zu tun. Das Gegenteil ist der Fall. In Zeiten der Stille können wir endlich uns selbst zuhören. Und das ist alles andere als langweilig. Das eigene Wesen zu erkunden bringt überraschende Erkenntnisse und tiefe Einsichten. Und früher oder später auch die Aufforderung zu handeln. Dann ist es Zeit, den nächsten Schritt zu wagen.

Ob wir einen Moment der Stille mit Hilfe von Entspannungstechniken, bei einem Spaziergang in der Natur, einem heißen Bad oder einfach nur ein paar Minuten am Sofa sitzend erleben, spielt keine Rolle. Kein Mensch ist wie der andere. Jeder muss für sich selbst herausfinden, was ihn oder sie am besten darin unterstützt, zur Ruhe zu kommen. Ausprobieren und auf das eigene Wohlbefinden achten, anstatt ständig auf Empfehlungen und gute Ratschläge anderer zu hören, ist in diesem Fall der erfolgversprechendste Weg. Auch wenn alle um uns herum davon schwärmen, wie energetisierend Qigong ist, wie wertvoll das Zen-Seminar war oder wie wahnsinnig erholsam der wöchentliche Meditationsabend ist, können wir nur in uns selbst die Wirkung spüren. Wir haben die

Freiheit, verschiedene Dinge auszuprobieren. Und auch die Freiheit zu entscheiden, dass eine bestimmte Methode nicht die richtige für uns ist.

Achtsamkeit ist keine hohe Kunst, die nur mit viel Konsequenz und jahrelanger Übung erlernt werden kann. Sie ist eine Grundhaltung dem Leben gegenüber. Nicht die Disziplin des täglichen Übens macht nach und nach achtsamer, sondern die innere Bereitschaft, sich selbst und der Welt achtsamer zu begegnen. Dann geschieht es ganz automatisch, geht wie von selbst und bedarf keinerlei Anstrengung.

Übung: Aufmerksames Wahrnehmen

Entscheiden Sie sich bewusst für mehr Achtsamkeit. Reservieren Sie regelmäßig (idealerweise täglich, sollte das – noch – nicht möglich sein, dann alle zwei bis drei Tage) ein paar Minuten Ihrer Zeit, um Ihre Achtsamkeit zu schulen. Finden Sie dafür einen Platz, an dem Sie in der Zeit des Übens ungestört sind.

Schritt 1
Fangen Sie damit an, Ihre Aufmerksamkeit ganz auf sich selbst zu richten. Unterstützen Sie sich selbst dabei, zur Ruhe zu kommen. Richten Sie Ihre gesamte Aufmerksamkeit auf Ihren Atem. Beobachten Sie, wie Sie ein- und ausatmen, ohne an Ihrem Atem etwas zu verändern. Einfach nur wahrnehmen und beobachten. Atmen Sie zehnmal bewusst ein und aus. Wie atmen Sie? Ist Ihre Atmung flach oder tief? Spüren Sie Ihren Atem mehr in der Brust oder im Bauch?

Schritt 2
Wenn es Ihnen am Anfang schwerfällt, sich zu konzentrieren, oder Sie wenig Zeit haben sollten, können Sie die Übung nach diesen zehn bewussten Atemzügen beenden. Wollen Sie sich aber mehr Zeit widmen – und das empfehle ich Ihnen – dann können Sie im nächsten Schritt weitergehen und Ihre Aufmerksamkeit auf Ihren Körper richten. Spüren Sie, wie er sich anfühlt. Ist Ihre Muskulatur angespannt? Wenn ja, an

welchen Körperstellen?

Schritt 3

Nach einiger Zeit der Übung können Sie mit Ihrer Aufmerksamkeit auch weitergehen und nicht nur sich selbst, sondern auch Ihre Umgebung wahrnehmen. Suchen Sie sich zum Beispiel einen Gegenstand im Raum und betrachten Sie diesen ganz bewusst. Nehmen Sie jedes Detail wahr. Konzentrieren Sie sich voll und ganz darauf. Egal, ob Sie Ihre Wahrnehmung auf sich selbst oder Ihre Umgebung richten, beides bringt Sie ins Hier und Jetzt und erleichtert es Ihnen, ruhiger zu werden. Sie können nicht bewusst etwas wahrnehmen und gleichzeitig an andere Dinge denken. Ihre Gedanken beruhigen sich somit automatisch.

Sollten Sie während der Übung merken, dass Ihre Aufmerksamkeit wieder zu Ihrem Gedankenkarussell wandert, dann wenden Sie sich erneut ganz Ihrem Atem zu und beobachten Sie das Ein- und Ausströmen der Luft. Dann verschwinden die Gedanken auch sofort wieder.

Wenn Sie diese Übung regelmäßig in Ihrem Alltag einbauen, werden Sie mit der Zeit feststellen, dass Ihre Wahrnehmung für sich selbst und die Welt um sie herum feiner wird. Und Sie werden ruhiger werden. Es wird Ihnen immer leichter fallen, zu entspannen und diese innere Gelassenheit auch zunehmend im Alltag zu leben.

Etappe 4 – Der Weg der Seele

»Dieser innere Kern will uns dazu führen, authentisch zu sein, ganz Wir selbst zu sein, in Übereinstimmung zu kommen mit unserem innersten Wesen. [...] Wer den Zugang zu seinem wahren Selbst findet, der ist frei von der Erwartung der Menschen. [...] Daher ist der Weg in die eigene Seele, zum wahren Selbst, immer auch ein Weg in die Freiheit.«
Anselm Grün

Der erste Schritt ist gemacht. Wir sind auf dem Weg. Anfangs vielleicht noch zaghaft und vorsichtig. Doch mit jedem Schritt werden wir sicherer, gehen zügiger und erkennen unser Ziel deutlicher. Während wir unterwegs sind, betrachten wir nicht nur die Landschaft um uns herum mit neuen Augen. Wir beginnen auch unsere innere Landschaft neu zu entdecken. Die Verbindung zu uns selbst wird stärker. Wir nehmen etwas in uns wahr, dem wir vorher kaum Beachtung geschenkt haben und das uns dennoch so vertraut ist wie nichts anderes auf dieser Welt. Wir kommen in Kontakt mit unserer Seele.

Nie waren wir wirklich getrennt von unserem innersten Wesenskern. Dennoch fühlen wir uns wie am Anfang einer neuen Beziehung. Wir beginnen diesen wiederentdeckten Teil von uns zu erkunden. Was macht mich aus? Was gilt es zu lernen? Wie bin ich wirklich? Die Antworten auf diese Fragen führen uns wie von selbst zu unseren Zielen. Sie führen uns zu den großen Zielen unseres Lebens. Wie Leuchttürme dienen sie entlang unserer Reise als Orientierungspunkte. Ihr Licht strahlt immerwährend, unabhängig davon, wie viel Zeit wir für den Weg benötigen und ob wir direkt oder über Umwege dorthin gelangen.

Die großen Ziele im Leben lassen sich nicht durch die exakte Abarbeitung eines zuvor definierten Plans erreichen. Ihre Verwirklichung ist mit der ständigen Aufforderung verbunden, neue Erfahrungen zu machen und sich auf unbekanntes Terrain zu wagen. Auch Rückschläge, Verletzungen und Enttäuschungen gehören dazu. Unsere Seele fordert uns auf, unser Potenzial, die Kraft, die in uns steckt, zu entfalten. Wir stellen uns den Herausforderungen des Lebens und wachsen an Widerständen. Gerade dann, wenn die Dinge nicht nach Plan laufen, lernen wir am meisten. Wir werden ermutigt durchzuhalten, auch wenn der Weg steinig ist. Weiterzugehen, auch wenn wir müde sind. Den Blick nach vorne zu richten, anstatt Vergangenem nachzutrauern.

Lebensziele lassen sich meist nicht auf geradem Weg erreichen, auch wenn wir uns das wünschen würden. Am Ziel angekommen erkennen wir aber, dass die Umwege und Hürden oft genau das waren, was uns im Nachhinein betrachtet am meisten geholfen hat.

Bei den großen Zielen des Lebens geht es nicht um kurzfristiges Glück und immerwährende Zufriedenheit. Hinter ihnen stehen Wünsche und Sehnsüchte, die uns im tiefsten Inneren berühren und uns ein Leben lang nicht loslassen.

Wer bin ich?

Es sind drei einfache Worte, die sich eines Tages in unsere Gedanken schleichen, dort einnisten und uns von da an nicht mehr loslassen wollen. Versuchen wir sie anfangs noch zu ignorieren, nehmen sie mit jedem Tag, der vergeht, mehr Raum in unserer inneren Welt ein. Bis wir irgendwann nicht mehr anders können, als ihnen jene Aufmerksamkeit zu schenken, die sie von uns fordern. »Wer bin ich?« Eine so einfach klingende Frage, die sich bei dem Versuch, sie zu beantworten, meist als wirklich harte Nuss herausstellt. Drei kleine Worte mit der Macht, ein ganzes Leben infrage zu stellen.

Das Ich, nach dem wir hier fragen, ist nichts Festes, nichts Materielles, nichts, das einfach so beschrieben werden kann. Vielmehr setzt es sich aus Elementen verschiedener Dimensionen zusammen, die in Summe das ergeben, was wir allgemein als »Ich« bezeichnen.

Dieses Ich ist weit größer als jenes Ich, das unserem Ego entspricht. An diesem Punkt stellen wir nicht nur die Frage nach jener bewussten Identität, die durch Erziehung, Prägung und Erfahrungen entstanden ist. Hier gehen wir einen Schritt weiter, wollen mehr in die Tiefe unseres Seins vordringen und erfahren, wer wir unter der Oberfläche sind, was noch in uns steckt und was uns wirklich ausmacht. Dieses weit umfassendere Ich hört nicht bei den Grenzen unseres Bewusstseins auf. Auch unser wahres Selbst, unsere seelische Essenz, ist ein Teil von ihm.

Individuation

Sind wir bereit, uns ernsthaft auf Entdeckungsreise zu begeben, dann führt uns unsere Seele zu den notwendigen Stationen, durch die wir uns immer mehr unserem essenziellen Kern annähern. Meine erste Station war vor vielen Jahren die Auseinandersetzung mit meinen Gedanken und Glaubenssätzen. Dank der Empfehlung einer Freundin fand ich den für mich richtigen Kurs und später die dazugehörige Ausbildung zur Mentaltrainerin. Zur damaligen Zeit war es genau das, was ich brauchte. Eine neue Perspektive auf mein Leben, auf Dinge, die passierten, und auf Menschen, die mir begegneten. Ich konnte einige hinderliche Glaubenssätze auflösen, betrachtete meine Reaktion auf bestimmte Ereignisse genauer und wandte die erlernten Techniken in Stresssituationen an. Ich wurde ruhiger und gelassener. Erste Veränderungen nahmen ihren Lauf. Dennoch spürte ich, dass noch etwas Entscheidendes fehlte. Mir war es zu wenig, nur die gedankliche Ebene zu betrachten. Und ich war nie wirklich davon überzeugt, dass man alles haben kann, was man will, wenn man es sich nur fest wünscht. Daher suchte ich weiter und fand relativ schnell Antworten auf viele meiner Fragen durch die Beschäftigung mit den seelischen Welten. Ich lernte eine Menge über mich selbst, erkannte, was hinter vielen meiner Muster steckte, und begann zu verstehen, wie wichtig auch unangenehme Erfahrungen für die persönliche Entwicklung sind. Meine Erkundung ist noch lange nicht abgeschlossen, und ich merke, wie ich stetig tiefer vordringe und meiner Essenz näherkomme. Leicht ist es nicht immer, und angenehm oft auch nicht. Blicke ich aber ein paar Jahre zurück, dann sehe ich den Entwicklungsweg, den ich bereits hinter mir habe. Daraus schöpfe ich die Kraft und Motivation weiterzugehen.

Der Psychologe C. G. Jung nannte jenen Zeitpunkt des Erwachens den *Spiegel-Moment*. Es ist der Punkt in unserem Leben, an dem unsere Individuation, also die Entfaltung unseres essenziellen Kerns, an der Reihe ist. Es ist jener Moment, in dem wir innehalten und Fragen wie »War das schon alles?« oder »Was ist der Sinn?« auftauchen. Wir erkennen plötzlich, dass das Leben, das wir führen, nicht im Einklang mit dem ist, wer wir sind und was wir wollen.

Individuation ist ein Prozess, der schrittweise wieder die eigenen Fähigkeiten, Anliegen und Ziele bewusst macht. Wir erkennen unsere Einzigartigkeit. Anstatt sich danach zu richten, »was man sollte« oder »was im Allgemeinen richtig wäre«, bestimmt zunehmend die eigene innere Wahrheit das Denken und Handeln. Nicht mehr das von früheren Bezugspersonen und dem Umfeld übernommene Richtig und Falsch bildet nun die Basis für Entscheidungen, sondern jene Wahrheit, die sich im tiefsten Inneren authentisch anfühlt.

Erkenntnisse entlang des Weges

Dieser Weg der Entfaltung kann nicht alleine durch Nachdenken und Innehalten gegangen werden. Vielmehr fordert die Seele dazu auf, Erfahrungen zu machen. Sie führt uns regelmäßig in Situationen, in denen wir mit unseren Grenzen konfrontiert werden. Nur so haben wir die Möglichkeit, über uns selbst hinauszuwachsen. Wir erleben wie es ist, aus Angst zu handeln. Aber auch, wie es sich anfühlt, die eigene Angst zu überwinden. Denn immer wieder sind wir aufgefordert, unsere essenzielle Energie einzusetzen und unseren Ängsten zu begegnen. Oft erkennen wir unser Potenzial erst dann, wenn wir in Situationen oder Umstände geraten, in denen unsere

Begabungen, Wünsche und Ansichten unterdrückt werden. Der daraus entstehende Leidensdruck weckt in uns die Bereitschaft, unsere eigene Kraft voll und ganz anzunehmen und zu entfalten.

Während der ersten Jahrzehnte unseres Lebens bewegen wir uns in einer Art seelischem Experimentierfeld. Wir machen Erfahrungen und sammeln Erkenntnisse, die uns später darin unterstützen, unser wahres Selbst zu erkennen. Eines Tages beginnt die Veränderung. Mit immer mehr Nachdruck werden wir von unserer Seele aufgefordert, unsere angepasste Persönlichkeit zu hinterfragen. Sie beginnt Inhalte aus dem Unbewussten in unser Bewusstsein zu bringen. Fähigkeiten, Werte und Wünsche, die bisher in den Tiefen unseres Inneren verborgen waren, drängen nun ans Tageslicht. Sie wollen gesehen, gefördert und genutzt werden.

Nicht nur unsere sogenannten Sonnenseiten und guten Eigenschaften treten zum Vorschein, sondern auch jene Aspekte unserer Persönlichkeit, die wir als weniger angenehm und liebenswert betrachten. Bisher haben wir sie, so gut es ging, verdrängt. Ab jetzt gelingt das immer weniger. Sie bilden einen ebenso wichtigen Teil unseres Wesens wie unsere Begabungen und Fähigkeiten. Erst wenn wir bereit sind, uns in unserer Ganzheit anzunehmen, mit all unseren Licht- und Schattenseiten, sind wir in der Lage, authentisch zu sein und ein erfülltes Leben zu führen.

Selbsterforschung

Unsere Selbsterforschung konfrontiert uns mit der Erkenntnis, dass ein Großteil dessen, womit wir uns bisher identifiziert hatten, nicht unserem wahren Wesenskern entspricht. Antrieb hinter vielen bedeutenden Lebensentscheidungen waren Erwartungen, Meinungen und Anweisungen anderer. Vernünftige Ziele, aufgegebene Träume, vernachlässigte Begabungen, vertretene Werte, sowie die Vorstellung, wie das Leben zu sein hat, sie alle wurden wesentlich von Prägung und Anpassung beeinflusst. Übernommene Denk- und Verhaltensweisen haben den bisherigen Lebensweg mitgestaltet, ohne dass wir sie je ernsthaft hinterfragt hätten.

Im Nachhinein müssen wir aber zugeben, dass sich bei der ein oder anderen Entscheidung, beim ein oder anderen Entschluss, etwas zu tun oder zu lassen, doch leise Zweifel in uns regten. Es gab diese Momente, in denen wir wehmütig an aufgegebene Träume gedacht haben. Und wir hätten viel Freude daran gehabt, unsere natürlichen Talente zu leben. Stattdessen haben wir uns angepasst und darauf verzichtet, diesen inneren Impulsen nachzugehen. So stark die Sehnsucht auch gewesen sein mag, wir konnten sie schnell wieder verdrängen und als Spinnerei abtun. Doch zumindest für einen Moment fand unser wahres Selbst einen Weg an die Oberfläche unseres Bewusstseins. Wenigstens für diesen kurzen Augenblick wurden wir daran erinnert, wer wir wirklich sind.

Karin, eine Freundin von mir, ist ein unglaubliches Musiktalent. Sie spielt drei Instrumente, hat eine wunderschöne Singstimme, und wenn sie tanzt, scheint es, als würde sie eins mit der Musik. Doch erst mit Mitte dreißig begann sie ihre große Begabung zu leben. Zwar liebte sie es schon als Kind zu singen, wollte Ballettunterricht nehmen, wollte lernen, ein Instrument zu spielen. Aber nichts davon unterstützten ihre Eltern. Stattdessen bekam sie regelmäßig zu hören, dass ihre Stimme nicht besonders schön sei, ihr Körper viel zu schlaksig für das Tanzen, und überhaupt habe sie keinerlei musikalisches Talent. Schließlich hatte das niemand in der Familie. Ihre Sehnsucht blieb unerfüllt. Doch sie blieb. Als sie dann mit fünfunddreißig in eine tiefe Sinnkrise stürzte, beschloss sie, ihrer Sehnsucht nachzugehen. Karin begann Gesangsunterricht zu nehmen, kaufte sich ein Klavier, eine Gitarre und, weil sie den Klang so liebte, eine Harfe, und schrieb sich für einen Ballettkurs für Erwachsene ein. Jeden Tag verbrachte sie mehrere Stunden mit Singen, Tanzen und Musizieren. Nach relativ kurzer Zeit war sie so gut, dass sie begann, Konzerte zu geben und auf privaten Veranstaltungen aufzutreten. Durch die Musik blühte sie auf. Sie wurde selbstbewusster und fröhlicher und entdeckte eine neue Lebensfreude. Musik ist nicht nur ihr Hobby, sie ist zu ihrem Leben geworden. Sie hat mehrere Jobs, die natürlich alle mit Musik zu tun haben. Sie genießt es, nicht in der täglichen Routine eines klassischen Berufs gefangen zu sein, sondern ihre Talente kreativ einzusetzen und zu kombinieren.

Dem wahren Selbst mehr Raum im Leben zu geben, bedeutet, der eigenen inneren Wahrheit auf den Grund zu gehen und sich zunehmend von jenem Teil des Ich zu lösen, der bisher den Weg vorgegeben hat. Indem wir unsere innere Wahrheit leben, grenzen wir uns von anderen Menschen ab. Wir werden mehr zu der Person, die wir in unserer seelischen Essenz sind. Dieser Wandel geschieht nicht von heute auf morgen. Wir sollten diesen neu erwachten Teil unserer Persönlichkeit behutsam behandeln, ähnlich wie ein Neugeborenes, sollten ihm Aufmerksamkeit schenken und ausreichend Zeit zur Entfaltung geben. Es geht nicht darum, einen radikalen Persönlichkeitswandel zu vollziehen, sondern darum, übernommene Denkweisen und anerzogenes Verhalten zu erkennen, auf ihre Gültigkeit für uns zu prüfen und gegebenenfalls zu verändern.

Der angeborene Kern

Alle Eltern mit mehr als einem Kind stellen schnell fest, dass ihre Kinder, trotz gleicher Erziehung und übereinstimmender Lebensumstände, in denen sie aufwachsen, dennoch sehr verschieden in Charakter und Wesen sind. Diese Unterschiede in der Persönlichkeit zeigen sich vom Zeitpunkt der Geburt an. Das eine Kind ist von Anfang an eher ruhig und zurückgezogen, während das andere offen und freundlich und das nächste vielleicht laut und aggressiv ist. Im Laufe der Jahre ändert sich an diesen grundsätzlichen Wesenszügen kaum etwas. Egal, wie stark die Anpassung an das Umfeld auch sein mag.

Der Zwang, anders zu sein, als man ist, kann auf Dauer zu Krankheit oder sogenannten Verhaltensstörungen führen. Ein ruhiges, introvertiertes Kind, das nie die Möglichkeit bekommt, sich zurückzuziehen, stattdessen ständig ermutigt wird, aktiv zu sein, mit anderen Kindern zu spielen oder im Sportverein mitzumachen, drückt sein Bedürfnis nach Ruhe und Rückzug unter Umständen darin aus, dass es immer wieder kränkelt oder sich bei den verschiedenen Aktivitäten verletzt. Ein sehr aktives und bewegungsfreudiges Kind hingegen entwickelt möglicherweise Aggressionen gegenüber anderen Kindern oder den Eltern oder leidet unter mangelnder Konzentrationsfähigkeit, wenn es immer wieder dazu angehalten wird, still zu sein und nicht aufzufallen. Es findet kein Ventil für die in ihm steckende Energie und seinen Bewegungsdrang.

Jeder Mensch kommt mit einer Reihe angeborener Merkmale zur Welt, die seine geistige Haltung und sein Temperament wesentlich bestimmen. Der Kern der Persönlichkeit, also ob jemand introvertiert oder extrovertiert, eher ruhig und ausgeglichen oder hektisch und sprunghaft ist, ändert sich, trotz aller äußeren Einflüsse, im Laufe des Lebens nicht wesentlich.

Die seelische Essenz

Die Grundeigenschaften jedes Menschen sind in seiner Seele festgelegt. Der seelische Kern ist das, was uns ausmacht. Er bildet das Fundament unserer Persönlichkeit und hat wesentlichen Einfluss darauf, wie wir denken, fühlen und uns verhalten, wie wir der Welt begegnen und wie wir auf Dinge reagieren. Im Gegensatz zu unserer geistigen und emotionalen Struktur ist unser Wesenskern weitgehend unbeeinflusst von Erfahrungen und Ereignissen, die wir im Laufe der Zeit machen. Im Inneren bleiben wir die, die wir sind. Selbst dann, wenn wir keinen bewussten Zugang zu unserem seelischen Kern finden.

Die Kernpersönlichkeit eines Menschen wird von der Seele sorgfältig geformt. Entsprechend ihren Plänen, Aufgaben und den Erfahrungen, die die Seele in einem Leben machen möchte, legt sie die dafür notwendige Energiestruktur und die damit verbundenen Charaktereigenschaften fest. Diese seelische Grundstruktur wird später durch äußere Einflüsse entweder gefestigt oder überlagert. Bei allen Erfahrungen, die wir im Laufe der Zeit machen, geht es um unsere Weiterentwicklung. Daher brauchen wir Herausforderungen, an denen wir wachsen können, Ziele, die uns motivieren, und Situationen, die uns auffordern, unsere Fähigkeiten und Stärken zu erkennen und einzusetzen. Dazu gehört auch die Erfahrung, wie es sich anfühlt, wenn das eigene Potenzial nicht gelebt werden kann. Die Freude und Erfüllung, die mit der Entfaltung des eigenen Wesenskerns einhergehen, können zu einem späteren Zeitpunkt dann umso intensiver erlebt werden.

Wie auch immer die äußeren Gegebenheiten sein mögen, tief in unserem Inneren vergessen wir nie, wer wir wirklich sind. Tief in uns wissen wir um unsere Größe, um unsere Begabungen und Talente. Selbst dann, wenn wir dieses Wissen nicht bewusst abrufen können. Unsere Seele strebt danach zu erfahren, wer sie ist. Dazu ist es erst mal notwendig zu erleben, wer sie nicht ist. So paradox dies für unseren Verstand auch klingen mag, so logisch ist es unter dem Blickwinkel unserer seelischen Entwicklung. Wir können uns den Einflüssen von Erziehung und Gesellschaft nicht entziehen. Darin liegt auch nicht der Sinn unserer Existenz. Vielmehr geht es darum, trotz äußerer Einflüsse, trotz gesellschaftlicher Normen und trotz vorgegebener Strukturen unsere eigene innere Wahrheit zu leben und unseren Weg zu gehen.

Wie sehr die Seele unser Leben durchdringt, erleben wir, wenn wir entgegen unserer bisherigen Erziehung, entgegen unseren Prägungen und Erfahrungen dennoch etwas von dem uns innewohnenden Potenzial zeigen und leben. Menschen, die in der Kindheit unter mangelnder Zuneigung gelitten haben, sind später trotzdem fähig, eine liebevolle Beziehung zu anderen Menschen aufzubauen. Jemand kann ein selbstbewusster Erwachsener werden, obwohl er früher keine Aufmerksamkeit und kein Lob bekommen hat. Und auch wenn individuelle Begabungen und Talente weder erkannt noch gefördert wurden, entsteht später dennoch ein Bewusstsein für jene Dinge, die man gut, ja vielleicht sogar besser kann als andere. Unsere Seele bringt alles mit, was wir brauchen, damit wir unseren Weg gehen können. Sie führt und lenkt uns zu den Antworten auf die Frage »Wer bin ich?«.

Im Einklang mit der Seele leben

Wer beginnt, seine wahre Persönlichkeit zu erforschen, wird auf Eigenschaften und innere Anteile stoßen, die bisher kaum oder gar nicht gelebt werden konnten. Zu einigen der essenziellen Merkmale ist der Kontakt schon so früh verloren gegangen, dass bei ihrer Wiederentdeckung anfangs Widerstand gegen sie auftritt. Zu erkennen, was alles in einem steckt und welche Möglichkeiten sich daraus ergeben, kann so überwältigend sein, dass es zunächst Schwierigkeiten bereitet, all das bisher verborgene Potenzial anzunehmen. So sehr wir uns auch wünschen, ganz im Einklang mit unserer Seele zu leben, so ungewohnt ist die Welt, in die uns dies führt. Wir schreiten über unsere bisherigen Grenzen und betreten völliges Neuland. Gleichzeitig spüren wir in uns eine Richtigkeit und Sicherheit, dass diese Eigenschaften und Fähigkeiten mehr als nur irgendein Teil von uns sind. Sie sind der Kern dessen, wer wir sind.

Je mehr wir das leben, was in unserer Seele angelegt ist, umso kraftvoller und vitaler fühlen wir uns. In Verbindung mit unserem innersten Kern werden wir stets die Stärke und Energie in uns spüren, um auch schwierige Zeiten zu durchwandern. Wir erleben Sinn in dem, was uns widerfährt und was wir tun. Die Energie, die wir in Ziele und Projekte stecken, geht nicht verloren. Sie fließt in Form von Freude und Erfüllung wieder zu uns zurück.

Übung: Im Dialog mit der Seele

Ihre Seele kennt den Weg. Warum sie also nicht einfach danach fragen?

Für den Dialog mit Ihrer Seele benötigen Sie:

- **Papier und Stift.** Nehmen Sie mehrere große DIN-A3-Blätter oder legen Sie A4-Blätter quer. So kommen Sie leichter in einen Schreibfluss, da Sie den Stift nicht ständig absetzen müssen.
- **Einen ruhigen Ort.** Suchen Sie sich einen Ort, an dem Sie sich wohlfühlen und für einige Zeit ungestört sind. Richten Sie sich so ein, dass Sie entspannt schreiben

können. Erfahrungsgemäß ist es von Vorteil, an einem Tisch zu sitzen.

- **Zeit.** Planen Sie ca. 30 Minuten für diese Übung ein. Stellen Sie sich einen Wecker, damit Sie nicht ständig auf die Uhr sehen müssen (Achtung: nicht zu laut, denn im Zustand der Entspannung sind Ihre Sinne wesentlich sensibler!). Während des Schreibens ist das subjektive Zeitempfinden meist nicht sehr zuverlässig.
Die ersten 10 Minuten der Übung dienen dazu, zur Ruhe zu kommen. Schreiben sollten Sie anfangs nicht länger als 20 Minuten.
Wenn Sie der Gedanke, 20 Minuten zu schreiben, unter Druck setzt, dann beginnen Sie mit 10 Minuten. Wenn Sie diese Übung an einem anderen Tag wiederholen, können Sie Ihre Schreibzeit ein wenig verlängern.

Machen Sie es sich an Ihrem Schreibplatz bequem und schreiben Sie Ihre Frage oben auf das erste Blatt. Formulieren Sie Ihre Frage ganz konkret, je nachdem, was Ihnen gerade am Herzen liegt. Mögliche Fragen könnten sein: *Wie finde ich mehr Freude in meinem Job? Welche berufliche Tätigkeit ist die Richtige für mich? Was muss ich ändern, um ruhiger/glücklicher/zufriedener zu werden? Wie soll ich mich in der Situation XY/im Umgang mit XY verhalten? Was muss ich als Erstes verändern, um mein Ziel zu erreichen? Wie finde ich mein Ziel? Etc.* Was immer Ihnen gerade am Herzen liegt, schreiben Sie Ihre Frage auf das erste Blatt.

Nun entspannen Sie sich. Schließen Sie die Augen. Atmen Sie ein paarmal tief ein und aus und lassen Sie mit jedem Ausatemzug immer mehr los. Atmen Sie ihre Anspannung, die Sorgen und den Stress des Alltags aus. Nehmen Sie wahr, wie Sie mit jedem Atemzug ruhiger werden.
Achten Sie darauf, dass beide Füße fest auf dem Boden stehen, dass Sie gut auf Ihrem Stuhl sitzen, dass Ihr Körper aufrecht und entspannt ist. Kommen Sie ganz bei sich selbst an. Nehmen Sie Ihren Atem und Ihren Körper wahr. Wenn Sie sich entspannt fühlen, legen Sie eine Hand auf jene Stelle Ihres Brustkorbs, an der sich Ihr Herz befindet, und schicken Sie

einige Atemzüge dorthin.

Dann stellen Sie noch einmal Ihre Frage. Entweder nur im Gedanken – oder Sie sprechen Sie laut aus. Und dann beginnen Sie zu schreiben. Schreiben Sie die Informationen, die Sie bekommen, auf.

Bleiben Sie dabei in einem ständigen Schreibfluss. Anfangs ist die Erwartung an die Botschaften der Seele oft so groß, dass eine Schreibblockade entsteht. In diesem Fall schreiben Sie genau das. Schreiben Sie zum Beispiel »Was soll ich bloß schreiben« oder »Ich nehme nichts wahr« oder »Mir fällt nichts ein«. Was immer Ihnen gerade in den Sinn kommt, schreiben Sie es auf. Ohne zu hinterfragen, ohne zu bewerten, ohne noch einmal nachzulesen.

Es geht bei dieser Übung nicht um ein literarisches Meisterwerk, sondern darum, genau die Worte niederzuschreiben, die in diesem Moment aus Ihnen herausfließen. Im Zuge der Übung werden Sie feststellen, dass der Stift wie automatisch über das Blatt wandert.

Schließen Sie während des Schreibens die Augen oder richten Sie ihren Blick etwas seitlich des Blattrandes aus. So verhindern Sie, dass Sie während des Schreibens mitlesen. Dann beginnt nämlich der Verstand, sich einzuschalten, und es wird schwieriger, den Kontakt zur Seele aufrechtzuerhalten. Die Zeit, das Geschriebene zu lesen, haben Sie später.

Wenn die Zeit abgelaufen ist, legen Sie den Stift beiseite. Bedanken Sie sich bei Ihrer Seele für die erhaltenen Botschaften. Entspannen Sie noch einen Moment. Nehmen Sie wahr, wie es Ihnen nach dieser Übung geht, und kommen Sie dann mit Ihrer Aufmerksamkeit wieder zurück in die Gegenwart.

Lesen Sie nicht sofort, was Sie geschrieben haben. Lassen Sie den Text ein wenig ruhen. Idealerweise lesen Sie ihn erst am nächsten Tag, sofern das Ihre Neugier zulässt. Zumindest sollten Sie aber eine Stunde warten, damit Sie einen gewissen inneren Abstand zu dieser Übung bekommen. Ansonsten hindern Sie Ihre (zu hohen) Erwartungen unter Umständen daran, die Worte Ihrer Seele offen anzunehmen. Sie werden überrascht sein, welche wertvollen und tiefen Informationen

Sie dann auf dem Papier finden.

Wie bei vielen Dingen im Leben gilt auch hier: üben, üben, üben. Wenn Sie diese Übung einige Zeit regelmäßig durchführen, beispielsweise ein- bis zweimal pro Woche, werden Sie feststellen, dass es Ihnen von Mal zu Mal leichter fällt, zu entspannen und Ihren Verstand für einige Zeit zu beruhigen. Außerdem werden Sie beim Lesen einer ganzen Reihe so entstandener Texte feststellen, dass bestimmte Themen, Botschaften oder Hinweise immer wieder auftauchen. Schreiben Sie diese gesondert auf ein Blatt Papier. Das sind die wesentlichen Botschaften Ihrer Seele.

Wenn Sie sich immer wieder offen auf diese Übung einlassen, werden Sie Ihre Ziele zunehmend klarer erkennen. Und das auch im Alltag: Ihre Aufmerksamkeit und Wahrnehmung richten sich wie von selbst mehr und mehr auf Ihren Weg und Ihre Ziele aus.

Träume, Wünsche, Ziele

In unserem Leben setzen wir uns viele Ziele, kleinere und größere. Das Ziel, gut durch den Tag zu kommen. Das Urlaubsziel, an dem wir uns von den Strapazen des Alltags erholen wollen. Das Zielgewicht bei einer Diät. Oder das Karriereziel, das wir unbedingt erreichen wollen und dem wir rastlos nachjagen. Im Grunde tun wir kaum etwas, ohne ein bestimmtes Ziel damit zu verfolgen. Hinter fast all unseren Handlungen und Entscheidungen stecken eine Absicht und eine Erwartung dessen, was am Ende das Ergebnis sein soll. Unser gesamter Alltag ist eine Ansammlung kurz- und mittelfristiger Ziele, über die wir in der Regel nicht viel nachdenken. Es scheint, als würden diese einfach so auftauchen oder wären ganz selbstverständlich da. Wofür wir Energie, Zeit und mitunter auch Geld aufwenden, ist in vielen Fällen weniger das Ergebnis einer bewussten Entscheidung als ein Produkt des Zufalls und der Gegebenheiten des Lebens. Mit unseren großen Lebenszielen verhält es sich nicht viel anders. Selbstverwirklichung und Erfüllung scheinen für viele eher ein Nebenprodukt des Daseins als ein bewusstes Ziel zu sein.

Fragt man Menschen nach ihren Wünschen und Träumen, bekommt man, wenn auch bei einigen erst nach einem gewissen Zögern, eine Aufzählung von Dingen, die sie gerne hätten oder tun würden. Und je länger sie sprechen, desto mehr beginnen sie von dem Leben ihrer Träume und all den schönen Gefühlen und Erfahrungen, die damit verbunden wären, zu schwärmen. Nach konkreten Zielen in ihrem Leben gefragt, ist es mit der Begeisterung und den überschwänglichen Erzählungen abrupt vorbei. Stattdessen erntet man ratlose Blicke, gefolgt von einer scheinbar endlosen Reihe an Begründungen und Erklärungen, warum es nicht möglich ist, große Ziele zu haben, oder warum diese schon vor langer Zeit aufgegeben werden mussten.

Wünsche und Träume erlaubt man sich hingegen. Sie gelten als ungefährlich, weil sie ausschließlich in der Fantasie existieren und zumindest eine kurze geistige Flucht aus dem Alltag ermöglichen. Vor allem beanspruchen sie weder Zeit oder Geld noch allzu viel Aufmerksamkeit. Sie verlangen keine bewusste Zuwendung. Für sie muss im Leben nichts verändert werden. Solange wir nur unverbindlich wünschen und träumen, haben wir eine nette Beschäftigung für unseren Verstand. Ist es nicht schön, zu überlegen, was man mit einem Lottogewinn alles machen könnte? Bringt es nicht große Freude, sich vorzustellen, wie es wäre, den Traumberuf auszuüben? Und macht es nicht glücklich zu wissen, dass ein langgehegter Wunsch uns bis ans Ende unseres Lebens begleiten wird? Die Antwortet lautet: Nein. Es bringt weder Freude, noch macht es glücklich. Das ständige Abgleiten in Tagträume und Was-wäre-wenn-Fantasien ist nichts anderes als ein Versuch, der Realität zu entkommen. Anstatt im Hier und Jetzt zu sein und aktiv das eigene Leben zu gestalten, wird geträumt und gewünscht, aber nie verwirklicht.

Ist es also besser, keine Träume und Wünsche zu haben? Nein, im Gegenteil. Sie sind wichtig. Sie zeigen, wonach wir uns sehnen. Noch wichtiger ist es allerdings, aus ihnen konkrete Ziele zu entwickeln und ihnen die Möglichkeit zu geben, wahr zu werden.

Ziele geben Kraft

Träume und Wünsche sind der Boden, auf dem jene Ziele wachsen, die wir dann bewusst verfolgen. Sie zu erreichen, verlangt von uns Zeit und Energie. Ziele sind weder kleiner als Träume und Wünsche noch weniger bedeutungsvoll. Besonders viel Kraft haben sie dann, wenn sie dazu dienen, einen echten Herzenswunsch zu erfüllen.

Den Traum, eines Tages ein Buch zu schreiben, hatte ich über Jahre mit mir herumgetragen. Immer wieder kamen mir Ideen, worüber ich schreiben könnte. Zweimal hatte ich sogar schon begonnen, mir konkrete Gedanken über Inhalt und Struktur meines Buches zu machen. Viel weiter bin ich aber nie gekommen. Schon nach kurzer Zeit ließ ich mich wieder ablenken. Es gab immer so viele andere Dinge, die wichtiger waren. Doch der Wunsch blieb. Sogar mein Umfeld erinnerte mich regelmäßig an meinen Traum, obwohl ich nie mit jemandem darüber gesprochen hatte. Immer wieder hörte ich von anderen: »Du solltest mal ein Buch schreiben.« Oder: »Wieso schreibst du kein Buch darüber?« Irgendwann kam ich dann an den Punkt, an dem ich diesen Traum nicht länger ignorieren konnte und wollte. Also fing ich zum dritten Mal an, über den Inhalt eines Buchs nachzudenken. Und diesmal begann ich auch es zu schreiben.

Anfangs kam ich nur sehr schleppend voran, widmete meinem Buch nur dann Zeit, wenn nichts anderes, Wichtigeres zu tun war. Das frustrierte mich. Ein Jahr, nachdem ich damit begonnen hatte, war noch nicht mal das zweite Kapitel fertig geworden. Ich erkannte, dass es Zeit war, eine klare Entscheidung zu treffen. Entweder musste ich meinem Wunsch den ersten Platz auf meiner Prioritätenliste geben und die nötige Zeit und Energie investieren oder ihn – zumindest für eine längere Zeit – loslassen. Ich entschied mich für Ersteres, reservierte mir für das Schreiben Zeit im Kalender und setzte mir konkrete Wochen- und Monatsziele, um meinen Fortschritt auch erkennen zu können. Und dann war die erste Version fertig. Ein unglaublich erfüllendes Gefühl. Ich hatte es geschafft! Ich hatte mein Buch geschrieben. Natürlich war damit die Arbeit nicht getan, sie begann nun erst so richtig. Doch mein Buch war nicht mehr nur eine nette Idee, sondern existierte tatsächlich. Nun konnte ich weitergehen, mir Unterstützung für die nächsten Schritte bis hin zur Veröffentlichung holen. Ich habe einen Traum von mir verwirklicht. Sie halten ihn gerade in Ihren Händen.

Ziele beschäftigen nicht nur den Geist. Sie verlangen Taten – und damit auch, dass wir die eigene Komfortzone verlassen, Dinge verändern und uns neuen Herausforderungen stellen. Sie sind nicht vage, sondern spezifisch und klar definiert. Das macht sie messbar. Wir können überprüfen, ob wir ein Ziel erreicht haben, ob wir es ganz oder nur teilweise verwirklicht haben. Und wir haben die Möglichkeit, ein großes Ziel, das für uns im Moment noch nicht richtig greifbar ist und von dem wir nicht wissen, wie wir es erreichen sollen, in mehrere kleinere Zwischenziele zu unterteilen.

Entlang des Weges können wir ganz klar sehen, wann wir ein Zwischenziel erreicht haben. Daraus gewinnen wir neue Energie für den nächsten Schritt. Es ist motivierend, immer wieder einen Blick zurück auf all das zu werfen, was wir bereits erreicht haben, auf jene Etappen, die wir schon erfolgreich bewältigt haben. So schreiten wir Stück für Stück voran – bis zum Ziel. Und bei jedem Zwischenziel, das wir auf dem Weg dorthin passieren, gibt es einen Grund, uns zu freuen, stolz zu sein und unseren Erfolg zu feiern.

Ziele sorgen nicht nur für Orientierung. Sie sind wichtig für unsere psychische Gesundheit. *Wie* wichtig schildert nicht zuletzt Viktor Frankl, der bekannte Psychologe und Begründer der Logotherapie, in seinen Berichten über die Zeit im Konzentrationslager während des Zweiten Weltkrieges. Viele der Häftlinge überlebten damals nur deshalb, weil sie Pläne und Visionen für die Zukunft hatten. Für Frankl waren diese Vorstellungen für die Zeit nach der Gefangenschaft einer der wesentlichsten Faktoren zur Stabilisierung und Stärkung der Psyche. Die Kraft des Geistes machte viele Gefangene auch körperlich stark. So konnten sie Zustände und Bedingungen überleben, die ohne diese geistige Ressource zum sicheren Tod geführt hätten. Ziele und Visionen für die Zukunft fördern die individuelle Widerstandsfähigkeit, die uns hilft, auch schwierige Lebenslagen zu meistern. Diese Kraft entfaltet ein Ziel allerdings nur dann, wenn wir es für sinnvoll und erstrebenswert halten.

Doch woran erkennen wir, ob ein Ziel kraftvoll und langfristig erfüllend ist? Hundertprozentige Sicherheit haben wir erst, wenn wir es erreicht haben. Der Haken daran ist natürlich, dass wir unter Umständen viel Zeit und Energie in ein Ziel stecken, das uns am Ende doch nicht das erwartete Ergebnis bringt. Wir laufen der Karotte vor unserer Nase hinterher, und wenn wir sie dann endlich bekommen, schmeckt sie uns nicht. Besser also, wir wissen schon vorher, ob wir das, was wir meinen zu wollen, auch wirklich wollen.

Was steckt dahinter?

Wollen wir unsere Kraft nicht verschwenden, sondern optimal einsetzen, erkennen wir im Idealfall rechtzeitig bzw. schon im Vorfeld, ob das, wonach wir streben, das Potenzial hat, uns glücklich zu machen. Wenn wir vieles von dem, was wir tun, als mühsam und kraftraubend erleben, uns ausgelaugt und ausgebrannt fühlen und wiederholt die Frage auftaucht, wozu wir uns das Ganze eigentlich antun, ist anzunehmen, dass wir uns auf einem Weg befinden, der nicht unserem wahren Selbst entspricht.

Bevor wir uns auf den Weg zu einem neuen Ziel machen, sollten wir nach der Motivation dahinter fragen. Was wollen wir erreichen? Warum ist es uns wichtig? Erwarten wir, dass andere endlich sehen, was in uns steckt? Versuchen wir ein Gefühl der Unfähigkeit oder Unsicherheit zu beruhigen? Wollen wir jemandem beweisen, dass wir erfolgreich sind? Hoffen wir vielleicht sogar darauf, dass andere neidisch sind auf das, was wir haben? Oder spüren wir die Richtigkeit unseres Ziels, völlig unabhängig von dem, was andere denken oder sagen? Drängt es uns in eine Richtung, ohne dass wir so recht verstehen, warum?

Ego-Ziele

Verfolgen wir ein Ziel, ohne wirklich Freude dabei zu spüren, können wir ziemlich sicher davon ausgehen, dass dieses Ziel seinen Ursprung in unserem Ego hat. Der Antrieb dahinter ist das, was andere von uns denken, wie andere uns wahrnehmen, wie wir in den Augen der anderen wirken könnten. Da sich unser Ego ausschließlich im Außen erlebt, braucht es die Rückmeldung anderer Menschen. Anpassung, mit dem Strom schwimmen, akzeptiert und gemocht werden: Das sind seine Hauptantriebe. Deshalb geht es darum, das zu tun, was »normal« ist oder »was jeder will«. Und zwar auf jene Art und Weise, wie es alle anderen – oder zumindest die meisten – machen. Glücklich werden wir so zwar nicht, zumindest befinden wir uns aber in guter Gesellschaft all derer, die sich resigniert dem Lauf des Lebens überlassen.

Einige der Ziele, die wir als Erwachsene verfolgen, haben ihren Ursprung in unserer Kindheit. Wir wollen unsere Eltern nicht enttäuschen, spielen unsere Rolle innerhalb der Familie, möchten vielleicht etwas verwirklichen, das ihnen nicht möglich war. Man studiert, weil die Mutter sich das immer für ihr Leben gewünscht hat. Dabei wäre der eigene Traum eine kreative Tätigkeit im eigenen Atelier gewesen. Die unglückliche Ehe wird aufrechterhalten, um sich nicht der Kritik der Familie auszusetzen. Die eigene Lebensqualität opfert man unzähligen Überstunden, weil es Wertschätzung vom Vater nur für harte Arbeit gibt.

Meist ist uns nicht bewusst, wie sehr wir auch als Erwachsene nach wie vor den Erwartungen unserer Eltern entsprechen wollen. Das Bedürfnis, es Vater und Mutter recht zu machen, das Gefühl, den eigenen Wert immer wieder beweisen zu müssen, oder die Überzeugung, für die Anerkennung der Eltern etwas Bestimmtes tun zu müssen: Was immer der unbewusste Antrieb sein mag, wir tragen ihn auch dann noch in uns, wenn unsere Kindheit schon lange vorbei ist.

Hinzu kommen gesellschaftliche Normen, die uns vermitteln wollen, was ein normaler Mensch braucht, um glücklich zu sein. Die steile Karriere, der Porsche in der Garage oder ein größerer Busen sollen die Sehnsucht nach Anerkennung und Akzeptanz stillen. Die Identifikation mit jenem Teil des Ich, der mehr der Umwelt als dem wahren Selbst entspricht, ist so stark, dass kaum Raum für »echte«, individuelle Bedürfnisse und Wünsche bleibt. Die Ziele unseres Egos stellen in Aussicht, geliebt, geachtet oder anerkannt zu werden, wenn es gelingt, sie zu erreichen. Sie sollen jene Zuwendung und Bestätigung verschaffen, die wir während der Kindheit vermisst haben. Unbewusst empfinden wir dieses Defizit auch noch im Erwachsenenalter. Wir glauben, diese Schein-Ziele würden uns glücklich und zufrieden machen. Und kurzfristig kann das tatsächlich auch passieren. Auf längere Sicht ist es eine Illusion.

Das Traumauto steht vor dem Haus. Nun gilt es die Aufmerksamkeit der Nachbarn und ihre neidischen Blicke zu genießen. Die hart erarbeitete Beförderung wird endlich Wirklichkeit, Gratulationen und anerkennendes Schulterklopfen inklusive. Auf der Visitenkarte macht die neue Stellenbezeichnung Eindruck und vermittelt Prestige. Doch schon nach wenigen Tagen interessiert sich niemand mehr für den beruflichen Aufstieg, der außerdem nun noch weniger Zeit für Freizeit und Familie lässt. Und der neue Wagen hat nach zwei Wochen den ersten Kratzer. Das Ego ebenso. Denn die anfängliche Aufmerksamkeit und das gute Gefühl waren schneller wieder weg als erwartet.

Dienen Ziele uns vor allem dazu, einen bestimmten Gefühlszustand zu erzeugen oder zu betäuben, hält die Wirkung meist nur kurze Zeit an. Die Suche nach Bestätigung und Anerkennung beginnt von Neuem. Vielleicht bringt ja ein zweites Auto in der Garage, diesmal ein Cabrio, mehr davon. Oder eine Mitgliedschaft im Golfclub, ein zusätzliches Diplom oder der Maledivenurlaub zu Weihnachten. Materielle Werte und für andere sichtbarer Erfolg lassen, so die Hoffnung, das innere Gefühl der Wertlosigkeit für immer verstummen.

Ziele im Außen sollen der Rettungsring für das Gefühl des Ertrinkens sein. Wir erkennen sie an Sätzen wie: *Erst brauche ich ..., dann ... Wenn ich verheiratet bin und Kinder habe, dann ... Nach der Beförderung bin ich endlich ... Diese Ausbildung muss ich noch machen, dann ...* Wie auch immer diese Sätze genau formuliert sein mögen, sie implizieren, dass erst im Außen etwas passieren muss, damit eine innere Sehnsucht gestillt werden kann. Das Gefühl der Wertlosigkeit wird verschwinden, wenn ein Partner, der unsere Qualitäten erkennt, gefunden ist. Die Freiheit, jene Dinge zu tun, die Freude machen, gibt es erst in der Pension. Sicher können wir uns erst fühlen, wenn das Konto und mindestens zwei Sparbücher gut gefüllt sind.

Wenn innere Zustände von äußeren Umständen abhängen, ist die Enttäuschung meist vorprogrammiert. Die Erkenntnis, dass man sich auch in einer Beziehung wertlos fühlen kann, lässt nicht lange auf sich warten. Die ersehnte Freiheit kommt nicht automatisch mit dem Ende der beruflichen Laufbahn. Und ein Gefühl der Sicherheit hängt nicht ausschließlich vom finanziellen Wohlstand ab.

Herzensziele

Ganz anders ist es bei Zielen, die im Einklang mit unserem seelischen Kern stehen. Diese Ziele werden nicht mit dem Verstand festgelegt, unser Herz entscheidet sich für sie. Sie verlangen mitunter von uns, dass wir gewohnte Pfade verlassen und uns nicht an dem orientieren, was normal, sondern was für uns selbst richtig ist. Und sie lassen sich nicht nach einem exakten Plan abarbeiten. Wir erkennen sie, indem wir wahrnehmen und spüren. Wie fühlt sich ein Ziel an? Erfüllt es unser Herz mit Freude?

Den sicheren Job aufgeben, um Zeit zu haben, einen Gedichtband zu schreiben. Auf Wohlstand und Komfort verzichten, um die Einsamkeit einer Berghütte zu genießen. Die Familie eine Zeit lang zurücklassen, um sich in einem Zen-Kloster auf den spirituellen Weg zu begeben. Mit Herzenszielen beschreiten wir oft Pfade außerhalb familiärer oder sozialer Normen. Kritik und Unverständnis der Umwelt sind nicht selten ihre Nebenwirkungen. Hinzu kommen unsere eigenen Zweifel. Wir sind verunsichert, lösen wir uns doch von Prägungen und gesellschaftlichen Vorstellungen, mit denen wir uns über Jahrzehnte identifiziert hatten.

Der innere Drang, Herzensziele zu verwirklichen, ist stark. Sie zeigen sich klar, intensiv und lebendig. Sie hinterlassen Eindruck in und auf uns. Wir werden von ihnen magnetisch angezogen. Wir wissen, dass wir dorthin müssen, wie absurd oder unmöglich es anfangs auch erscheinen mag. Manche von ihnen sind von Anfang an ein Teil von uns. Sie mögen sich zwar im Laufe des Heran-wachsens in ihrer konkreten Ausgestaltung ändern, im Kern bleiben sie aber stets gleich. Wir bleiben mit ihnen verbunden, egal, wie lange es dauert, bis wir sie umsetzen. Und sie begleiten uns auch dann weiter, wenn wir dies nie tun.

Peter, ein ehemaliger Arbeitskollege von mir, hatte schon als Kind große Freude daran, mit verschiedenen Materialen zu basteln und immer wieder etwas Neues zu gestalten. Sein Traum war es, später einmal Möbel und eines Tages vielleicht sogar ein ganzes Haus aus Holz zu bauen. Da er aber aus einer Akademikerfamilie kam, in der Handwerksberufe eher abschätzig betrachtet wurden, studierte er etwas »Vernünftiges« und begann nach dem Studium im kaufmännischen Bereich zu arbeiten. Gelang es ihm während des Studiums, die Bastelei noch als Hobby beizubehalten, wurde dies mit einem Vollzeitjob und später auch einer Familie zunehmend schwieriger, bis er es irgendwann ganz sein ließ. Die Sehnsucht nach einer eigenen kleinen Werkstatt tauchte immer wieder auf, doch anstatt selbst wieder kreativ zu werden, begnügte er sich damit, auf Möbelmessen zu gehen und die Ideen und Produkte anderer zu betrachten. Ab und zu sprach er davon, ein Möbelstück zu bauen – wenn er in Pension sei. Vorher fehle die Zeit dafür. Bis ein Freund von ihm auf der Suche nach einem passenden Esstisch fast verzwei-felte. Er wollte etwas Neues, etwas anderes, einen Blickfang statt eines langweiligen Standardtisches. Peter hatte sofort eine Reihe an Ideen, und so meinte der Freund zu ihm, er könne ihm doch einen solchen Tisch bauen. Peters Ausreden – keine Zeit und zu viele

Verpflichtungen – ließ er nicht gelten. Ein paar Wochen später stand ein echtes Unikat in der Küche des Freundes. Die Freude, die Peter beim Herstellen des Tisches empfand, ließ ihn noch einmal über seine eigenen Einwände nachdenken. Er begann seinen Alltag anders zu organisieren und mietete einen kleinen Raum als Werkstatt an. Dort bastelte er nach der Arbeit oder am Wochenende, soweit es seine familiären und beruflichen Pflichten zuließen. Die Anfragen nach individuell hergestellten Möbelstücken wurden immer mehr, bis er eines Tages beschloss, weniger Stunden im Büro und mehr Stunden in der Werkstatt zu arbeiten. Sein Hobby wurde zu seinem zweiten beruflichen Standbein, das er nun mit viel Freude und Leidenschaft lebt.

Ziele, die im Einklang mit unserer seelischen Essenz sind, tauchen immer wieder auf und werden zu unseren ständigen Begleitern. Sie lassen sich nicht dauerhaft von Ängsten, Zweifeln oder dem Verstand verdrängen. Die Ziele unseres Egos verändern sich im Laufe des Lebens, je nachdem, in welcher Lebensphase und in welchem Umfeld wir uns gerade befinden. Die Ziele unserer Seele hingegen bleiben beständig.

Achten wir auf das Gefühl hinter einem Ziel, können wir leicht erkennen, ob wir nur mit unserem Kopf oder mit unserem Herzen dabei sind. Von echten Herzenszielen müssen wir uns nicht mit objektiv nachvollziehbaren Argumenten selbst überzeugen. Wir denken nicht nach, ob sie gut für uns sind oder nicht. Wir spüren einfach, dass sie zu uns gehören. Um sie zu erkennen, müssen wir lediglich unsere Empfindungen beobachten. Ziele, die unserer Seele entspringen, sind nicht lauwarm. Sie entzünden ein Feuer in uns, das nichts und niemand jemals löschen kann.

Übung: Der Freude folgen

Ein wichtiger Grundsatz beim Verfolgen echter Herzensziele lautet: der Freude folgen. Wann in Ihrem Leben fühlen Sie echte Freude? Entspannen Sie sich und denken Sie an eine Situation in Ihrer unmittelbaren Vergangenheit, in der Sie sich gefreut haben. Nehmen Sie ganz bewusst Ihre Empfindungen wahr. Wie fühlt es sich an, wenn Sie sich freuen? Bleiben Sie 2–3 Minuten in diesem Gefühl. Dann beginnen Sie, folgende Fragen für sich zu beantworten:

- Bei welchen Tätigkeiten, in welchen Situationen, im Kontakt mit welchen Menschen empfinde ich dieses Gefühl?
- Was hat mir als Kind Freude bereitet? Was habe ich gerne getan? Wie habe ich am liebsten meine Zeit verbracht?
- Welche Dinge habe ich schon immer gerne und leicht gemacht? Was gelingt mir gut, ohne dass ich mich anstrengen muss?
- Aus welchen Momenten oder von welchen Ereignissen kenne ich dieses Gefühl?
- Wann fühle ich mich besonders wohl? Unter Menschen oder alleine? In der Natur oder im Trubel einer Großstadt? Am Wasser oder in den Bergen?

Nehmen Sie sich immer wieder bewusst Zeit, um über diese Fragen nachzudenken. Lassen Sie sie in Ihrem Unterbewusstsein wirken. Möglicherweise wird Ihnen ganz unvermittelt im Laufe des Tages plötzlich etwas einfallen, das Sie als Kind sehr gerne gemacht haben. Oder Sie erinnern sich an einen ganz besonderen Moment in Ihrem Leben.

Überprüfen Sie auch im Alltag regelmäßig, wie Sie sich gerade fühlen. Achten Sie darauf, wann Sie sich entspannt und freudvoll fühlen. Notieren Sie diese Momente. Mit der Zeit werden Sie Gemeinsamkeiten bei den Dingen entdecken, die Ihnen Freude machen. Die Ihnen nicht Kraft rauben, sondern Energie schenken.

Sie stellen dann zum Beispiel fest, dass Sie immer besonders ausgeglichen sind, wenn Sie in der Natur sind oder sich bewegen. Vielleicht entdecken Sie, dass es Ihnen besondere Freude bereitet, etwas zu gestalten oder kreativ tätig zu sein. Oder Ihnen wird Ihr Wunsch, immer Neues zu lernen, das erste Mal bewusst. Und Sie bekommen vielleicht sogar Lust, dieses Wissen weiterzugeben. Und wenn Sie zurückdenken, fallen Ihnen vielleicht auch Episoden aus Ihrer Kindheit ein, in denen Sie genau das getan haben …

Wenn Sie sich selbst genauer beobachten, erkennen Sie, welche Menschen Ihnen guttun, in welcher Umgebung Sie sich besonders wohl fühlen. Bei Herzenszielen geht es nicht nur darum, nach konkreten Tätigkeiten Ausschau zu halten. Auch die Rahmenbedingungen müssen stimmen.

Was Ihnen Freude bereitet, wo und mit wem Sie sich wohl fühlen, was Ihnen wirklich wichtig ist – das sind die Komponenten Ihrer künftigen Ziele. Schreiben Sie diese auf. Notieren Sie alles, was Ihnen in den Sinn kommt. Behalten Sie Ihre Aufzeichnungen bei der Hand. Sie werden in der nächsten Übung hilfreich sein, wenn es darum geht, konkrete Ziele zu formulieren.

Lebensziele erkennen

Echte Lebensziele richten unsere Aufmerksamkeit auf das, was vor uns liegt. Wir sehen in ihnen unsere Zukunft, wie sie uns voll und ganz entspricht. Selbst wenn wir den erwünschten Endzustand noch nicht in allen Details beschreiben können, so wissen wir doch sehr genau, wie wir uns fühlen, wenn das Ziel erreicht ist. Wir haben lebendige Vorstellungen davon, wie unser Leben aussehen soll, was wir tun wollen, von welchen Menschen wir umgeben sein wollen und wie der Ort sein soll, an dem wir leben wollen.

Weil wir uns selbst, unsere Fähigkeiten und Talente, aber auch unsere Sehnsüchte, Bedürfnisse und Ängste kennen, wissen wir, was uns guttut und was nicht. Wir spüren mit jedem Schritt, den wir auf unserem Weg gehen, wie unsere innere Führung uns leitet. Das Ziel zieht uns wie ein Magnet an. Wir wissen einfach, dass es genauso sein soll. Ohne Wenn und Aber. Schon alleine der Gedanke daran erfüllt uns im tiefsten Inneren und spendet Kraft. Hinter wahren Lebenszielen steckt ein Antrieb, der uns genau dorthin lenkt, wo wir hingehören. Der Antrieb hin zu unserer Bestimmung.

Im Gegensatz dazu gibt es die sogenannten Weg-von-Ziele. Sie dienen vor allem dazu, aus der momentanen Lebenssituation zu fliehen. Weg-von-Ziele geben keine klare Richtung vor, in die es gehen soll. Die einzige Richtung, in die sie zeigen, ist jene raus aus der derzeitigen Realität. Und das so schnell wie möglich. Bei diesen Zielen geht es nicht darum, sich selbst zu verwirklichen, das eigene Leben mit mehr Sinn zu erfüllen oder einer inneren Sehnsucht nachzugehen. Die gesamte Aufmerksamkeit richtet sich ausschließlich auf das, was im Moment nicht so ist, wie man es gerne hätte.

Dabei werden Unzufriedenheit, Frustration und innere Leere meist auf einen bestimmten Aspekt des derzeitigen Lebens projiziert. Wir sind überzeugt, dass wir zufrieden und glücklich sein werden, sobald sich dieser eine Aspekt ändert. Ein anderer Partner, der Umzug in eine neue Stadt, der spontane Jobwechsel, eine neue Nase. Wovon auch immer wir erwarten, dass es endlich den ersehnten inneren Frieden bringt, meist stellt es sich sehr schnell als Illusion heraus. Wieder ist das Leben nicht so, wie wir gehofft hatten.

Die überstürzte Flucht aus der derzeitigen Lebenssituation mag zwar kurzfristige Erleichterung bringen, die eigentliche Wurzel des Problems bleibt allerdings unberücksichtigt. Im Leben begegnen wir laufend Menschen und Ereignissen, die wir als unangenehm oder enttäuschend erleben. In ihnen zeigt sich der Wunsch unserer Seele zu wachsen. Die Seele möchte Erfahrungen sammeln und sich durch diese Erfahrungen entwickeln. Versuchen wir, alles Unangenehme zu vermeiden, und flüchten uns schon bei der kleinsten Schwierigkeit in die Ablenkung, nehmen wir uns selbst die Möglichkeit, daran zu wachsen, und versperren uns den Weg zu unserem Glück. Denn der fordert von uns, einen ehrlichen Blick auf uns selbst und unser Leben zu werfen, uns mit dem auszusöhnen, was in der Vergangenheit geschehen ist, zu unseren Entscheidungen zu stehen und mit jenen Aspekten unserer Persönlichkeit, die wir als nicht liebenswert oder störend empfinden, Frieden zu schließen.

Die Entscheidung liegt bei uns. Wir können uns frei nach dem Motto »Hauptsache weg« in eine Hals-über-Kopf-Aktion stürzen oder innehalten, um zu reflektieren und genauer hinzusehen – und dann aus einer inneren Zentriertheit heraus zu agieren. Nicht immer wollen wir uns die dafür nötige Zeit und Ruhe nehmen, wenn die Unzufriedenheit groß und der Leidensdruck kaum noch zu ertragen ist. Doch auch wenn es schwerfällt, es lohnt sich. Welche Botschaft verbirgt sich hinter Begegnungen und Ereignissen? Wozu werden wir aufgefordert? Was sollen wir loslassen? Welche Themen wollen von uns genauer betrachtet werden?

Unzufriedenheit mit unserem Leben und der Gedanke »So geht es nicht weiter« sind tatsächlich eine Aufforderung zur Veränderung. Diese Veränderung kann jedoch nur dann langfristig sinnvoll und befriedigend sein, wenn nicht kurzfristige Panikreaktionen, sondern authentische innere Impulse uns leiten. Zu erkennen, was wir nicht (mehr) wollen, was nicht zu uns passt und was uns unglücklich, vielleicht sogar krank macht, ist Voraussetzung für einen Richtungswechsel. Vielleicht müssen wir uns eingestehen, dass der Beruf, den wir derzeit ausüben, nicht die Erfüllung bringt, oder dass die Beziehung, in der wir leben, uns zunehmend einengt, dass die Gesellschaft bestimmter Menschen uns zu viel Energie kostet und das derzeitige Leben – oder einige Aspekte davon – nicht im Einklang mit unseren persönlichen Bedürfnissen und Wünschen steht.

Spüren wir den Drang, unserem Leben oder einem Teil davon zu entfliehen, sollten wir unsere Aufmerksamkeit darauf lenken, wo wir hinmöchten, anstatt uns immer wieder auf unseren Frust zu konzentrieren. Wir wissen, wovon wir wegwollen, was wir nicht mehr wollen. Was wollen wir stattdessen? Wo soll es hingehen? Wie soll unser Leben aussehen? Weil diese Fragen so wesentlich sind, dürfen wir ihnen Raum geben. So viel, wie sie und wir benötigen. Tief in uns kennen wir die Antworten bereits. Sie werden sich nach und nach zeigen, wenn wir frei von Druck und Erwartungen in uns hineinhören, unser Herz für uns selbst öffnen und mit Geduld und Offenheit dem begegnen, was an die Oberfläche tritt.

Übung: Ziele überprüfen

Was sind Ihre Ziele? Wo wollen Sie ankommen? Beschäftigen Sie sich sowohl mit den Zielen, die Sie gerade verfolgen, als auch mit möglichen neuen Zielen. Es ist hilfreich, über einen längeren Zeitraum immer wieder auf die Frage nach den persönlichen Zielen zurückzukommen. Manche Antworten brauchen ihre Zeit, um aus den Tiefen des Unbewussten an die Oberfläche zu dringen. Geben Sie ihnen diese Zeit. Wichtig ist, nicht nur über die Ziele nachzudenken. Achten Sie auch auf die Gefühle, die ein bestimmtes Ziel in Ihnen weckt.

Beginnen Sie mit einem Blick zurück, bevor Sie sich mit Ihrer Zukunft beschäftigen. Bereiten Sie mehrere Blätter Papier vor. Stellen Sie sich folgende Fragen und schreiben Sie Ihre Antworten auf:

Blatt 1: »Bisher erreichte Ziele«
* **Welche Ziele habe ich bisher erreicht?**
  Hier schreiben Sie alle Ziele auf, die Sie bisher in Ihrem Leben verwirklichen konnten. Berücksichtigen Sie nicht nur aktuelle Ziele. Gehen Sie auch zurück in die Vergangenheit, bis hin zu Zielen aus Kindheit und Jugend.
  Wie habe ich mich dabei gefühlt?
  Wie ist mein Gefühl jetzt in Bezug auf diese Ziele?

Blatt 2: »Noch nicht verwirklichte Ziele«
* **Welche Ziele habe ich noch nicht verwirklicht?**
  Auf diesem Blatt notieren Sie nun alle Ziele, die Sie entweder gerade verfolgen oder noch geplant haben zu verwirklichen.
  Welches Gefühl verbinde ich mit dem Ziel?
  Wie werde ich mich fühlen, wenn ich es erreicht habe?
  Wie glaube ich, wird mein Leben dann aussehen? Was wird sich ändern?
  Was tue ich, um dieses Ziel zu erreichen?

Blatt 3: »Aufgegebene Ziele«
* **Welche Ziele habe ich in der Vergangenheit aufgegeben?**
  Hier schreiben Sie all jene Ziele auf, die Sie einmal hatten, später aber verworfen haben.
  Warum habe ich ein bestimmtes Ziel nicht weiterverfolgt?
  Wie fühle ich mich jetzt in Bezug auf dieses Ziel?

Wenn Sie nicht nur Ihre Ziele, sondern auch die damit verbundenen Gefühle aufgeschrieben haben, bekommen Sie damit einen ersten Überblick, in welche Ihrer Ziele Sie bisher Zeit und Energie investiert haben und wie glücklich oder eben nicht glücklich Sie diese gemacht haben. Außerdem erkennen Sie, welche Ziele Sie, aus welchem Grund auch immer, aufgegeben haben. Fehlte die Zeit, das Geld, der Mut? Oder gab es andere Gründe? Gibt es unter den verworfenen Zielen vielleicht welche, die Sie gerne wieder aufnehmen würden?

Und nun blicken Sie in die Zukunft. Nehmen Sie sich wieder ein Blatt Papier und beantworten Sie folgende Fragen für sich:

- **Welche Ziele habe ich?**
  Was möchte ich noch tun/erreichen/erleben?
  Nehmen Sie hierfür noch einmal Blatt 2 und 3 sowie Ihre Aufzeichnungen aus der vorangegangenen Freude-Übung zur Hand. Aus den Komponenten, die Sie dort gesammelt haben, können Sie nun konkrete Ziele formulieren.
  Was bringt mehr Freude in mein Leben?
  Wie sollte mein Leben aussehen?
  Warum sind mir diese Ziele wichtig?
  Welche meiner bisherigen Ziele möchte ich auch künftig weiterverfolgen?
  Welche möchte ich aufgeben?
  Gibt es verworfene Ziele, die ich wieder aufnehmen will?

Prüfen Sie bei all Ihren Zielen, welches Motiv dahintersteckt. Entspringt das, wonach Sie streben, Ihrem Innersten? Oder dient es vor allem dazu, jemandem (oder sich selbst) etwas zu beweisen?

Am Ende führen Sie die noch aktuellen, wieder aufgenommenen und neu hinzugekommenen Ziele in einer Liste zusammen. Es ist jederzeit möglich, diese Zielliste zu erweitern und zu bearbeiten. Je weiter Sie auf Ihrem Weg vorankommen, desto wahrscheinlicher ist es, dass das eine oder andere Ziel an Bedeutung verlieren wird. Gleichzeitig werden Sie völlig neue Ziele erkennen, die zu wichtigen Orientierungspunkten entlang Ihres Weges werden.

Zensieren Sie nicht Ihre eigenen Ziele, indem Sie den Verstand entscheiden lassen, was machbar ist und was nicht. Schreiben Sie alles auf, egal, wie realistisch es Ihnen im Moment scheint. Oft stufen wir die Umsetzung eines Ziels anfangs als völlig unmöglich ein. Entspricht es aber unserem wahren Wesenskern, findet unsere Seele Wege, es zu verwirklichen.

Berücksichtigen Sie bei dieser Übung die verschiedenen Lebensbereiche. Auch wenn im Moment die berufliche Situation besonders großen Leidensdruck verursachen mag, so beschränken Sie sich bei der Definition Ihrer Ziele bitte nicht nur auf den Beruf. In Ihrem Leben gibt es schließlich auch Familie, Partnerschaft, Freunde, Gesundheit, Freizeit etc.

Entwerfen Sie ein ganzheitliches Bild von Ihrer Zukunft und Ihren Zielen. Ganz so, wie es für Sie sinnvoll und erfüllend ist.

Etappe 5 – Innere Wegbegleiter

»Das Herz hat seine Gründe, die der Verstand nicht kennt.«
Blaise Pascal

Wenn wir beschließen, unserem Leben eine neue Richtung zu geben, ist dies oft von einem Gefühl der Hilflosigkeit und Verlorenheit begleitet. Dann wünschen wir uns nichts sehnlicher als jemanden, der uns unterstützt und ermutigt, trotz unserer Bedenken und Ängste unseren Weg zu gehen. Diese Unterstützung mögen wir vielleicht nicht immer im Außen finden, im Inneren finden wir sie jedoch immer. Dort gibt es eine Weggefährtin, die uns nie verlässt und uns in allem, was wir tun, zur Seite steht. Sie weiß, wo es langgeht. Wir können sie jederzeit um Hilfe bitten. Diese Begleiterin ist unsere innere Führung. Unser ganzes Leben lang flüstert sie uns sanft ins Ohr und gibt uns Hinweise, in welche Richtung wir gehen sollen. Aufgrund des Lärms in uns und um uns herum nehmen wir sie aber allzu oft nicht wahr.

Der inneren Führung zu folgen ist keine Methode, die es zu erlernen, keine Fähigkeit, die es zu erwerben gilt. Wenn wir uns selbst wieder mehr Aufmerksamkeit schenken und unseren wahren Wesenskern erkennen und leben, folgen wir ihr ganz automatisch. Dann sind wir in Kontakt mit unserer seelischen Essenz und haben bewussteren Zugang zu unserem Seelenkompass, der uns nicht nur darin unterstützt, wesentliche Lebensziele zu erkennen, sondern auch den Weg dorthin weist. Die Kompassnadel ist stets so ausgerichtet, dass wir unser individuelles Potenzial voll entfalten können. Sie zeigt uns jenen Lebensweg, den wir als sinnvoll und erfüllend empfinden. Ein Kompass kann uns allerdings immer nur den Weg zeigen. Gehen müssen wir ihn schon selbst. Nehmen wir daher Botschaften und Hinweise der inneren Führung wahr, sind wir aufgefordert zu handeln. All die Weisheit unserer Seele nützt uns nichts, wenn wir nicht bereit sind, Veränderungen anzupacken, Entscheidungen zu treffen und notwendige Schritte umzusetzen.

Genau das fällt uns aber häufig schwer. Wie können wir sicher sein, dass die Impulse, die wir spüren, tatsächlich zu unserem Ziel führen? Und widersprechen sich manche dieser Impulse nicht sogar?

Das innere Gremium

Wenn wir genau hinhören, werden wir feststellen, dass nicht nur eine Stimme zu uns spricht. Vielmehr begleitet uns ein ganzes Gremium an inneren Ratgebern. Und diese sind nicht immer einer Meinung. Wenn wir uns also manchmal innerlich zerrissen fühlen, ist es durchaus möglich, dass die inneren Berater wieder einmal unterschiedliche Interessen haben und uns in entgegengesetzte Richtungen führen wollen. Je besser wir sie aber kennen und je genauer wir ihnen lauschen, desto mehr Vertrauen werden wir in sie gewinnen.

Einige dieser inneren Wegbegleiter mischen sich bisweilen recht aufdringlich in unser Leben. Es ist fast unmöglich, ihre Meinungen und Ratschläge nicht wahrzunehmen. Andere wiederum halten sich eher im Hintergrund, wirken leise und subtil. Jeder dieser inneren Berater hat eine eigene Stimme, drückt sich auf andere Art aus und verfolgt seine eigenen Absichten. Kein Wunder, dass sie sich häufig widersprechen, obwohl sie alle Teil von uns sind. Das Ergebnis sind Verwirrung und Verzweiflung bei dem Versuch, die unterschiedlichen Impulse auf einen gemeinsamen Nenner zu bringen und *der* inneren Stimme zu folgen.

Wie können wir nun herausfinden, ob die innere Stimme, auf die wir uns verlassen, auch tatsächlich die richtige Instanz für unser jeweiliges Anliegen ist? Wie können wir sicher sein, dass sie uns tatsächlich auf unserem Weg voranbringt?

Die Zweifel an den Ratschlägen unserer inneren Berater nehmen ab, wenn wir in der Lage sind, sie klarer voneinander zu unterscheiden, wenn wir ihre Interessen kennen und sie dadurch besser verstehen können. Fast immer, wenn im Leben Entscheidungen anstehen, wir Neues wagen wollen und Veränderungen auf uns zukommen, melden sich unsere inneren Wegbegleiter zu Wort. Unsere Aufgabe ist es dann, zuzuhören und die verschiedenen Ratschläge anschließend bewusst zu überprüfen. Diese Überprüfung sollte nicht nur im Kopf, sondern vor allem in unserem Herzen stattfinden. Es geht nicht nur darum, Pro und Kontra rational abzuwägen. Viel wichtiger ist es, die Gefühle wahrzunehmen, die mit den verschiedenen Impulsen verbunden sind. Impulse im Einklang mit unserem seelischen Kern werden andere Empfindungen in uns wachrufen, als jene, die unseren Ängsten oder sozialen Prägungen entspringen.

Im Umgang mit den inneren Stimmen geht es nicht darum, die einen zum Schweigen zu bringen und den anderen blind zu vertrauen. Es geht darum, auch jene sanften und feinen Stimmen wahrzunehmen, die sich oft hinter den sehr lauten und dominanten verbergen. Denn unsere Seele schreit nicht. Gelingt es uns, die verschiedenen Argumente gleichermaßen zu erfassen, fällt es uns leichter, die für uns optimale Entscheidung zu treffen und so den für uns richtigen Weg zu gehen.

Gedanken und Gefühle

Jede unserer inneren Stimmen löst auch immer körperliche Empfindungen in uns aus. Wir fühlen schneller, als wir denken, und nehmen Gefühle und Emotionen in unserem Körper viel intensiver und unmittelbarer wahr als Gedanken. Trotzdem ist unser subjektiver Eindruck häufig ein anderer. Immer wieder erleben wir, wie unsere Gedanken unser Leben mitgestalten, wie wir nach reiflicher Überlegung etwas tun oder lassen oder wie wir nach langem Nachdenken zu einer Entscheidung kommen. Oftmals scheint es so, als würden unsere inneren Ratgeber alle in unserem Kopf sitzen. Wir hören klar und deutlich ihre Ratschläge und Argumente. Manche davon können wir sogar logisch nachvollziehen. Zweifel kommen meist erst dann, wenn die Botschaften in unserem Kopf mit dem, was wir empfinden, nicht übereinstimmen.

Das Wechselspiel von Gedanken und Gefühlen haben wir schon unzählige Male erlebt. Nicht nur, wenn unser Denken mit dem, was wir fühlen, im Widerspruch steht, sondern auch dann, wenn sich unsere Gedanken auf unsere Stimmungslage auswirken. Wir machen uns Sorgen und fühlen uns zunehmend unruhiger. Oder wir denken an etwas Schönes, wie zum Beispiel den vergangenen Urlaub oder einen geliebten Menschen, und fühlen uns sofort besser.

Jede der inneren Stimmen hat ihre eigene Art, mit uns in Kontakt zu treten. Sowohl im Kopf als auch im Körper. Wie jeder Einzelne sie wahrnimmt, kann sehr unterschiedlich sein. Dennoch gibt es grundlegende Eigenschaften, die fast immer beobachtet werden können. Sie erleichtern die Unterscheidung der einzelnen Stimmen. Mit dem Wissen über wesentliche Unterschiede zwischen den inneren Instanzen fällt es nach und nach leichter, die verschiedenen Ratschläge ihren Sprechern zuzuordnen. Nehmen wir uns daher die Zeit, die prominentesten Mitglieder unseres inneren Gremiums näher kennenzulernen.

Die Stimme des Verstandes

Eine der wohl lautesten Stimmen in unserem inneren Beraterkreis ist unser Verstand. Wir erleben ihn für gewöhnlich als so deutlich und präsent, dass wir ihn nicht als innere Stimme bezeichnen würden. Seine Botschaften sind für uns logisch nachvollziehbar und hinterlassen keinerlei Zweifel. Die kommen meist erst dann, wenn unsere Gefühlswelt den logischen Argumenten des Verstandes nicht folgen will.

In unserer Gesellschaft hat der Verstand – im Gegensatz zu Gefühlen – nach wie vor eine unverhältnismäßig große Bedeutung. Dies ist kein Phänomen der jüngsten Vergangenheit. Schon in der griechischen Antike vertrat man die Meinung, dass die tiefen Geheimnisse des Menschseins und der Natur nur mit Hilfe des Verstandes (griechisch: Logos) ergründet werden könnten. Damit wurde der Grundstein für die Vormachtstellung von Logik, Intellekt und Vernunft gelegt, die nach wie vor zentrale Bereiche, insbesondere Wirtschaft und Wissenschaft, dominieren.

Der Mensch hat Gefühle, das steht außer Frage. Er sollte, so die vorherrschende Sichtweise, diese jedoch möglichst nicht als Grundlage für Entscheidungen heranziehen, schon gar nicht für solche mit weitreichenden Folgen. Auch wenn seit einigen Jahren langsam ein Umdenken stattfindet, ist es doch immer noch ein UmDENKEN und kein UmFÜHLEN. Nach wie vor ist es kaum vorstellbar, dass die Geschäftsführung eines großen Unternehmens eine strategische Entscheidung damit begründet, dass sie auf ihr Herz gehört hat, oder dass die Regierung eines Landes ein Gesetz beschließt, weil sie so ein Gefühl hatte. Selbst wenn es tatsächlich so wäre, zugeben würde es niemand. Und inwieweit derlei Gefühlsentscheidungen Akzeptanz finden würden, sei dahingestellt. Die breite Mehrheit fühlt sich sicherer, wenn Entscheidungen mit verständlichen und objektiv nachvollziehbaren Argumenten begründet werden.

Bereits als Kinder werden wir dazu ermahnt, nachzudenken, bevor wir etwas tun. Unser Lebensweg sollte wohldurchdacht, sprich: auch für andere nachvollziehbar sein. Dank unseres Verstandes sind wir in der Lage, Probleme mithilfe logischen und erfahrungsgeleiteten Denkens zu lösen. Und diese Fähigkeit sollten wir immer nutzen. Doch was machen wir, wenn ein Problem nicht logisch ist? Mit welchen Argumenten begründen wir unseren Impuls, eine harmonische Ehe zu verlassen, weil wir spüren, dass wir wegmüssen, ohne zu wissen, wohin? Wie logisch ist es, einen gut bezahlten Posten zu kündigen, ohne vorher eine neue Stelle gefunden zu haben? Und wie begründen wir unseren Wunsch, uns vom Großteil unseres Besitzes trennen zu wollen, weil wir diesen zunehmend als Last empfinden?

Die Grenzen des Verstandes

Unser Verstand funktioniert am besten, wenn wir alle Bedingungen im Zusammenhang mit einem Problem oder einer Aufgabe kennen. Die zu berücksichtigenden Komponenten müssen überschaubar sein, damit es möglich ist, eine logische Schlussfolgerung zu ziehen. Gibt es zu viele Unbekannte, hat Logik alleine keine Chance.

Der Verstand unterliegt einer natürlichen Einschränkung. Nur eine begrenzte Menge an Informationen und Eindrücken kann vom menschlichen Gehirn bewusst verarbeitet werden. Danach wird es zu abstrakt und zu komplex. Es ist kaum möglich, eine rein rationale Entscheidung zu treffen, wenn mehrere unsichere, nicht klar definierbare Einflussfaktoren berücksichtigt werden müssen. Genau das ist bei vielen Lebensentscheidungen der Fall. Der Punkt, an dem wir mit unserem Intellekt allein nicht mehr weiterkommen, ist relativ schnell erreicht.

Rationalität hat ihre Grenzen. Somit schränken wir uns selbst in unseren Möglichkeiten ein, wenn wir immer nur das akzeptieren, was wir auch verstehen und logisch begründen können. Ein großer Teil unseres Potenzials und sich bietender Chancen bleibt ungenutzt. Wir bewegen uns in einer Endlosschleife des Denkens, Erinnerns, Vorstellens und Planens, mit dem Ergebnis, dass wir irgendwann das Gefühl, haben vor lauter Bäumen den Wald nicht mehr zu sehen.

Viele Menschen nehmen diese Begrenztheit des Verstandes zumindest unbewusst wahr. Sie gestehen sich diese aber nur ungern ein. Stattdessen beginnen sie, sich selbst und andere auszutricksen. In Entscheidungssituationen folgen sie einem Gefühl, verwenden im Nachhinein dann aber viel Zeit und Aufwand darauf, logische und gut belegbare Gründe zu finden, um eine solche Gefühlsentscheidung als rational und wohl durchdacht zu verkaufen.

In vielen Bereichen unseres Lebens, bei vielen Dingen, die wir im Alltag nutzen und anwenden, können wir leicht akzeptieren, dass wir nicht alles verstehen. Beispielsweise sind die meisten von uns in der Lage, Fahrrad zu fahren, auch wenn sie nicht genau wissen, welche physikalischen Kräfte wirken, um das Fahrrad in Bewegung zu setzen, beziehungsweise wie exakt das Gewicht verteilt sein muss, um nicht umzufallen. Das hält uns aber nicht davon ab, es einfach zu tun. Wir denken nicht logisch darüber nach, sondern haben ein Gefühl dafür entwickelt. Wir wissen, wie wir das Gleichgewicht halten und wie fest wir in die Pedale treten müssen. Bestimmt fallen Ihnen ohne langes Nachdenken zahlreiche Gegenstände des Alltags ein, die Sie nutzen, obwohl Sie, so Sie kein Physiker sind, nicht genau verstehen, wie diese eigentlich funktionieren. Doch wir haben die Fähigkeit entwickelt, damit umzugehen. Wir wissen, wie wir sie anwenden oder einsetzen müssen, damit sie uns das Leben erleichtern. Warum ist es uns dann in anderen Lebensbereichen so wichtig, immer alles verstehen zu müssen?

Rationalität wurde im Laufe der Zeit zu einem so hohen Wert in unserer Gesellschaft, dass viele Menschen sich nicht nur ausschließlich auf ihren Verstand verlassen, sondern sich vollkommen mit ihrem Denken identifizieren. Sie haben nicht nur Gedanken, sie sind vielmehr ihre Gedanken. Diese jedoch sind oftmals das Ergebnis unbewusster Vorstellungen, Prägungen und Glaubensmuster. Je nachdem, welcher Quelle unsere Gedanken entspringen, können sie ermutigend und kraftspendend, aber auch das genaue Gegenteil sein. Allzu oft gelingt es dem Verstand, uns am Vorankommen und dem Beschreiten neuer Wege zu hindern. Angst, Unsicherheit und übernommene Lebensvorstellungen zeichnen in unserem Kopf Szenarien von Bedrohungen, die es meist gar nicht gibt. Dabei handelt es sich um Maßnahmen unseres Verstandes, um auch weiterhin die Kontrolle zu behalten. Denn alles Neue ist nicht berechenbar. Und oft auch nicht logisch.

Wer neue Wege gehen will, muss alte Pfade verlassen. Die Pfade unseres Verstandes sind in der Regel schon sehr alt und ausgetreten. Möchten wir uns für neue Möglichkeiten und Chancen öffnen, ist es an der Zeit, über den Zaun der logischen Begrenzungen zu springen. Unser Verstand wird uns auch weiterhin begleiten, doch werden wir immer klarer erkennen, wann wir tatsächlich unsere

Ratio benötigen und wann es besser ist, dem Rat anderer innerer Wegbegleiter zu folgen.

Das Bauchgefühl

Den Verstand in die Schranken weisen, um anderen inneren Stimmen mehr Gehör zu verschaffen: Das klingt erst mal gar nicht so schwierig. Insbesondere, da wir rückblickend feststellen, dass wir viele unserer Entscheidungen ohnehin nicht ausschließlich mit dem Kopf getroffen haben. Dann nämlich, wenn wir auf unseren Bauch gehört haben. Auf unser Bauchgefühl ist schließlich Verlass. Haben auch Sie ein gutes Bauchgefühl?

Viele Menschen treffen ihre Entscheidungen, indem sie dem folgen, was der Bauch ihnen rät, auch wenn sie das gegenüber anderen nicht immer ganz so offen zugeben würden. Wenn der Verstand uns auch manchmal einen Streich spielen mag, unserem Bauchgefühl können wir vertrauen. Neben unseren Gedanken sind die Ratschläge aus unserer körperlichen Mitte jene, die wir am deutlichsten wahrnehmen. Diese innere Stimme kommuniziert unmittelbar mit uns. Wir wissen oft schon, was zu tun ist, noch bevor wir überhaupt begonnen haben, darüber nachzudenken, beziehungsweise lange bevor wir eine Situation intellektuell erfassen konnten. Wir verstehen zwar noch nicht, was passiert, unser Bauchgefühl weist uns aber schon die Richtung, in die wir gehen müssen. Erst mit einiger Verzögerung bestätigt uns dann der Verstand das, was uns der Bauch schon lange mitgeteilt hat. Wie kommt es, dass dieser innere Ratgeber Situationen und Umstände so rasch erfassen und uns sogar schneller als unser Verstand zu einer Entscheidung führen kann?

Die Stimme des Unterbewusstseins

Die Quelle aller Informationen, die wir von unserem Bauch bekommen, liegt in unserem Unterbewusstsein. Es spricht über das

Bauchgefühl zu uns. Unser Unterbewusstsein kann im Vergleich zu unserem Verstand nicht nur um ein Vielfaches größere Mengen an Information aufnehmen, sondern diese auch schneller einordnen und bewerten. Seine Kapazität, Sinneseindrücke zu verarbeiten und zu speichern, ist enorm. Dies soll es uns besonders in Gefahrensituationen ermöglichen, schnell zu reagieren, ohne viel nachzudenken. Im Sinne der Effizienz wandert der Großteil der Wahrnehmungen an unserem Bewusstsein vorbei direkt in unser Unbewusstes. So muss sich unser Bewusstsein nur noch mit den wirklich relevanten Dingen beschäftigen. Der Rest wird vom Unterbewusstsein und den darin bereits gespeicherten Routineprogrammen übernommen. Dann reagieren wir schnell und automatisch nach einem vorgegebenen Muster. Die meisten dieser Muster entstehen bereits in der Kindheit, in jener Phase unseres Lebens, in der wir besonders lernbereit und aufnahmefähig sind.

Als Kinder lernen wir viele Dinge wesentlich leichter als später im Erwachsenenalter. Je älter wir werden, desto bewusster werden wir. Wir lernen nun nicht mehr spielerisch und instinktiv, sondern setzen uns hauptsächlich mental mit Neuem auseinander, sei es eine Sprache, eine neue Sportart oder eine bestimmte Fertigkeit, die wir erlernen wollen. Dies erschwert die Verankerung neuer Informationen und Muster in unserem Unterbewusstsein. Es erfordert viele Wiederholungen und dauert wesentlich länger, etwas Neues zu erlernen. Denken Sie zum Beispiel an Ihre erste Fahrstunde, daran, wie schwierig es war, gleichzeitig zu schalten, zu lenken, Gas zu geben – und dabei auch noch auf den Verkehr zu achten. Erst im Laufe der Zeit, nachdem diese Abläufe gelernt und gut verankert waren, fiel das Autofahren nach und nach leichter. Mittlerweile können Sie sich vermutlich nebenbei unterhalten, Musik hören oder im Gedanken die Einkaufsliste durchgehen. Das Programm »Autofahren« wurde durch regelmäßige Wiederholung im Unterbewusstsein abgespeichert.

Neben vielen sehr nützlichen Programmen wie bestimmten Bewegungsabläufen, dem Sprechen oder dem Einprägen von Gefahrenquellen werden auch jede Menge unbewusste Muster gespeichert, die sich im Laufe unseres Lebens oft als weniger hilfreich erweisen. Vieles von dem, was wir als Kind hören, sehen und erleben, hat später großen Einfluss auf uns. Hören wir als Kind immer wieder, dass wir nichts können und nie etwas aus uns wird, glauben wir das oft auch später als Erwachsene noch. In Situationen, in denen wir dann unser Können beweisen müssen, zum Beispiel in Prüfungssituationen, taucht ein unangenehmes Gefühl auf. Es will uns vor der möglichen Gefahr eines Scheiterns warnen. Es rät uns, diese oder ähnliche Situationen zu meiden. Denn wir sind davon überzeugt, nichts zu können oder nicht gut genug zu sein.

Machen wir als Kind die Erfahrung, dass ein geliebter Mensch, beispielsweise eine wichtige Bezugsperson, uns verlässt, scheuen wir als Erwachsene häufig zu viel Nähe in zwischenmenschlichen Beziehungen. In uns gibt es ein Programm, das uns vor weiteren Verletzungen schützen möchte. Unser Unterbewusstsein rät dann von zu engen Beziehungen ab. Wir haben kein gutes Bauchgefühl, wenn die Aussicht darauf besteht, dass uns andere Menschen sehr nahe kommen könnten.

Viele der Erfahrungen, aus denen unbewusste Programme entstehen, entziehen sich der bewussten Erinnerung. Wir reagieren automatisch auf ein Ereignis oder eine Person, ohne genau zu wissen, warum. Unser Bauchgefühl bestimmt unsere erste Reaktion, deren Grundlage Erlebnisse und Wissen aus der Vergangenheit bilden. Dabei ist es nicht immer notwendig, dass wir alle Erfahrungen selbst gemacht haben. Auch Verhaltensweisen und Glaubensmuster, die uns wichtige Bezugspersonen, vor allem die Eltern, in der Kindheit vorgelebt haben, hinterlassen in uns Spuren. Dies macht die Stimme des Unterbewusstseins zum Teil auch zur Stimme jener Personen, deren Überzeugungen und Meinungen uns prägten. Geleitet vom Bauchgefühl handeln wir somit nicht nur entsprechend eigener Erfahrungen. Die Wahrscheinlichkeit ist groß, dass hinter so manchem Bauchgefühl die Ansichten und Meinungen anderer Menschen stecken.

So oder so spricht über unser Bauchgefühl die Vergangenheit zu uns. Folgen wir ihm, bildet die Vergangenheit die Grundlage für

Zukunftsentscheidungen. Dies kann dann sinnvoll und effizient sein, wenn Situationen und Ereignisse sich regelmäßig wiederholen und eine frühere Vorgehensweise erfolgreich war. Der Bauch ist ein guter Ratgeber, wenn in Routinesituationen rasches Handeln notwendig ist.

Renate, eine Klientin, schilderte mir einmal eine Situation, in der sie ihrem Bauchgefühl gefolgt war (auch, wenn sie damals noch dachte, es sei ihre Intuition gewesen). Sie war Kindergartenpädagogin und mit einer Gruppe von zwanzig Kindern in der Stadt unterwegs. Auf dem Rückweg in den Kindergarten entschied sie sich plötzlich, einen Umweg zu gehen. »Ich hatte ein ungutes Gefühl und habe spontan beschlossen, einen anderen Weg zu nehmen. Im Nachhinein betrachtet war das die richtige Entscheidung. Der direkte Weg führte nämlich über zwei ungeregelte Kreuzungen. Mit so vielen Kindern kann das riskant sein. Viele Autofahrer schauen ja nicht. Wenn etwas passiert, bin ich verantwortlich. Ich habe ein besseres Gefühl, wenn ich den sichereren Weg nehme. Viel weniger Stress für mich.« In ihrem Beruf ist sie immer wieder mit einer Gruppe von Kindern unterwegs, und die Erfahrung hat ihr gezeigt, dass es einfacher und sicherer ist, wenn sie auf Kriterien wie geregelte Kreuzungen oder gekennzeichnete Schutzwege achtet. Ihr Bauchgefühl hat sich sofort gemeldet und ihr, auf Basis ihrer bisherigen Erfahrungen, signalisiert, was zu tun ist. Sie musste nicht lange nachdenken. Nachträglich konnte sie ihre Entscheidung dann auch logisch begründen. In einer Situation, die sich regelmäßig wiederholt, hat sie jene Strategie gewählt, die bisher die besten Ergebnisse brachte.

In vielen Fällen merken wir aber nicht, dass wir auch dazu tendieren, immer wieder jene Denk- und Verhaltensweisen anzuwenden, die uns nicht voranbringen. Wir bewegen uns im Kreis. Um es in den Worten von Paul Watzlawick auszudrücken: »Wenn Du immer wieder das tust, was Du immer schon getan hast, wirst Du immer wieder das bekommen, was Du immer schon bekommen hast.«

Wollen wir in unserem Leben eine andere Richtung einschlagen und etwas Neues wagen, fehlt unserem Unterbewusstsein die entsprechende Erfahrung. Viele Menschen haben daher kein gutes Bauchgefühl, wenn Veränderungen auf sie zukommen. Es ist für unser Unterbewusstsein leichter, die Kontrolle aufrechtzuerhalten, wenn wir uns immer im bewährten Rahmen bewegen, Entscheidungen stets nach demselben Muster treffen und möglichst wenig Neues ausprobieren.

Die unbewusste Angst vor Veränderung

Alles Unbekannte ist für unser Unterbewusstsein eine mögliche Gefahr. Es gibt keine Daten aus der Vergangenheit, auf die zurückgegriffen werden kann. Das macht Veränderungen zu seinem größten Feind. Das Bauchgefühl rät daher in der Regel zum Altbewährten und bereits Bekanntem. Neue Chancen und Wege werden tendenziell negativ bewertet. Wir bekommen Ratschläge, wie wir uns verhalten sollen, damit sich unsere Lebenssituation nicht wesentlich verändert. Fast ununterbrochen suggeriert diese innere Stimme, was als Nächstes zu tun oder zu lassen ist, um möglichst die Kontrolle über das Leben zu behalten. Alles soll, so gut es geht, vorhersehbar sein.

Die Vorschläge des Bauchgefühls dienen nicht dazu, im Leben voranzukommen oder sich unvoreingenommen auf neue Dinge einzulassen. Sie sind vielmehr Ausdruck einer Angst vor Veränderung und Kontrollverlust. Auch, wenn der subjektive Eindruck ein anderer sein mag: Wir spüren einen Impuls, unser Gefühl wird sogar von unseren Gedanken bestätigt, wir folgen diesem Impuls und handeln entsprechend. Auf den ersten Blick scheint sich etwas verändert zu haben. Bei näherem Hinsehen stellt sich aber möglicherweise heraus, dass wir uns doch nur für eine andere Version des Altbekannten entschieden haben.

Diese Stimme der Angst möchte vor allem eines: sich absichern. Sie arbeitet daher sozusagen Hand in Hand mit unserem Verstand, der, sobald sich ein Gefühl aus dem Unterbewusstsein bemerkbar macht, logische Argumente und gute Gründe findet, die dieses Gefühl rechtfertigen und bestätigen. Deshalb werden die meisten Menschen auch nie von ihrem Bauchgefühl enttäuscht.

Kommt etwa ein Angebot für eine neue Arbeitsstelle in einer anderen Stadt, ist der erste Impuls Freude, kurz darauf macht sich aber bereits ein anderes Gefühl in der Körpermitte breit. Da ist ein Knoten im Bauch. Wir beginnen zu denken. Der neue Job klingt interessant, aber was, wenn er doch nicht das hält, was er verspricht? In unserer alten Position sind wir schon gut eingearbeitet, haben die Rahmenbedingungen für uns gestaltet, wissen, was zu tun ist. Außerdem müssten wir umziehen. In eine Stadt, in der wir niemanden kennen. Und dann die Wohnungssuche! Je mehr Gedanken kommen, desto größer wird auch der Knoten in unserem Bauch. Letztlich lassen wir das mit dem Arbeitsplatzwechsel lieber. So schlimm ist es ja auch nicht. Außerdem hatten wir »irgendwie« kein gutes Gefühl bei der Sache. Alles bleibt, wie es ist. Der Bauch kann sich wieder entspannen. Wir spüren Erleichterung. Und sind froh, auf unser Bauchgefühl gehört zu haben.

Schon immer gab es den Traum, ein Jahr lang um die Welt zu reisen. Seit Monaten wird die Mittagspause genutzt, mögliche Stationen einer solchen Reise zu definieren. Was gibt es alles zu sehen? Wie kommt man dort am besten hin? Wie lässt sich so eine Reise optimal gestalten? Informationen werden zusammengetragen, bis der Punkt kommt, an dem es nur noch eines bräuchte: die bewusste Entscheidung, sich diese Auszeit zu nehmen. Und ein Ticket zu kaufen. In diesem Moment mischt sich unter die Freude, die diese Vorstellung auslöst, so ein komisches Gefühl. Auf der Internetseite der Fluggesellschaft fehlt nur noch der letzte Klick auf den Button »Buchen«. Das Gefühl wird stärker, und im Kopf beginnen Gedanken zu kreisen: *Ich kann doch nicht alle hier im Stich lassen. Ich riskiere damit, meinen Job zu verlieren. Vielleicht auch meinen Partner. Ich kann so eine Reise doch auch machen, wenn ich in Pension bin. Und was bringt mir so ein Jahr schon? Was ist danach?* Der Browser wird geschlossen, die Idee verworfen und das innere Gefühl der Enge lässt nach. Zumindest für den Moment.

Nicht immer ist uns diese mangelnde Begeisterung für Veränderungen bewusst. Vielleicht streben wir sogar ganz bewusst einen Wandel in unserem Leben an. Doch plötzlich, wenn es darum geht, eine Entscheidung zu treffen, haben wir ein mulmiges Gefühl im Bauch. Wir spüren, wie unser Körper reagiert. Es dreht uns den Magen um, wir beginnen zu schwitzen, unser Herz schlägt schneller. Das Bauchgefühl ist plötzlich nicht mehr nur im Bauch zu spüren. Verschiedene körperliche Empfindungen stellen sich ein. Mit etwas zeitlicher Verzögerung bekommen wir dann von unserem Verstand auch die passenden Gedanken dazu geliefert.

Unser Unterbewusstsein kommuniziert unmittelbar über Körperempfindungen mit uns, da uns diese um ein Vielfaches schneller erreichen als unsere Gedanken. Jede Erfahrung, die wir im Zuge unseres Lebens machen, ist als Erinnerung mit einer Gefühlsempfindung abgespeichert und wird über diese auch wieder abgerufen.

Deshalb spüren wir unser Bauchgefühl oft im ganzen Körper. Andere innere Stimmen geraten so leicht in den Hintergrund. Die Ratschläge des Bauchgefühls werden häufig unreflektiert befolgt, weil der Eindruck entsteht, dass es überhaupt keine anderen Stimmen gibt. Besonders die Verwechslung mit der Stimme der Intuition kann dazu führen, dass wir – anstatt eine neue Richtung einzuschlagen – uns von unbewussten Programmen leiten lassen, die uns dort festhalten, wo wir gerade sind.

Die Intuition

Im Gegensatz zum Bauchgefühl, das uns sowohl auffordert, etwas zu tun, wie auch, etwas zu lassen, meldet sich die Stimme der Intuition nur dann, wenn es an der Zeit ist, aktiv zu werden. Ihre Botschaften sind stets mit einer unmittelbaren Handlungsaufforderung verbunden. Gibt es aus Sicht der Intuition nichts zu tun, schweigt sie. Sie ist damit keine innere Stimme, die ständig präsent wäre. Sie ist vielmehr eine weise Instanz in uns, die ihre Energie ganz gezielt einsetzt, um zu unterstützen und das Leben zu erleichtern.

Ihre Ratschläge beziehen sich auf die verschiedensten Lebensbereiche. Sie spricht nicht nur dann zu uns, wenn weitreichende Entscheidungen zu treffen sind oder die Verwirklichung großer Lebensziele ansteht. Häufig gibt sie auch sehr pragmatische, mitunter ziemlich banale Hinweise für unseren Alltag. Etwa durch den Gedanken, beim Verlassen des Hauses einen Regenschirm mitzunehmen, nicht den gewohnten Weg zur Arbeit zu nehmen, an einem bestimmten Ort Urlaub zu machen oder eine bestimmte Person ohne konkreten Grund anzurufen. Wir erhalten innere Aufforderungen, etwas zu tun, ohne so genau zu wissen, warum. Doch in diesen Momenten haben wir in der Regel keine Zweifel an unserem Handeln. Wir denken noch nicht einmal groß darüber nach. Wir folgen einfach dem Impuls zu handeln. Unterwegs stellt sich dann heraus, dass der Regenschirm aufgrund eines Wetterumschwungs nützlich war (oder gewesen wäre, falls uns der Verstand nach einem Blick aus dem Fenster doch vom Gegenteil überzeugt hat und wir der Intuition nicht gefolgt sind). Der andere Weg zur Arbeit hat uns davor bewahrt, im Stau zu stehen. Und in dem Telefonat haben wir eine hilfreiche Information erhalten.

Die Situationen, in denen sich unsere Intuition im Alltag zu Wort meldet, können vielfältig sein. Eines aber haben alle intuitiven Impulse gemeinsam: Wir werden nie eine logische Begründung finden, weshalb wir etwas tun oder uns für etwas entscheiden sollen. Später sind wir dann aber oft froh, diesem Impuls gefolgt zu sein.

Die Stimme der Intuition gibt uns einen Rat. Aber sie wird nicht versuchen, uns mit rational nachvollziehbaren Gründen von seiner Richtigkeit zu überzeugen. Ganz egal, ob es um eine lebensverändernde Entscheidung oder um die Wahl des Mittagessens geht: Nie wird ein intuitiver Hinweis von Argumenten dafür oder dagegen begleitet sein. Darin unterscheidet sich unsere Intuition wesentlich vom Bauchgefühl, dessen Botschaften immer, wenn auch oft erst im Nachhinein, durch rationale Argumente untermauert werden.

Das Auftreten der Intuition in alltäglichen, fast unwichtig erscheinenden Situationen dient in erster Linie dazu, vertrauter mit dieser inneren Stimme zu werden. Wir können so ihre Art zu kommunizieren besser kennenlernen. Das macht es leichter, sie von anderen Stimmen zu unterscheiden. Unser Alltag ist sozusagen das Übungsfeld, in dem wir erleben und erfahren, wie die Ratschläge der Intuition uns unterstützen. Sie fördert unsere Bereitschaft, Neues auszuprobieren, und ermuntert dazu, auch einmal zu handeln, ohne lange nachzudenken.

Intuition ist nicht logisch

Intuition ist also ein schnell auftauchender und sich ebenso schnell wieder zurückziehender Handlungsimpuls. In diesen wenigen Sekunden oder Bruchteilen einer Sekunde erleben wir eine innere Stimmigkeit und Richtigkeit. Zumindest so lange, bis unser Verstand zu arbeiten beginnt. Dann finden wir möglicherweise Argumente, die gegen diesen Impuls sprechen. Wir beginnen uns selbst zu erklären, weshalb es nicht logisch und daher nicht sinnvoll ist, diesem Impuls zu folgen. Intuition ist nicht logisch. Genau das macht sie zu einer so wertvollen Wegbegleiterin.

Sich ständig und ausschließlich an Logik und Rationalität zu halten, bedeutet, stets jenem begrenzten Wissen zu folgen, das wir verstehen und begründen können. Im Gegensatz dazu greift Intuition auf umfassendere Informationen und Erkenntnisse zurück. Es handelt sich dabei nicht um Botschaften, die irgendwo aus dem Kosmos zu uns gelangen, sondern um Informationen, Bilder und Anhaltspunkte, die bereits in unserem Innersten existieren und sich über die Stimme der Intuition Gehör verschaffen.

Der Begriff »Intuition« leitet sich vom lateinischen Wort *intueri* ab, das so viel bedeutet wie hineinschauen oder erkennen. Indem wir den Blick nach innen richten, erschließen sich uns Zusammenhänge und Erkenntnisse, ohne dass wir darüber nachdenken müssen. Die Weisheit der Intuition gründet sich auf Wissen, das bereits in uns vorhanden ist. Es geht weder darum, etwas Neues zu lernen, noch darum, weitere Informationen zusammenzutragen. Wir müssen nur bereit sein, die Hinweise in uns zuzulassen. Und das, ohne sie rational absichern zu wollen. Sobald wir anfangen, intuitive Impulse mit dem Verstand begreifen oder analysieren zu wollen, zieht sich die Stimme der Intuition zurück. Sie verstummt in dem Moment, in dem »Wenn und Aber« auftauchen. Intuition will unmittelbar wirken, lässt zwischen dem Impuls und den Konsequenzen daraus nur sehr wenig Spielraum und verstummt sofort, wenn diese Unmittelbarkeit nicht gegeben ist. Sobald wir zögern, schaffen wir Raum für andere, lautere innere Stimmen wie jene des Verstands oder der Angst. Sie sorgen dann möglichst schnell dafür, dass der intuitive Impuls wieder in Vergessenheit gerät.

Hinter den Hinweisen der Intuition steckt unsere Seele. Sie verbindet uns mit einer höheren Weisheit, die weit über persönliche Erfahrungen und bisher Gelerntes hinausgeht. Plötzlich erhalten wir wie aus dem Nichts einen Geistesblitz. Die Lösung für ein Problem zeigt sich. Es entsteht eine innere Klarheit für den nächsten Schritt. In solchen Momenten spüren wir, was das Richtige ist und was wir tun sollen, um im Einklang mit unserem wahren Wesenskern zu handeln. Wir haben eine Ahnung, ohne vorher darüber nachgedacht oder einen ersten klaren Gedanken gefasst zu haben.

Folgen wir unserer Intuition, erleben wir oft Zufälle, die eigentlich schon gar keine mehr sein können. Wir schalten das Radio genau dann ein, wenn unser Lieblingslied spielt. Wir nehmen das Telefon in die Hand, noch bevor es klingelt, weil wir spüren, dass jemand uns gleich anrufen wird. Vor allem erleben wir Intuition aber dadurch, dass sie unsere Aufmerksamkeit lenkt. Wir bekommen Zeichen oder Informationen, die für uns genau zu diesem Zeitpunkt, in einer bestimmten Phase unseres Lebens, wichtig und wertvoll sind. Diese Hinweise tauchen nicht willkürlich auf. Und es ist im Interesse unserer Seele, dass wir diese Botschaften wahrnehmen. Sie sorgt dafür, dass wir zur richtigen Zeit am richtigen Ort sind, dass wir im richtigen Moment handeln – oder erkennen, dass der richtige Zeitpunkt erst noch kommen muss.

Der Intuition vertrauen

Vielen Menschen fällt es schwer, dem Rat der Intuition zu vertrauen. Selbst wenn sie ihre Impulse wahrnehmen, gewinnt letztlich häufig der Verstand oder die Angst die Oberhand. Wir wurden dazu erzogen, die Dinge zu überprüfen und vernünftig zu betrachten. Wir haben gelernt, dass man nur dann verantwortungsvoll agiert, wenn die Konsequenz jeder Handlung vorab bedacht und abschätzbar ist. Genau das ist bei den Botschaften der Intuition in der Regel nicht der Fall. Ihre Hintergründe und Folgen erschließen sich selten in einer Klarheit, die wir sofort verstehen. Stattdessen bekommen wir Hinweise, was wir tun sollen, nicht aber, weshalb wir es tun sollen. Bei intuitiven Botschaften bleibt die Frage nach dem Warum erst einmal unbeantwortet. Manchmal können wir die Hintergründe intuitiver Impulse rückblickend nachvollziehen. Das kann aber einige Zeit dauern. Und manches werden wir nie wirklich ganz verstehen.

Intuition zuzulassen und ihren Ratschlägen zu folgen, bedeutet, der Seele Raum zur Entfaltung zu geben. Dann sind wir unterwegs auf unserem ganz persönlichen Weg. Während wir als Kinder noch in sehr gutem Kontakt mit unserer intuitiven Stimme waren und ihr ganz selbstverständlich folgten, haben wir als Erwachsene oft die Verbindung zu ihr verloren. Dennoch begleitet sie uns ständig. Unermüdlich und unabhängig davon, ob wir ihren Ratschlägen folgen. Wann immer notwendig wird sie uns einen Hinweis oder ein Zeichen für den nächsten Schritt geben.

Alles Wissen ist bereits in uns. Wir müssen nur die Möglichkeit schaffen, dass es an die Oberfläche unseres Bewusstseins gelangen kann. Am einfachsten gelingt das, wenn wir uns uns selbst mehr zuwenden und achtsamer gegenüber inneren Impulsen werden. Nach und nach werden wir die Stimme der Intuition wieder klarer und deutlicher wahrnehmen. Wir werden die subjektive Richtigkeit ihrer Botschaften spüren und ihren Handlungsaufforderungen ohne zu zögern nachkommen. Selbst wenn wir sie nicht im Kopf begreifen, im Herzen erfassen wir sie voll und ganz. Sie ist dann wie eine alte Bekannte, die wir in- und auswendig kennen, auf die wir uns verlassen können und von der wir wissen, dass ihr Interesse darin liegt, uns zu unterstützen und hilfreich zur Seite zu stehen.

Übung: Intuition erkennen

Lernen Sie Ihre Intuition besser kennen. Wie kommuniziert sie mit Ihnen? Erinnern Sie sich dazu an Momente in Ihrem Leben, in denen Sie einem intuitiven Impuls gefolgt sind.

Schließen Sie die Augen und denken Sie zurück:
- An welche Situationen erinnern Sie sich, in denen ein intuitiver Handlungsimpuls auftauchte?
  (Denken Sie dabei sowohl an größere Entscheidungen in Ihrem Leben als auch an die kleinen Gelegenheiten im Alltag. Noch einmal zur Erinnerung: Die Impulse Ihrer Intuition erklären Ihnen nicht schon vorab, weshalb Sie etwas tun sollen.)
- Wie hat sich dieser erste Impuls angefühlt?
- Was geschah danach? Wie haben Sie sich verhalten?
- Hat Ihr Verstand begonnen, gegen Ihren Impuls zu argumentieren? Haben Sie angefangen, darüber nachzudenken?
- Wie haben Sie sich entschieden? Was war die Konsequenz daraus?
- Waren Sie froh, Ihrem ersten Impuls gefolgt zu sein? Oder haben Sie es bereut, es nicht getan zu haben?

Gehen Sie noch einmal bewusst zurück in diese Situationen. Erinnern Sie sich an das Gefühl, als Sie im Kontakt mit Ihrer Intuition waren. Schreiben Sie Ihre Erinnerungen auf. Halten Sie sowohl Momente fest, in denen Sie Ihrer Intuition gefolgt sind, wie auch jene, in denen Sie sich – warum auch immer – dagegen entschieden haben. Vielleicht gab es sogar in den vergangenen Tagen eine kleine Situation im Alltag, in der Sie einem intuitiven Impuls gefolgt sind – oder eben nicht.

Die Stimme der inneren Wahrheit

Während die Intuition über Aktionsimpulse zu uns spricht, verhält es sich mit der Stimme der inneren Wahrheit ganz anders. Sie ist eine ebenso feine Stimme wie jene der Intuition, kommuniziert allerdings vor allem über unsere Gefühle mit uns. Im Einklang mit dieser Stimme spüren wir eine Richtigkeit in dem, was wir tun, nicht nur für den Augenblick, sondern im Hinblick auf unseren Lebensweg. Sie verbindet uns am unmittelbarsten mit unserem wahren Wesenskern. Durch sie spricht unsere Seele am deutlichsten zu uns.

Die innere Wahrheit beinhaltet all unsere Werte, Überzeugungen und Bedürfnisse. Und zwar nicht jene, die aus Erziehung, Prägung oder anderen äußeren Einflüssen entstanden sind, sondern jene, die ihren Ursprung direkt in unserer Seele haben und die wir von Anfang an in dieses Leben mitgebracht haben. Wollen wir sie wahrnehmen, müssen wir bereit sein, die eigene Individualität und Einzigartigkeit anzuerkennen. Ein Leben im Einklang mit dieser Stimme bedeutet, persönliche Stärken und Begabungen, individuelle Bedürfnisse und ureigene Ziele und Wünsche anzunehmen und diesen entsprechend zu handeln.

Der inneren Wahrheit zu folgen ist weder rücksichtslos noch egoistisch. Ihr Ziel ist es nicht, eigene Interessen auf Kosten anderer durchzusetzen. Sie leitet uns vielmehr dazu an, unser ureigenes Potenzial zu entfalten, auch dann, wenn unser Umfeld anderes von uns erwartet oder fordert. Nur wenn wir in Harmonie mit unseren essenziellen Werten sind, leben wir authentisch – so, wie es sich in unserem Herzen richtig anfühlt.

Innere Wahrheit ist zu einhundert Prozent subjektiv. Wir können und sollten sie nicht mit der subjektiven Wahrheit anderer Menschen oder mit sogenannten »objektiven Wahrheiten«, vergleichen. Sie ist so individuell wie jeder Mensch. Streben wir nach Bestätigung für unser persönliches Empfinden, hindern wir sie daran, sich auszudrücken. Unsere Aufmerksamkeit richtet sich nach außen, die Distanz zu unserem Inneren wird größer. Beweise, Bestätigung und Zustimmung sind Bedürfnisse unserer Angst. Die

Stimme der inneren Wahrheit kennt ein solches Bedürfnis nicht. Sie wurzelt in unerschütterlicher Gewissheit.

Innere Zweifel, ständiges Zögern oder das Gefühl, nicht im Gleichgewicht zu sein, treten immer dann auf, wenn wir über einen längeren Zeitraum unsere eigene innere Wahrheit verleugnen. Dann ist es schwierig bis unmöglich, Entscheidungen aus vollem Herzen zu treffen. Wir ermüden immer mehr in dem, was wir tun, fühlen uns leer oder ärgern uns über uns selbst. Der Stimme der inneren Wahrheit zu folgen bringt Leichtigkeit, Erfüllung und Freude in unser Leben. Je mehr wir dies tun, desto weniger haben wir das Bedürfnis, unsere inneren Impulse mit logischen Argumenten zu besänftigen oder eine Entscheidung vor uns selbst zu rechtfertigen. Wir vertrauen in uns, sind im Fluss und erkennen den Sinn in dem, was wir tun. Unabhängig davon, was andere denken oder meinen.

Um diese Stimme zu vernehmen, gilt es nicht, Worten zu lauschen. Es gilt, eine innere Gewissheit zu fühlen. Am besten gelingt dies in Momenten der Ruhe und Entspannung. Besonders am Anfang, wenn wir noch nicht geübt darin sind, stets in Übereinstimmung mit unserer inneren Wahrheit zu handeln, wenn wir aufgrund jahre- oder jahrzehntelanger Bemühung um Anpassung an und Rücksichtnahme auf andere Menschen verlernt haben, in uns hineinzufühlen. Regelmäßige Momente der Stille und Innenschau können uns unterstützen, diese Stimme wieder bewusster wahrzunehmen. Je mehr Zeit wir uns nehmen, unsere Motive und Antriebe zu hinterfragen, und je achtsamer wir gegenüber unseren Gefühlen sind, desto klarer werden wir unsere innere Wahrheit erkennen.

Dann treffen wir Entscheidungen so, dass wir ihnen auch tief im Inneren zustimmen können. Wir verfolgen unseren Weg trotz äußerer Widerstände weiter. Haben wir erst einmal wieder einen guten Kontakt zu unserer inneren Wahrheit – und damit zu unserem seelischen Kern – hergestellt, wird es für uns zunehmend selbstverständlicher werden, ihren Botschaften zu vertrauen. Bis wir eines Tages feststellen, dass wir gar nicht mehr anders leben können.

Die innere Führung

Unsere innere Wahrheit weist uns die Richtung. Die Intuition sagt uns, wann es Zeit ist zu handeln. Wir werden aktiv, treffen eine Entscheidung oder packen eine Veränderung an. Nicht nur, weil unsere Intuition uns dies rät, sondern weil wir bei diesem Handlungsimpuls spüren, dass das, wozu wir aufgefordert werden, mit unserer ganz persönlichen Wahrheit übereinstimmt. Diese innere Gewissheit lässt sich auch durch den Verstand, unsere Angst oder die Meinung anderer nicht beeinflussen. Wir wissen, was zu tun ist, auch dann, wenn wir es nicht immer verstehen.

Wir können darauf vertrauen, dass unsere Seele uns nicht zu etwas auffordern wird, das uns schadet. Und wir dürfen uns darauf verlassen, dass sie sich auch immer zum richtigen Zeitpunkt melden wird. Ungeduld, Ehrgeiz oder falsche Erwartungen, seien es unsere eigenen oder jene anderer Personen, drängen uns manchmal dazu, etwas entgegen unserer inneren Wahrheit zu tun oder nicht länger auf den passenden Moment zu warten. Dann spüren wir eine Disharmonie in uns. Wir sind nicht wirklich hundertprozentig überzeugt von dem, was wir tun, beginnen Entscheidungen infrage zu stellen und müssen unter Umständen viel Energie aufbringen, um das zu erreichen, was wir uns vorgenommen haben. Vieles erleben wir als mühsam und kraftraubend.

Bei allem, was wir tun, und allem, was wir nicht tun, können wir jederzeit in uns hineinfühlen. Ist das, was wir denken, wollen und tun in Resonanz mit unserer inneren Wahrheit? Haben wir das Gefühl, im Einklang mit unserem wahren Wesenskern zu sein?

Gerhard, ein Klient von mir, litt seit zwei Jahren unter ständigen Erschöpfungszuständen. Obwohl er bereits weniger arbeitete und sich mehr Ruhe und Erholungszeit gönnte, war er oft müde. Selbst die Bewältigung alltäglicher Aufgaben war manchmal schon zu viel. Nach einigen Gesprächen gestand er, dass er sich schon seit Längerem innerlich zerrissen fühlte. Es gebe einen Teil in ihm, der aus seinem bisherigen Leben ausbrechen wolle. Gleichzeitig wollte er seine Ehe nicht zerstören, da er seine Frau nach wie vor liebte und glücklich mit ihr war. Anfangs folgte er seinen Aufbruchsimpulsen, indem er mehrmals im Jahr alleine mehrwöchige Wander- und Pilgerreisen unternahm. Doch das Gefühl, das alte Leben hinter sich lassen zu müssen, ließ sich nicht beruhigen. Eines Tages im Büro spürte er dann während einer Pause den Impuls, einfach mal nachzuschauen, wie der Wohnungsmarkt derzeit so aussieht. Er stieß auf eine Wohnung, die all seine Ansprüche erfüllte, machte noch für denselben Tag einen Besichtigungstermin aus, und kurz darauf bekam er ein konkretes Angebot des Vermieters. Nun musste er sich entscheiden. Und obwohl ihm die Entscheidung nicht leichtfiel, trotzdem seine Ängste ihn warnten, nicht alles aufs Spiel zu setzen, entschied er sich für die Trennung von seiner Frau. Sein Drang, einmal ganz allein für sich zu sein, war zu groß geworden. Seine Seele drängte ihn zu neuen Erfahrungen, die ihn weit aus der gewohnten Komfortzone herausführten. Das war kein leichter Schritt für ihn. Er durchlebte eine intensive emotionale Zeit, in der er sich täglich fragte, ob er wirklich das Richtige tat. Doch in ruhigen Momenten, wenn er sich ganz auf sich besann, spürte er die Gewissheit, dass, auch wenn er den Sinn hinter seinen Impulsen nicht verstand, auch wenn er (noch) nicht wusste, wo dieser Weg ihn hinführen würde, er es dennoch tun musste. Er konnte seine innere Wahrheit, die er zum Teil aus Rücksicht auf seine Frau unterdrückt hatte, nicht mehr länger verleugnen. Und irgendwann konnte er auch die Impulse der Intuition nicht mehr ignorieren. Sein Leben ist nun ein völlig anderes. Er fühlt sich bei sich selbst und hat wieder mehr Energie. Er ist aufgebrochen, weil er erkannte, dass er nur dann glücklich werden konnte, wenn er dem folgt, was in ihm ist, und sich nicht aus falscher Rücksichtnahme oder Bequemlichkeit seinen eigenen Weg verwehrt.

Entscheidungen treffen

Das Leben fordert immer wieder Entscheidungen von uns. Kleine und große, kurzfristige und langfristige. Wie wir diese treffen, hängt im Wesentlichen davon ab, welche unserer inneren Stimmen wir als Ratgeber heranziehen. Häufig entscheiden wir unbewusst und so schnell, dass wir erst zu einem späteren Zeitpunkt feststellen können, welcher der inneren Berater nun tonangebend war. Selbst Menschen, die in gutem Kontakt mit ihrer Intuition und ihrer inneren Wahrheit sind, wird es nicht immer gelingen, bei jedem Entschluss im Einklang mit der inneren Führung zu handeln.

Es ist oftmals nicht leicht, die verschiedenen inneren Stimmen voneinander zu unterscheiden. Gedanken, Empfindungen und Zweifel wollen überprüft und sortiert werden. Daher brauchen manche Entscheidungen ihre Zeit. Gerade dann, wenn sich die Botschaften unserer inneren Ratgeber deutlich widersprechen. Jeder von ihnen will seine Meinung äußern. Geben wir ihnen also die Möglichkeit dazu. Nachdem alle ihre Position kundgetan haben, liegt die bewusste Entscheidung letztlich bei uns. Unter Berücksichtigung sämtlicher Empfehlungen sind wir aufgefordert, so zu handeln, wie wir es in diesem Moment für richtig halten. Unsere inneren Stimmen stehen uns als Berater zur Seite. Sie übernehmen jedoch nie das Ruder, greifen nie aktiv in das Geschehen ein. Tatsächlich zu handeln ist und bleibt unsere Aufgabe.

In manchen Situationen werden wir uns von unserer Angst leiten lassen, in anderen von unbewussten Prägungen oder logischen Argumenten. Trotz aller Selbstreflexion und Bewusstheit folgen wir Impulsen, die in erster Linie der Beruhigung unserer Angst dienen, oder lassen uns von falschen Vorstellungen leiten. Darüber sollten wir uns weder ärgern noch uns dafür verurteilen. Jede der inneren Stimmen hat ihre Berechtigung. Wir können lernen, aufmerksamer gegenüber ihrem jeweiligen Ausdruck zu werden. Wir können üben, die verschiedenen Argumente unserer inneren Wegbegleiter getrennt voneinander zu betrachten. Dann erkennen wir mit der Zeit deutlicher, wann Ängste, Verstand, Intuition oder innere Wahrheit den Ton angeben. Je mehr Klarheit wir im Umgang mit den inneren Stimmen gewinnen, desto leichter fallen uns Entscheidungen. Frei von Bewertungen und unerreichbaren Idealen werden wir dem folgen, was sich im Inneren für uns richtig anfühlt.

Den richtigen Ratgeber finden

Welche innere Stimme am schnellsten und einfachsten weiterhelfen kann, ist von Situation zu Situation unterschiedlich. Keine
der inneren Instanzen ist besser oder schlechter als die andere. Und
es gibt keine, die immer vor allen anderen zu bevorzugen wäre.
Nicht für jede Entscheidung des Alltags ist es notwendig, die Intuition oder die innere Führung zu befragen. Ebenso wenig sollte es
das Ziel sein, den Verstand gänzlich auszublenden. Eine Balance
von Rationalität und Gefühlen, von Verstand und innerer Führung,
von Kopf und Herz ermöglicht es uns, die Vorzüge des analyti-
schen Denkens, insbesondere die damit verbundene Klarheit und
Fähigkeit zur Erkenntnis, zu nutzen und gleichzeitig unserer inneren Wahrheit zu folgen. Und manchmal hat selbst die Stimme der
Angst ihre Berechtigung, nämlich dann, wenn wir zu viel auf einmal
wollen, wenn wir einen für uns (noch) zu großen Schritt wagen wollen und Gefahr laufen, uns selbst damit völlig zu überfordern.

Viele Menschen befinden sich in einem inneren Ungleich-
gewicht, das dem Verstand zugunsten eigener Empfindungen und
intuitiver Impulse den Vorzug einräumt. Doch es gibt Momente im
Leben, in denen wir durch Denken alleine nicht weiterkommen. So
wichtig der Verstand als Werkzeug auch sein mag, das Leben ist
keine Rechenaufgabe, die es zu lösen gilt. Vielen Fragen ist unsere
Ratio einfach nicht gewachsen. Wir können jahrelang über den Sinn
des Lebens nachdenken. Die Antwort werden wir jedoch erst erhalten, wenn wir in den Dingen, die wir tun, diesen Sinn erleben und
spüren.

Den eigenen Weg zu verfolgen ist eine Herausforderung. Ständig
werden wir vor neue Entscheidungen gestellt. Wird jetzt alles noch
komplizierter, weil wir vor einer Entscheidung nun zusätzlich entscheiden müssen, welcher unserer inneren Stimmen wir folgen?
Nein, ganz im Gegenteil.

Unsere inneren Wegbegleiter melden sich automatisch zu Wort.
Wir müssen sie dazu nicht erst einladen. Unsere Aufgabe besteht
darin, ihre Ratschläge anzuhören und dann jenem Rat zu folgen, der

uns in der jeweiligen Situation am hilfreichsten erscheint. Stehen wir vor der Wahl zwischen zwei Alternativen, kennen alle notwendigen Daten und Fakten und können die damit verbundenen Konsequenzen weitgehend abschätzen, sind dies gute Voraussetzungen für eine rationale Entscheidung. Planen wir zum Beispiel, ein Auto zu kaufen, und stehen vor der Wahl zwischen zwei bestimmten Modellen, können wir technische Daten, Benzinverbrauch, Anschaffungspreis etc. vergleichen und so unsere Wahl treffen.

Für sich regelmäßig wiederholende Situationen sollte das Bauchgefühl ein guter Ratgeber sein. Jeder von uns hat im Laufe des Lebens bereits viele Erfahrungen gemacht. Diese können wir als Basis für Entscheidungen heranziehen. Geht es also darum, etwas anzuwenden, das sich in der Vergangenheit bereits als erfolgreich erwiesen hat, können wir auf unseren Bauch hören. Zumindest, solange es keinen Grund zur Veränderung gibt. Ist es an der Zeit, etwas Neues zu wagen oder dem Leben eine neue Richtung zu geben, unterstützt uns unsere innere Führung optimal. Für sie zählen keine Daten und Fakten. Sie zeigt uns mit einem intuitiven Impuls, was als Nächstes zu tun ist. Unsere innere Wahrheit führt uns im Einklang mit unserer Seele zu der für uns richtigen Entscheidung.

Die Sprache unserer Seele ist fein, aber deutlich, unaufdringlich und doch bestimmt, mitunter unlogisch, aber dennoch selbstverständlich. Durch die Stimmen der Intuition und der inneren Wahrheit findet sie einen Weg aus unserem tiefsten Inneren an die Oberfläche unseres Bewusstseins. Die Ratschläge der Seele sind zutiefst persönlich. Die Form, in der sie zu jedem Einzelnen spricht, ist vielfältig. Ihre Botschaften beinhalten auch das Wissen und die Erfahrungen anderer Seelen. Unsere Seele ist Teil eines höheren seelischen Verbundes, der Interesse daran hat, dass wir unseren Weg verfolgen, unser Potenzial entfalten und bestimmte Erfahrungen machen. Verschließen wir uns vor all dem, was für uns möglich wäre, verleugnen wir unsere Fähigkeiten und unterdrücken wir unser wahres Wesen, enthalten wir nicht nur uns selbst, sondern auch dem großen Ganzen etwas vor. Aus diesem Grund sind es oft nicht nur innere Hinweise, die uns entlang des Weges führen.

Manchmal braucht es die »zufälligen« Geschehnisse im Außen: Zeichen und Begegnungen, die auf den verschiedensten Wegen zu uns gelangen.

Erst wenn Entscheidungen mit unserem wahren Wesenskern übereinstimmen, erleben wir echte Erfüllung. So zum Beispiel, wenn wir uns in jemanden verlieben und einfach wissen, dass genau dieser Mensch der oder die Richtige für uns ist. Meist werden wir unsere eigenen Gefühle nicht logisch nachvollziehen können. Das eine oder andere Mal stellen wir uns vielleicht sogar die Frage, warum es ausgerechnet der- oder diejenige sein soll. Doch in unserem Herzen spüren wir, dass es eben so ist. Ohne Begründung, ohne Argumentation. Ähnliches können wir auch bei der Wahl eines Berufes, einer Ausbildung oder eines Wohnorts erleben. Wir entscheiden uns dafür, nicht, weil wir viel darüber nachgedacht haben, sondern aufgrund eines inneren Impulses, der uns dorthin geführt hat. Wir spüren die Richtigkeit unserer Wahl jenseits logischer Überlegungen oder rationaler Abwägungen.

Übung: Die inneren Stimmen kennenlernen

Sie können die Ratschläge Ihrer inneren Stimmen klarer voneinander unterscheiden, wenn Sie diese anfangs schriftlich, zum Beispiel in einem Tagebuch, festhalten. Nach einigen Wochen werden Ihnen die verschiedenen Ausdrucksformen Ihrer inneren Ratgeber vertrauter werden. Die einzelnen Botschaften aufzuschreiben, ermöglicht es Ihnen, diese mit mehr Distanz zu betrachten. Sie erkennen dann die Unterschiede leichter.

Beobachten Sie Ihre inneren Stimmen in ganz alltäglichen Situationen oder richten Sie eine ganz konkrete Frage an sie. Welche Gedanken tauchen auf? Welche Empfindungen haben Sie? Wie fühlen Sie sich, unmittelbar nachdem Sie eine Entscheidung getroffen haben? Wie fühlen Sie sich einige Zeit später?

Das könnte zum Beispiel so aussehen:

Ich habe die Idee, nach Indien zu reisen. Schon seit einigen Jahren kommt mir immer wieder dieser Gedanke. Ich spüre

eine Vorfreude und Aufregung. Sofort habe ich den Impuls,
mich über Reiserouten und Flüge zu informieren. Das tue ich,
und ich stelle fest, dass eine solche Reise leichter zu organi-
sieren wäre, als ich dachte. Aber ist Indien nicht gefährlich?
Besonders für eine alleinreisende Frau? Und will ich dafür
wirklich so viel Geld ausgeben? Vielleicht ist jetzt nicht der
richtige Zeitpunkt. Die finanzielle Lage war schon mal besser.
Ich kann ja auch erst in einem Jahr fliegen. Dann habe ich
mehr Zeit, mich zu informieren. Ich will es aber eigentlich
nicht aufschieben. Es fühlt sich gerade so richtig an. Besser
wäre es, jemanden zu finden, der mit mir reist. Dann bin ich
nicht allein. So kurzfristig geht das nicht. Ich warte lieber.
Nein, jetzt fahre ich erst mal nicht. Ich kann ja in einem Jahr
noch mal darüber nachdenken. Dann passt es vielleicht bes-
ser. Schade ist es aber schon. Ich habe mich schon so ge-
freut. Jetzt bin ich etwas enttäuscht.

Wenn Sie Ihre Aufzeichnungen anschließend in Ruhe betrachten, werden Sie darin ein Gespräch Ihrer inneren Berater
erkennen. Da ist die Stimme der Intuition, die den Gedanken,
nach Indien zu reisen, unmittelbar mit einem Handlungsimpuls verknüpft, nämlich der Suche nach Reiserouten und
Flügen. Daneben meldet sich die Stimme der Angst, die auf
mögliche Gefahren hinweist. Der Verstand findet dann auch
gleich eine logische Begründung, weshalb nun nicht der richtige Zeitpunkt ist (finanzielle Gründe und die Aussicht, zu einem späteren Zeitpunkt nicht alleine reisen zu müssen, was
gleichzeitig die Angst bestätigt). Die innere Führung kommt
erst mal nicht zum Zug und wird vertröstet. Die Freude ist
weg, ihren Platz hat die Enttäuschung eingenommen.

Notieren Sie einige Wochen lang in verschiedenen Situationen, welche Botschaften Sie von Ihren inneren Beratern erhalten. Achten Sie auf die Unterschiede in der Art, wie sie mit
Ihnen kommunizieren. Schreiben Sie auf, welche Botschaften
Sie in sich wahrnehmen bzw. wahrgenommen haben. Werden
Argumente logisch begründet? Oder spüren Sie Impulse, bei
denen Sie nicht so recht wissen, wie Sie damit umgehen sollen? Wie machen sich Ihre inneren Stimmen bemerkbar? Viel-

leicht gelingt es Ihnen auch, die innere Diskussion zwischen den verschiedenen Instanzen wahrzunehmen. Wer gibt Ihnen welchen Ratschlag?

Sie können übrigens auch jeden Ihrer Wegbegleiter einzeln ansprechen. Schreiben Sie dazu eine Frage oder eine anstehende Entscheidung auf ein Blatt Papier oder in Ihr Tagebuch und fragen Sie ganz konkret:

- **Was sagt der Verstand dazu?**
  Notieren Sie alle Gedanken, die im Zusammenhang mit Ihrer Fragestellung auftauchen, und auch die dazugehörigen Argumente und Begründungen.
- **Was sagt das Bauchgefühl?**
  Spüren Sie hin und notieren Sie Ihre Körperempfindungen und Emotionen, die »aus ihrem Bauch« kommen, sowie die Gedanken, die mit kurzer Verzögerung auftauchen, um Ihnen Ihr Gefühl zu bestätigen.
- **Was sagt die Intuition dazu?**
  Spüren Sie einen Handlungsimpuls oder haben Sie einen gespürt, bevor andere Stimmen sich zu Wort gemeldet haben? Zu welcher Handlung werden Sie aufgefordert?
- **Was sagt Ihre innere Wahrheit dazu?**
  Entspannen Sie sich, lassen Sie ihre Gedanken los, und spüren Sie in sich hinein. Schreiben Sie ohne nachzudenken auf, welche Antwort tief aus Ihrem Inneren kommt. Ohne diese zu bewerten oder zu analysieren.

Auf diese Weise bekommen Sie einen Überblick über die unterschiedlichen Positionen Ihrer inneren Ratgeber. Sie können sie betrachten und auf sich wirken lassen. Die Verantwortung, für welchen der Ratschläge Sie sich am Ende entscheiden, bleibt in jedem Fall bei Ihnen. Nur Sie können sagen, welcher inneren Stimme Sie folgen wollen.

Entwicklung geschieht

Wenn wir eine so überaus weise Instanz wie unsere Seele in uns tragen, weshalb ist das Leben dann, trotzdem manchmal derart anstrengend? Warum scheitern wir bei manchen unserer Vorhaben? Wie kann es passieren, dass wir in Situationen geraten, in denen wir weder ein noch aus wissen? Es wäre doch alles so einfach, wenn wir von Anfang an unser volles Potenzial leben könnten und wir schon im Vorhinein Schwierigkeiten entlang des Weges erkennen und ihnen rechtzeitig ausweichen könnten. Wenn unsere Seele über eine so umfassende Weisheit verfügt und eine höhere Ordnung existiert, wozu dann die vielen Umwege, Enttäuschungen und Krisen?

Die Antwort lautet nicht, dass die Seele einfach boshaft ist und ihre Freude daran hat, uns dabei zuzusehen, wie wir uns durchs Leben schlagen. Vielmehr will sie uns zu dieser Freude führen. Wir erleben sie, wenn wir an Herausforderungen wachsen, Rückschläge überwinden und unsere eigene Stärke und Kraft bewusster erleben. Wir empfinden es als erfüllend, nach einem anstrengenden Weg ans Ziel zu gelangen. Und es sind die zahlreichen Erfahrungen, die wir im Laufe unseres Lebens machen, die uns erkennen lassen, wer wir wirklich sind.

Der Sinn des Lebens besteht darin, zu sich selbst zu finden, zu erforschen, welche Fähigkeiten in uns stecken und welche Möglichkeiten das Leben bereithält. Es ist nicht im Sinne der Seele, dass wir von Anfang an bewusst wissen, was unsere Aufgabe ist und wie wir sie möglichst schnell und einfach erfüllen. Es gibt nicht nur den einen »richtigen« Weg. Aber es gibt eine richtige Richtung. In dieser stehen uns viele verschiedene Wege offen, um zum Ziel zu gelangen. Wir machen Erfahrungen und gewinnen daraus Erkenntnisse für den weiteren Weg. Auch wenn wir mitunter Zeiten erleben, in denen uns alles zu viel scheint, in denen wir am liebsten alle Verantwortung an eine andere (höhere) Instanz abgeben möchten, so erleben wir doch immer wieder auch tiefe Zufriedenheit und Freude, wenn wir Hindernisse aus eigener Kraft bewältigen, wenn wir selbst Entscheidungen treffen und ihre Konsequenzen erfahren, und wenn wir erleben, wie es uns gelingt, unseren Willen einzusetzen, um etwas zu erreichen. Wie langweilig wäre eine Reise, bei der wir im Vorhinein schon alles gesehen hätten und es nichts Neues mehr zu entdecken gäbe.

Der Prozess, in dem wir Schritt für Schritt erkennen, wer wir sind, in dem wir immer deutlicher unsere Bestimmung sehen und die Erfüllung erleben, die mit dem Erreichen echter Lebensziele verbunden ist, ist die wohl wertvollste Erfahrung, die wir als Menschen machen können. Wir reifen und wachsen, innerlich wie äußerlich. Mit jedem Mal, wenn wir unsere essenzielle Energie zum Ausdruck bringen und uns so bewusst unserem wahren Wesenskern nähern.

Diese Annäherung geschieht, indem wir die Stimmen von Intuition und innerer Wahrheit wahrnehmen. Die Seele führt uns, ohne uns gleich zu Beginn den ganzen Weg samt finalem Ziel aufzuzeigen. In einem intuitiven Impuls steckt nie eine ganze Liste von Dingen, die zu erledigen sind. Er ist einzig ein Hinweis dafür, was als Nächstes zu tun ist. Mag die Stimme der Seele im Vergleich zu anderen inneren Stimmen auch sehr subtil sein, so wäre es doch falsch zu glauben, dass sie es auf Dauer zulässt, ignoriert zu werden. Wenn sie eine Botschaft für uns hat, wird sie dafür sorgen, dass wir sie letztlich auch hören. Sie wird sicherstellen, dass wir irgendwann nicht mehr weghören können.

Einwände, Gegenargumente, Kritik oder Zweifel an dem, wozu die innere Führung uns rät, müssen nicht sofort im Keim erstickt werden. Wir können sie betrachten und unseren Verstand eine Weile damit beschäftigen. Wir können sie aber auch einfach so stehen lassen. Es ist unsere freie Entscheidung, wie wir damit umgehen. Doch sollten wir die Botschaften der Seele nicht auf Dauer zugunsten von Verstand, Angst & Co. zur Seite schieben, nur weil wir die anderen Stimmen deutlicher wahrnehmen. Wenn sich etwas gut und richtig anfühlt und uns mit Freude erfüllt, dann sollte kein einziges Argument und kein einziger Mensch auf dieser Welt uns wirklich davon abbringen können.

Der inneren Führung Raum geben

Wir können der Sprache der Seele leichter lauschen und mehr Vertrauen in ihre Hinweise entwickeln, wenn wir Rahmenbedingungen schaffen, die uns darin unterstützen. Zeit und die Bereitschaft loszulassen sind dabei die beiden wichtigsten Voraussetzungen.

Solange wir ständig versuchen, alles zu kontrollieren, alles nach unseren eigenen Vorstellungen zu gestalten, und immer wieder unsere gewohnten Programme abspielen, bieten wir unserer inneren Führung wenig Raum, sich auszudrücken. Festgefahrene Überzeugungen und sture Vorstellungen davon, wie das Leben zu sein hat, sind wie Scheuklappen. Sie machen es schwierig, die vielen Möglichkeiten und die bunte Vielfalt außerhalb unseres Blickfeldes zu erfassen.

Hinzu kommt nicht selten der Zeitdruck, unter den wir uns selbst setzen. Wir wollen, dass alles jetzt, sofort und gleich passiert. Und wir wollen, dass die Ergebnisse unserer Entscheidungen und Handlungen unmittelbar sichtbar werden. Anstatt abzuwarten und dem Leben die Chance zu geben, die richtigen Dinge zur richtigen Zeit zu uns zu bringen, greifen wir immer wieder ins Geschehen ein, versuchen, die Entwicklung voranzutreiben und nach unseren Vorstellungen zu lenken. So unterbrechen wir immer wieder den natürlichen Fluss des Lebens. Am Ende ärgern wir uns dann darüber, dass das Leben so mühsam ist.

Dabei müssen wir uns weder ununterbrochen den Kopf zerbrechen noch uns in wildem Aktionismus verlieren. Alles, was wir tun müssen, ist, auf die Hinweise in uns zu hören. Wenn wir spüren, dass etwas genau das Richtige für uns ist, wird es Zeit zu handeln. Wann immer wir ein Gefühl innerer Gewissheit empfinden, sollten wir diesem folgen. Sofern wir unsere Wahrnehmung für die Hinweise in uns öffnen, brauchen wir keine Angst zu haben, uns falsch zu entscheiden oder in die verkehrte Richtung zu laufen.

Wahrnehmung als Weg zu Vertrauen

Der Großteil unserer Wahrnehmung läuft unbewusst ab. Unser System ist ständig damit beschäftigt, Informationen und Sinneseindrücke zu sortieren, zu bewerten und zu filtern. Es konzentriert sich in erster Linie auf jene Informationen, die einem bereits vorhandenen unbewussten Programm entsprechen. Angesichts der Fülle der uns umgebenden Sinneseindrücke gibt es einen erheblichen Anteil an Informationen, die unberücksichtigt bleiben. Für diese Inhalte sind wir meist völlig blind. So kann es passieren, dass wir Dinge, die sich direkt vor unserer Nase befinden, einfach nicht wahrnehmen. Das bedeutet aber nicht, dass wir keinen Einfluss darauf haben, wohin unsere Wahrnehmung geht. Wir können mit unserer Aufmerksamkeit unseren Wahrnehmungsfilter anders ausrichten und gezielt erweitern. Denn durch bewusste Aufmerksamkeit definieren wir, welche Inhalte wichtig für uns sind. So signalisieren wir unserem Unterbewusstsein, dass sich auch außerhalb des gewohnten Rahmens für uns relevante Informationen befinden. Unser Wahrnehmungssystem ist dann auch für diese Inhalte offen, und leitet sie ebenfalls an unser Bewusstsein weiter.

Wie unser Filter aussieht, bestimmen Prägungen durch Erziehung und Gesellschaft, bisher Erlebtes sowie andererseits jene grundlegende Weltsicht, die wir bereits in dieses Leben mitgebracht haben. Ob nun vor allem übernommene oder ureigene Ansichten unsere unbewusste Wahrnehmung lenken, hängt davon ab, wie gut wir in Kontakt mit unserem wahren Wesenskern sind, wie vertraut uns die eigene innere Wahrheit ist und inwieweit es uns gelingt, übernommene Muster zu durchbrechen. Wir können nicht verhindern, dass wir während unserer Kindheit und Jugend Werte, Überzeugungen und sogar Ziele anderer als unsere eigenen abspeichern. Doch wir haben als Erwachsene die Möglichkeit, diese zu hinterfragen – und uns von jenen zu distanzieren, die nicht unserer persönlichen Wahrheit entsprechen.

Je achtsamer wir uns selbst beobachten, desto feiner wird unsere Wahrnehmung für Hinweise und Impulse, die uns entlang unseres ganz persönlichen Lebensweges unterstützen. Wir beginnen, Dinge in und um uns zu erkennen, die vorher verborgen waren. Dazu braucht es keine stundenlangen Übungen oder wochenlange Trainings. Ein paar achtsame Minuten täglich genügen, in denen wir unsere Aufmerksamkeit uns selbst widmen. Momente der Stille, in denen wir den Kontakt zu unserer Seele vertiefen. Wir werden überrascht feststellen, wie viele nützliche Hinweise wir ab dem Zeitpunkt bekommen, an dem wir unsere Scheuklappen ablegen. Wir spüren, worauf wir unsere Aufmerksamkeit lenken sollten. Sogenannte »zufällige« Ereignisse wie etwa die Begegnung mit einem bestimmten Menschen, die nützliche Information genau zum richtigen Zeitpunkt oder eine bisher nicht genutzte Möglichkeit entgehen uns dann nicht mehr. In unserem Bewusstsein entsteht immer mehr Raum für jene Sinneseindrücke, die tief in uns auf Resonanz stoßen.

Selektive Wahrnehmung

Wie viel Einfluss wir auf unsere Wahrnehmung haben, zeigen die unzähligen Beispiele selektiver Wahrnehmung, die jeder schon erlebt hat: Plötzlich sind die Straßen voll von Autos genau jener Marke, für die man sich soeben beim Autokauf entschieden hat, die Welt scheint von einem Tag auf den anderen voll von schwangeren Frauen und Müttern mit Babys zu sein – ab dem Tag nämlich, an dem man selbst erfährt, dass man ein Kind erwartet, oder man stößt überall in den Zeitungen und Nachrichten auf einmal auf Berichte zu jenem Thema, mit dem man sich selbst gerade intensiver beschäftigt.

Natürlich ist es nicht die Welt, die sich von einen Tag auf den anderen verändert hat. Verändert hat sich die Relevanz bestimmter Informationen für uns. Wir sind sensibler für sie geworden. Weder sind von einen Tag auf den anderen mehr Autos einer bestimmten Marke unterwegs, noch gibt es eine Explosion in der Geburtenstatistik. Einzig unsere individuelle Sicht auf die Welt ist anders.

Selektive Wahrnehmung ist auch der Grund dafür, weshalb sich viele Menschen von ihrem Bauchgefühl in so vielen Lebenslagen gut beraten fühlen. Das Bauchgefühl als Stimme des Unterbewusstseins hat seinen Ursprung in eben jener inneren Instanz, die auch für die Steuerung der Wahrnehmung zuständig ist. Somit überrascht es kaum, dass unser Bauchgefühl, sei es gut oder schlecht, zunächst einmal von unserer Wahrnehmung bestätigt wird. Wir erschaffen uns selbst die Bestätigung für unser Gefühl, weil unser Unbewusstes nur jene Inhalte zulässt, die zu unserem Gefühl passen. Alles andere ist mit unseren unbewussten Programmen nicht kompatibel und wird sofort ausgeblendet.

Haben wir zum Beispiel von Anfang an ein schlechtes Bauchgefühl bei einer Person, der wir begegnen, wird sich unsere Wahrnehmung ganz automatisch so ausrichten, dass wir nur die aus unserer Sicht negativen Dinge sehen und hören, die diese Person tut oder sagt. Alles andere wird von unserem Unterbewusstsein ausgefiltert. Es passt nicht zu unserer vorgefassten Meinung.

Diese Person kann unzählige nette Dinge tun und sagen, sie werden von uns kaum wahrgenommen. Und wenn doch, dann höchstens als eine Ausnahme von der Regel. Im Gegensatz zu jedem falschen Wort, jedem schiefen Blick und jeder unachtsamen Handlung, die von uns blitzschnell registriert und als Bestätigung für das von Anfang an schlechte Bauchgefühl herangezogen werden. Selbst wenn wir auf diesen Beweis Jahre warten müssen, irgendwann wird der Moment kommen, in dem wir sagen: »Diese Person war mir von Anfang an unsympathisch. Ich hatte gleich so ein komisches Gefühl ...« Wieder einmal haben wir erlebt, dass wir gut daran tun, uns auf unseren Bauch zu verlassen. Oder haben wir uns, bedingt durch Angst, festgefahrene Überzeugungen oder lange zurückliegende schlechte Erfahrungen, doch nur von unserer Wahrnehmung täuschen lassen?

Weshalb diese Person in uns unmittelbar ein unangenehmes Gefühl hervorgerufen hat, bleibt meist im Verborgenen. Es kann die Ähnlichkeit mit jemandem aus der Vergangenheit sein. Eine kleine Geste, die Stimmlage, die Umstände, unter denen wir diese Person kennengelernt haben, oder etwas ganz anderes. Was immer es ist, in den meisten Fällen werden wir nicht nachvollziehen können, weshalb eines unserer unbewussten Programme aktiviert wurde. Und darum geht es auch gar nicht. Viel wichtiger ist es, sich der Tatsache bewusst zu sein, dass unsere Wahrnehmung nicht objektiv ist und es die *eine* Wirklichkeit nicht gibt. Wir beurteilen Menschen und Ereignisse auf Basis jener Erfahrungen und Überzeugungen, die in unserem Unterbewusstsein gespeichert sind.

Wahrnehmung erweitern

Wahrnehmung läuft schnell ab. Sehr schnell sogar. Die damit einhergehende Bewertung ebenso. Wir können wenig tun, um diese automatische Bewertung zu verhindern. Was wir jedoch tun können, ist, sie zu hinterfragen. Welche inneren Überzeugungen bestimmen unsere Sicht auf die Welt? Unsere Wahrnehmungen spiegeln unser inneres Bild von der Welt wider. Entspricht dieses unserem wahren Wesenskern, oder projizieren wir übernommene Ansichten nach außen?

Nicht immer sollten wir dem ersten Eindruck vertrauen. Treten wir stattdessen einen Schritt zurück und blicken wir noch einmal aus einer anderen Perspektive auf Menschen und Ereignisse. Vielleicht entdecken wir so nicht nur neue Chancen und Möglichkeiten, die uns umgeben, sondern auch völlig neue Seiten an uns selbst.

Die Sprache unserer Seele verstehen wir umso besser, je entspannter und offener wir Dinge einfach zulassen können, sowohl in uns selbst als auch um uns herum. Öffnung für das Neue findet dann statt, wenn wir öfter aus dem Strom unserer Gedanken ausbrechen. Wenn wir ein paar Minuten, anfangs vielleicht sogar nur eine einzige, das Hier und Jetzt betrachten. Sinneseindrücke wie Farben, Geräusche und taktile Empfindungen wirklich wahrnehmen, den eigenen Körper bewusst spüren – schon kleine Momente der Achtsamkeit im Alltag werden dazu führen, dass unsere Wahrnehmung sensibler wird. Wo fällt mein Blick hin? Was kommt mir spontan in den Sinn? Wie fühle ich mich gerade? Aufmerksame Wahrnehmung taucht die Welt in ein neues Licht.

Manchmal meinen wir bereits alle nötigen Voraussetzungen geschaffen zu haben, um offen für die Hinweise unserer Seele zu sein. Wir sorgen für regelmäßige Momente der Stille, gehen in uns und nehmen uns selbst und unsere Umgebung aufmerksam wahr. Stets sind wir wachsam für Impulse, die eine Antwort auf unsere Fragen geben könnten. Dabei übersehen wir die Anspannung, mit der wir nach Zeichen suchen. Unsere eigene, sehr konkrete Vorstellung, wie ein Hinweis aussehen oder wie ein Ratschlag der Seele sich anfühlen sollte, führt dazu, dass wir die eigentlichen Botschaften nicht zur Kenntnis nehmen.

Möglicherweise haben wir eine so fest gefügte Vorstellung von unserem Ziel und dem unseres Erachtens einzig möglichen Weg dorthin, dass wir nicht bemerken, wie die Seele uns schon lange den Weg Richtung Ziel weist. Nur eben nicht entlang der von uns vordefinierten Route. Begrenzt durch unseren Intellekt berücksichtigen wir nur jene Möglichkeiten, die wir uns vorstellen und zumindest noch vage erklären können. Die ganze Vielfalt anderer Gelegenheiten und Chancen schließen wir von Vornherein aus, weil sie uns nicht in den Sinn kommen.

Sich führen lassen

Schritt für Schritt gehen statt langfristig vorausplanen, lautet die Devise. Es wird uns ohnehin nicht gelingen, immer alles vorherzusehen. Wer einen Berg besteigen möchte, hat das Ziel, am Gipfel anzukommen. Um dorthin zu gelangen, sollte die Aufmerksamkeit während des Aufstiegs aber auf den Weg und nicht auf den Gipfel gerichtet sein. Darauf, den nächsten Schritt zu tun, nicht zu stolpern, die richtige Abzweigung zu wählen, auf die eigenen Kraftreserven zu achten und wenn nötig eine Pause einzulegen. Irgendwann kommt man oben an und freut sich, das Ziel erreicht zu haben. Unabhängig davon, wie anstrengend der Weg gewesen sein mag. Stellenweise gab es vielleicht sogar den Gedanken, wieder umzukehren. Doch kontinuierliches Weitergehen hat einen letztlich dorthin gebracht, wo man hinwollte. Getragen vom natürlichen Verlauf des Weges, im Fluss mit dem, was beim Gehen auf einen zukommt.

Im Fluss sind wir dann, wenn wir nichts erzwingen wollen und Entscheidungen dann treffen, wenn sie anstehen. Weder ist es sinnvoll, lange im Voraus darüber nachzudenken, was wir täten, wenn dieses oder jenes passieren würde, noch ist es ratsam, in einer Entscheidungssituation zu lange zu zögern. Wer an einer Weggabelung steht, muss in diesem Moment entscheiden, welchen Weg er weitergeht. Auch die Impulse unserer inneren Führung lassen uns oft nicht viel Zeit, nachzudenken, Pro und Kontra abzuwägen oder die verschiedenen Möglichkeiten logisch zu analysieren.

Auch wenn wir bei großen Lebensentscheidungen nichts überstürzen sollten, fordern uns intuitive Impulse dennoch dazu auf, schnell und unmittelbar zu handeln. Anfangs zögern wir, dieser Aufforderung zu folgen. Noch lassen wir uns nicht voll und ganz auf diese Hinweise ein. Unser Vertrauen in die Botschaften der inneren Führung wächst erst allmählich. Wir lernen zu vertrauen, indem wir auch im Alltag häufiger zulassen, geführt zu werden. Am einfachsten beginnen wir mit kleineren Entscheidungen, deren Konsequenzen mehr oder weniger absehbar sind. Üben wir, dem ersten Impuls zu vertrauen und schneller zu entscheiden. Für welche Speise entscheide ich mich spontan im Restaurant? Worauf habe ich jetzt gerade Lust? Wo geht die nächste Urlaubsreise hin?

Je öfter wir in alltäglichen Situationen unserem ersten intuitiven Impuls folgen, desto erfahrener werden wir im Umgang mit den inneren Stimmen. Es wird zunehmend selbstverständlicher werden, nicht immer alles zu analysieren und im Kopf hin und her zu wenden. Dies schließt den Verstand und unsere Fähigkeit zu denken nicht aus. Ganz im Gegenteil. Innere Gewissheit kann nur dann entstehen, wenn Denken, Fühlen und Handeln zusammenpassen. Wir folgen einem Gefühl und setzen unseren Verstand dafür ein. Solange wir mit unseren Gedanken innere Empfindungen wegargumentieren wollen und rationale Überlegungen gegen unsere intuitiven Impulse stellen, werden wir uns nie wirklich ausgeglichen fühlen.

Jede der inneren Stimmen wählt eine andere Form, um mit uns in Kontakt zu treten. Gedanken, Körperempfindungen, Emotionen, Gefühle, Handlungsimpulse – oder eine Kombination daraus. Indem wir uns selbst genauer beobachten, verfeinern wir unsere Wahrnehmung. Und Wahrnehmung schafft Vertrauen. Sie ist die wichtigste Basis, nicht nur dafür, die Ratschläge unserer inneren Wegbegleiterinnen zu hören, sondern auch zu entscheiden, welchem davon wir letztlich folgen wollen.

Etappe 6 – Im Nebel

»Aus der Knospe der Verwirrung erwächst die Blüte der Verwunderung.«
Aus dem Sufismus

Mit Zuversicht haben wir begonnen, unseren Weg zu gehen. Haben begleitet von Sonnenschein die ersten Etappen hinter uns gebracht. Nichts und niemand ließ uns bisher an unserem Vorhaben – oder gar an uns selbst – zweifeln. Doch plötzlich passiert etwas.

Wir weigern uns weiterzugehen. Verharren, wo wir gerade sind. Fühlen uns nicht mehr in der Lage zu handeln oder klar zu denken. Etwas in uns bremst und hindert uns, den nächsten Schritt zu tun. Die Motivation, Kraft und Zielstrebigkeit, die wir kurz zuvor noch gespürt haben, sind wie weggeblasen. Stattdessen finden wir uns orientierungslos in dichtem Nebel wieder. Wir wissen nicht mehr, was wir wollen, ob wir das, was wir ursprünglich angestrebt hatten, noch begehren. Ziele, Wünsche, Fähigkeiten, Werte: Alles wird in Zweifel gezogen. Jedes Gefühl der Sicherheit ist wie weggeblasen. Wir hören in uns hinein, doch die Stimme der inneren Führung scheint verstummt zu sein. Wir fühlen uns alleine und verlassen.

Wann während unserer Reise Nebel aufzieht, lässt sich nicht vorhersagen. Manchmal sind dieser Nebel und das damit verbundene Gefühl des Stillstands der Grund, weshalb wir uns auf den Weg machen. In anderen Fällen erscheint er, während wir auf dem Weg sind. Und mitunter sogar erst, wenn das Ziel erreicht ist.

Der Nebel führt dazu, dass wir zögern, das zu tun, von dem wir wissen, dass wir es tun sollten. Die sorgenvollen Gedanken werden von Tag zu Tag mehr. Wir werden ängstlich, oft auch überängstlich, Weitergehen wird unmöglich. Viel zu groß ist die Angst, wir könnten uns völlig verlieren. Die einzige Lösung scheint das Verharren in der gegenwärtigen Situation zu sein.

Nebel ist immer ein Zeichen dafür, dass wir unser Tempo verlangsamen, achtsamer sein, genauer wahrnehmen und wenn nötig
auch einmal stehen bleiben und abwarten sollten. Er zieht häufig
dann auf, wenn wir zu schnell unterwegs waren, wenn wir uns Hals
über Kopf in ein Vorhaben gestürzt haben, ohne auf innere Impulse zu achten. Oder wenn wir drohen, von unserem Weg abzukom-
men, und mangels Klarsicht aufgefordert werden, innezuhalten und
unsere Route noch einmal zu überprüfen. Nebel zwingt uns, stehen
zu bleiben und abzuwarten, damit Dinge, deren Zeitpunkt noch
nicht gekommen ist, in und um uns reifen können.

In dieser Phase suggeriert uns vor allem unser Ego, dass wir etwas tun müssen, die Dinge anpacken und uns nicht so anstellen
sollen. Es kann das, was passiert, nicht einordnen. Und da es für
unser Ego kaum etwas Schlimmeres gibt, als die Kontrolle zu verlieren, setzt es uns unter Druck, möglichst schnell etwas zu unternehmen. Das Einzige, das wir allerdings tun können, ist abzuwarten, bis der Schleier sich wieder lichtet, und die Zeit bis dahin
für eine Pause zu nutzen, in der wir neue Energie für den weiteren
Weg tanken. In dem Moment, in dem die Stimme der Angst wieder
leiser wird und der Nebel sich aufzulösen beginnt, wird uns die
Stimme der inneren Führung den Hinweis für den nächsten Schritt
geben. Die eben noch vorherrschende Verwirrung wandelt sich in
neue Klarheit.

Der innere Wandel

Wandel und Wachstum passieren nicht von einem Tag auf den
anderen. Sie finden meist langsam und kontinuierlich statt. Je dicker
die Mauer ist, die wir um unser wahres Selbst aufgebaut haben, je
mehr Schichten an angepasster Persönlichkeit angelegt wurden und
je stärker wir uns mit dem Verstand gegen die innere und die damit
verbundene äußere Veränderung wehren, desto mehr Kraft muss
unsere Seele aufbringen, um uns auf den Wandel in uns aufmerksam zu machen. Dann erleben wir Wachstum nicht als beständigen

Prozess, sondern als Wachstumsschübe, die uns in unseren Grundfesten erschüttern.

Innerer Wandel wird in der Regel nicht durch äußere Umstände oder andere Menschen ausgelöst. Vieles von dem, was wir im Außen erleben, ist Folge innerer Veränderungsprozesse, die bereits einige Zeit zuvor begonnen haben. Das Aussehen verändert sich, bestehende Beziehungen werden einer neuen Prüfung unterzogen und manchmal auch aufgelöst, neue Erkenntnisse und Impulse zusammengeführt. Es entstehen neue Verbindungen – zu anderen Menschen und zu sich selbst. Mit dieser neuen Sicht auf die Welt, das Leben und vor allem uns selbst, müssen wir erst vertraut werden. Der Wandel führt zu einer neuen Verbundenheit mit dem eigenen Wesenskern.

Diese Phase der Veränderung unterscheidet sich von sogenannten »Lebenskrisen«, aus denen man zwar erleichtert, gestärkt und gereift hervorgeht, im Wesentlichen aber derselbe Mensch bleibt. Wenn die Seele nach Entfaltung strebt, zeigt sich dies in fundamentalen Veränderungen der eigenen Persönlichkeit und der Art, das Leben zu gestalten. Ein verwirrender Zustand, in dem das Vertrauen, dass sich alles so entwickelt, wie es sich entwickeln soll, und die Angst vor dem, was kommt, nebeneinander existieren. So irritierend diese Zeit auch sein mag, wir spüren in uns die Gewissheit, dass es keinen wirklichen Grund zur Sorge gibt.

Diese Phase des intensiven Wandels kann einige Wochen, Monate, ein Jahr oder sogar länger dauern. So lange eben, wie es nötig ist. Bis wir in uns die Voraussetzungen für den nächsten Schritt geschaffen haben.

Verwirrung

Wenn wir uns auf den Weg machen, marschieren wir direkt in ein Spannungsfeld zwischen dem, was unser Ich will, und dem, was unsere Seele vorhat. Unser Ich will erst mal nur eines: alles so beibehalten, wie es ist. Jede Veränderung birgt die Gefahr des Scheiterns, einen möglichen Verlust der sozialen Stellung oder das Aufgeben der liebgewonnenen Sicherheit in sich.

Damit auch unser Ich bereit ist, sich auf Neues einzulassen und aus der Komfortzone zu kommen, muss das angestrebte Ziel einen sehr hohen Belohnungswert haben. Der Vorteil des Neuen muss vom Ich um ein Vielfaches höher bewertet werden als das Bewahren und Verbleiben in der gegenwärtigen Situation. Oder der derzeitige Leidensdruck muss so unerträglich sein, dass es aus Sicht des Egos nur besser werden kann. Unser bewusstes Ich hat erst dann den Impuls, sich in Bewegung zu setzen, wenn die Veränderung entweder mehr Status oder Sicherheit verspricht oder dieser Schritt mit einem möglichst niedrigen Risiko verbunden ist.

Leider ist das im Leben aber nur sehr selten der Fall. Jede Veränderung bringt ein Risiko mit sich. Welche Konsequenzen sie haben wird, wissen wir immer erst im Nachhinein ganz genau. Und egal, wie vielversprechend die Aussichten auch sein mögen, erst rückblickend werden wir wirklich beurteilen können, ob tatsächlich alles so gekommen ist, wie wir uns das vorgestellt haben. Die absolute Sicherheit, nach der unser Ego strebt, gibt es nicht. In Zusammenhang mit Veränderung und Wandel schon gar nicht.

Wachstum und Veränderung sind wesentlich für unser Leben, dennoch ist es nicht möglich, sich ununterbrochen weiterzuentwickeln. Ebenso wichtig wie das Voranschreiten sind Zeiten der Pause, in denen die Dinge reifen können. Wandel bewirkt so viel in und um uns, dass das, was passiert, auch integriert werden will. Verwirrung und Orientierungslosigkeit dienen genau dazu. Sie sind eine Aufforderung, langsamer zu werden, auch einmal stehen zu bleiben und uns Zeit für Integration und Innenschau zu nehmen, um dann mit neu gewonnenen Einsichten den Weg weitergehen zu können.

Verwirrtheit ist ein Zeichen dafür, dass wir uns in einem grundlegenden Veränderungsprozess befinden, dessen Ziel die Annäherung an die eigene Essenz ist. Nur wer sich erst einmal auf das beängstigende Gefühl, nicht zu wissen, wohin der Weg führt, einlässt, kann darauf vertrauen, dass sich plötzliche Einsichten mittels Intuition oder Inspiration einstellen. Dann, wenn wir nicht mehr rational nachvollziehen können, was mit uns geschieht, wenn wir es aufgeben, eine Erklärung für das, was passiert, finden zu wollen, sind wir frei und offen für Impulse und Hinweise der inneren Führung.

Gegenwind

Wird der innere Wandel auch im Außen sichtbar, wird dies von unserer Umgebung nicht immer wohlwollend zur Kenntnis genommen. Der sichere Job in der Bank wird gekündigt, Haus und Hof verkauft, Ehen werden geschieden, und Beziehungen zu Freunden gehen in die Brüche. Die Veränderung der eigenen Persönlichkeit und in weiterer Folge des Lebensstils führt mitunter zu Kopfschütteln und Unverständnis im unmittelbaren Umfeld bis hin zum möglichen Verlust der gesellschaftlichen Anerkennung.

Als ich damals meinen gut bezahlten Job in der Privatwirtschaft kündigte, wurde ich mehr als einmal mit einem völlig verständnislosen Blick und der Frage, was ich denn stattdessen tun wolle, konfrontiert. Die Antwort lautete: Ich weiß es nicht. Über Monate hatte ich mit mir gekämpft, wusste nicht, was ich tun sollte. Ich hatte keine Ahnung, wohin mich mein Weg führen würde. Ich war mir noch nicht hundertprozentig sicher, ob ich den Schritt in die Selbstständigkeit wagen wollte, und noch weniger, mit welchem Angebot ich dies tun sollte. Nach Monaten der Verwirrung und der inneren Zerrissenheit zwischen meinem Impuls zu gehen und der Sicherheit, die mir dieser Job bot, spürte ich aber eines Tages die Gewissheit, kündigen zu müssen. Ich hatte zwar keine Vorstellung davon, wie es weitergehen würde, doch ich war zumindest zu der Entscheidung gekommen, dass es so nicht weitergehen konnte. Erst nachdem ich diesen Schritt gewagt hatte, zeigte sich der weitere Weg. Vorher war es mir nicht möglich gewesen, die verschiedenen Alternativen und Möglichkeiten vor mir zu sehen. Ich war zu sehr hin- und hergerissen zwischen dem Wunsch nach einer erfüllenderen Tätigkeit und der Angst, meine finanzielle Sicherheit zu verlieren. Zurufe von Außenstehenden, die meiner Angst noch mehr Aufwind gaben, machten den Entscheidungsprozess noch schwieriger für mich.

Trotz des Gegenwindes weiterzugehen ist nicht immer einfach. Je stärker zu diesem Zeitpunkt bereits die Verbindung zur eigenen Seele ist, desto selbstbewusster können wir dem Leben und den Einwänden anderer gegenübertreten. Oft erlebt das unmittelbare Umfeld eine solche Phase des Wandels viel mehr als Belastung als wir selbst. In dieser Zeit sind Kritik, Eifersucht, Ärger, Wut oder Schuldzuweisungen anderer nicht selten. Sie spüren, dass sich etwas verändert. Das schürt die eigenen Ängste. Aus Angst vor den Konsequenzen für sich selbst versuchen sie oftmals, uns auf unserem Weg aufzuhalten, verhindern Entwicklung, anstatt sie zu fördern, und üben mitunter starken Druck aus, damit auch weiterhin alles beim Alten bleibt. Diese Reaktionen sind verständlich, kann doch so manche Veränderung auch das Leben anderer Menschen völlig auf den Kopf stellen wie im Fall meines Klienten Gerhard, der seine Frau – trotz aller Liebe – verließ. Durch seine Entscheidung für ein anderes Leben wurde auch sie gezwungen, ihr Leben von Grund auf neu auszurichten.

Andere Menschen können uns aber gerade während dieser Phase der Verwirrung und Verunsicherung oft auch wichtige Impulse geben. Unsere Seele führt uns zu diesen Menschen. Zu jenen, von denen wir ehrliche Unterstützung bekommen, die uns helfen voranzukommen, ohne zu drängen, und für uns und das, was wir erleben, ehrliches Verständnis haben. Diese Personen müssen nicht immer Therapeuten oder Berater sein. Auch ein Mitglied der eigenen Familie, des Freundeskreises, oder jemand, den wir überhaupt erst in dieser Phase unseres Lebens kennenlernen, können zu wichtigen Wegbegleitern werden. Selbst ein Buch, der Besuch eines bestimmten Ortes, die Beschäftigung mit einem neuen Thema oder viel Rückzug vermögen manchmal Wunder zu wirken.

Nebel führt uns zu uns selbst

Auch wenn wir selbst oder andere dies manchmal so empfinden mögen, bei Nebelphasen handelt es sich nicht um einen depressiven Zustand im eigentlichen Sinn. Wir befinden uns in einem Prozess, der zwar zutiefst ängstigt und uns eine Zeit lang von der Außenwelt isoliert, gleichzeitig aber im Inneren etwas erweckt.

Der Nebel leistet einen wichtigen Beitrag in unserer Wandlung hin zu jener Person, die wir wirklich sind und zu jenem Leben, das uns voll und ganz entspricht. Verwirrung und Orientierungslosigkeit führen uns zurück zu unserem inneren Anker, zu jenem Teil in uns, der unberührt bleibt von äußeren Ereignissen. Sie fordern uns auf, mit unserer Essenz in Verbindung zu kommen. Wenn wir nicht mehr wissen was wir wollen, wie es weitergehen soll, und uns schon die kleinsten Erschütterungen völlig aus der Bahn werfen, gibt es nur einen Ort, an dem wir Stabilität und Halt finden – in uns selbst.

Phasen des Nebels sind anstrengend und kräfteraubend. Besonders dann, wenn wir sie nicht als Aufforderung betrachten unser Tempo zu verlangsamen, sondern weiterhin im gewohnten Rhythmus marschieren, obwohl wir den Weg schon lange nicht mehr sehen. Wir stolpern über Hindernisse, die wir nicht erkennen. Wir gehen im Kreis, verirren uns, oder laufen in die völlig falsche Richtung. Wir versuchen dem Nebel möglichst schnell wieder zu entkommen. Doch egal was wir tun, er will sich einfach nicht verziehen.

Der Fluchtimpuls in dieser Phase ist stark. Es erfordert Geduld und Stärke ihm zu widerstehen. Stattdessen stehen zu bleiben, abzuwarten und nicht nach einer schnellen Erleichterung im Außen zu suchen. Das Einzige was nun unsere gesamte Aufmerksamkeit verlangt, sind wir selbst.

Übung: Stehen bleiben

Bevor Sie weiterlesen, erlauben Sie sich einen Moment stehen zu bleiben. Richten Sie es sich an einem ruhigen Ort (das kann ein Platz in der Natur, Ihr Sofa, Ihr Bett oder das Lieblingszimmer sein) bequem ein. Gestalten Sie eine angenehme Atmosphäre, zum Beispiel mit Kerzen, Düften, Kissen oder Ähnlichem. Das Einzige, was es jetzt zu tun gibt, ist, zu sich zu kommen. Lenken Sie Ihre Aufmerksamkeit ganz auf sich selbst. Beobachten Sie Ihren Atem, nehmen Sie Ihren Körper wahr, lassen Sie Ihre Gedanken einfach vorüberziehen. Achten Sie auf Ihre Gefühle. Kommen Sie zur Ruhe.

Legen Sie Ihre Handflächen auf die Brust, dorthin, wo sich Ihr Herz befindet. Atmen Sie mindestens zehn Atemzüge in diese Stelle. Gehen Sie in Kontakt mit der Energie Ihres Herzens, mit der Liebe zu sich selbst. Spüren Sie die Wärme, die in Ihrer Herzgegend entsteht. Bleiben Sie mit Ihrer Aufmerksamkeit dort, so lange Sie es für richtig halten. Nehmen Sie sich so viel Zeit für sich, wie Sie es gerade brauchen.

In Kontakt mit Ihrer Herzenergie öffnen Sie den Zugang zu Ihrer Seele. Spüren Sie die Verbindung. In Ihrem essenziellen Kern finden Sie Ruhe. Dort finden Sie Vertrauen. Dort finden Sie Zuversicht. Jederzeit und immer.

Wann immer Sie das Gefühl haben, dass das Leben Ihnen zu viel abverlangt, oder Sie meinen, es würde Ihnen den Boden unter den Füßen wegziehen, nehmen Sie sich bewusst die Zeit, um wieder in Kontakt mit Ihrem innersten Kern zu kommen. Sie werden sehen, dass Sie sich danach gestärkt für den weiteren Weg fühlen.

Angst

Das eigene Potenzial zu entfalten verlangt meist auch, selbst gesetzte Grenzen zu überschreiten. Trotz aller Bereitschaft dazu und trotz der Gewissheit, dass wir auf dem richtigen Weg sind, spüren wir jedoch nicht nur Zuversicht. Da ist auch etwas anderes in uns. Angst.

Unsere Ängste sorgen oftmals dafür, dass Nebel aufzieht. Egal, mit wie viel Optimismus und Tatendrang wir den Weg begonnen haben: Gewohntes infrage zu stellen und sich auf Neues einzulassen, schürt unsere tiefsten Ängste. Ob wir uns dessen bewusst sind oder nicht. Je mehr wir versuchen, diese Angst zu leugnen, zu verdrängen oder uns davon abzulenken, desto mehr nimmt sie Besitz von uns.

Wir wollen sie nicht. Wer will schon Angst haben? Und dennoch begleitet sie uns ständig. Mal sind die Zusammenkünfte mit ihr intensiver, mal sind es flüchtige Begegnungen. Diejenigen, die meinen, nichts und niemand mache ihnen Angst, haben die größte Angst überhaupt: die Angst vor dem Empfinden der Angst.

Der Begriff »Angst« leitet sich vom lateinischen Wort für Enge ab. Diese Enge und Begrenzung erleben wir, sowohl auf geistiger wie auch auf körperlicher Ebene, wenn wir Angst haben. Angst lässt es nicht zu, dass wir uns locker und beschwingt fühlen. Wir sind angespannt, der Magen verkrampft sich, sie raubt uns den Atem, der gesamte Körper zieht sich zusammen. Gleiches geschieht mit den Gedanken. Wir können nicht mehr frei und unbefangen denken, verschiedene Möglichkeiten und Vorstellungen zulassen oder eine andere Perspektive einnehmen. Unser Denken ist stattdessen eng beschränkt. Die Gedanken bewegen sich oft stunden-, tage- oder wochenlang im Kreis, bis wir an nichts anderes mehr denken können als an die (vermeintliche) Bedrohung. Die Vorstellung von dem, was alles passieren könnte, wird so mächtig, dass irgendwann der Punkt kommt, an dem nichts mehr geht, an dem weder Handeln noch Denken möglich ist. Wir haben ein totales Blackout.

Glücklicherweise erleben wir Angst nicht immer so akut. Begleitet werden wir aber trotzdem ständig von ihr. Als unbewusster Antrieb gestaltet sie unser Leben wesentlich mit, ohne dass wir ihren Einfluss überhaupt bemerken. Wir sind so vertraut mit ihren Anweisungen, dass wir bei vielen Dingen, die wir tun und entscheiden, der Meinung sind, dem freien Willen und nicht der Angst zu folgen.

Körperliche Auswirkungen der Angst zeigen sich dann in Form regelmäßiger Beschwerden wie Verspannungen, Muskelkrämpfen, Bluthochdruck, Verdauungsstörungen oder Kurzatmigkeit. Langfristig können sie sogar zu chronischen Krankheiten führen. Die Wirkung der Angst auf unser Denken ist oft weniger offensichtlich.

Meist erleben wir das, was sie uns suggeriert, nicht als destruktiv, sondern im Gegenteil als besonders tugendhaft, wünschenswert und akzeptiert. Und in vielen Fällen ist es das tatsächlich auch.

Bei Ängsten geht es nicht darum, was wir tun. Die Frage ist, warum wir es tun. Welches Motiv steckt wirklich hinter unserem Verhalten? Hinter die Maske der Angst zu blicken, verlangt, ehrlich zu sich selbst zu sein. Es ist schmerzhaft, zu erkennen, dass das Streben nach Perfektionismus Ausdruck einer tiefsitzenden Angst davor ist, nicht gut genug zu sein. Wenn wir uns bemühen, alles tadellos und fehlerfrei zu erledigen und fleißiger als alle anderen zu sein, soll das in Wahrheit die Angst vor Unzulänglichkeit kaschieren. Niemand soll denken, uns könnte irgendetwas nicht gelingen.

Ebenso ernüchternd mag die Erkenntnis sein, dass die Zielstrebigkeit, die alle anderen und auch wir selbst so an uns bewundern, eigentlich nur dazu dient, die eigene Angst vor Kontrollverlust zu beruhigen. Eine tiefe Furcht vor Veränderung und der Unberechenbarkeit des Lebens kann sich darin äußern, dass neue Vorhaben entschlossen angegangen und Entscheidungen besonders schnell getroffen werden. Tatsächlich sind Selbstsicherheit und Entscheidungsfreudigkeit in diesem Fall jedoch lediglich Ausdruck des Bedürfnisses, so schnell wie möglich durch den Zustand der Unsicherheit zu tauchen, um wieder ein Gefühl der Kontrolle herzustellen.

Die Angst, er könnte etwas versäumen, lässt Anton, einen Freund von mir, schon seit Jahren von einer Weiterbildung zur nächsten hetzen. In den verschiedensten Bereichen absolviert er einen Kurs nach dem anderen. Immer etwas Neues lernen zu wollen ist an sich eine durchaus lobenswerte Einstellung. Doch fehlt ihm jegliche Orientierung, was er mit all seinem Wissen und den erlernten Fähigkeiten anfangen soll. Am Ende liegen sie brach. Er macht Weiterbildungen, um bessere Chancen am Jobmarkt zu haben, meint aber, dass er eigentlich keinen Angestelltenposten wolle. In diversen Diplomlehrgängen lässt er sich vom Fitnesstrainer bis zum Grafikdesigner in den verschiedensten Fachrichtungen ausbilden, ohne zu wissen, was er danach mit dem Diplom vorhat.

Anstatt mit dem breiten Wissen und der großen Erfahrung, die er bereits hat, seinen beruflichen Weg zu verfolgen, stürzt er sich von einer Ausbildung in die andere, spricht noch vor Abschluss des Kurses von weiteren Plänen und ist unzufrieden, weil ihm jede Idee fehlt, was er mit all seinen Kenntnissen anfangen möchte. Zu unüberschaubar sind die Möglichkeiten, zu vielfältig die Interessen. Immer wieder plagt ihn das Gefühl, dass er etwas verpassen könnte, wenn er einen bestimmten Kurs nicht macht. Eine an sich positive Bereitschaft, Neues zu lernen, wird so zu einer rastlosen Jagd nach Diplomen und Zeugnissen.

Das bedeutet nicht, dass jeder, der sich auf verschiedenen Gebieten fortbildet, Dinge gut machen will oder schnell Entscheidungen trifft, immer aus der Angst heraus agiert. Diese Beispiele zeigen aber, dass Ängste in vielen Facetten auftreten können. Oft agieren sie so raffiniert, dass weder wir noch andere auf den ersten Blick erkennen können, welches Motiv in Wahrheit hinter unserem Denken und Handeln steckt.

Angst ist ein Schutz

Das Wort »Angst« an sich löst bei vielen Menschen schon Angst aus. Im täglichen Sprachgebrauch vermeiden oder umschreiben wir diesen Begriff daher oftmals – oder ersetzen ihn durch ein allgemein akzeptiertes Wort, das weniger Angst macht. Innerer Antrieb, Schatten, Sorge oder Bedenken mögen zwar nicht so bedrohlich klingen, ändern aber letztlich nichts daran, dass es weiterhin um das Thema Angst geht. Wie sollen wir lernen, mit unseren Ängsten umzugehen, wenn wir sie noch nicht mal beim Namen nennen wollen?

So negativ wir Angst meist auch bewerten, ihre ursprüngliche Funktion ist durch und durch positiv: Sie will unser Überleben sichern. Besonders in den Anfängen der Menschheit hat sie unsere frühen Vorfahren davor bewahrt, das eigene Leben leichtfertig zu riskieren. Sie warnte vor Gefahren und unterstützte darin, Energie zur Verteidigung des eigenen Lebens freizusetzen. Ihre Schutzfunktion hat sie bis in die heutige Zeit behalten. Zwar sind wir nicht mehr ständig lebensgefährlichen Bedrohungen ausgesetzt, schützen will uns die Angst aber immer noch. Leider auch vor jenen Dingen, die eigentlich keine Gefahr darstellen.

Auch von ihrer starken Kraft hat sie nichts verloren. Daher erleben wir sie im Alltag mitunter als unverhältnismäßig groß und fühlen uns von ihr wie gelähmt. Wir können nicht ändern, dass wir uns ängstigen, so groß die Sehnsucht nach einem völlig angstfreien Dasein auch sein mag. Wir können aber unseren Umgang mit der Angst verändern. Durch bewusste Beschäftigung mit ihr haben wir die Möglichkeit, sie zu mildern und, wenn wir das wollen, sie auch zu überwinden.

Unsere Ängste können uns aufhalten oder voranbringen. Meist tun sie beides. Solange sie uns beherrschen, werden wir kaum vorankommen. Wir wagen es nicht, den nächsten notwendigen Schritt zu tun, aus Angst vor dem Ungewissen, einer möglichen Verletzung oder Enttäuschung, oder davor, eine falsche Wahl zu treffen. Manchmal ist es gut, Angst zu haben. Sie ist eine Einladung, genauer hinzusehen. Wovor haben wir wirklich Angst? Und was können wir tun, damit uns der nächste Schritt leichter fällt?

Die eigene Angst anzuerkennen und sich eingehender mit ihr zu beschäftigen, ist ein zentraler Schritt zum Verständnis unseres eigenen Denkens und Handelns. Zu verstehen, was uns aufhält, welche unbewussten Muster wirken und wie sich die Angst auf uns auswirkt, befreit uns zunehmend von ihrer Herrschaft. Angst haben wir auch weiterhin. Doch wir nehmen sie bewusst wahr und können uns mit ihr auseinandersetzen. Dann gibt nicht die Angst den Weg vor, sondern wir entscheiden selbst, wie wir unser Leben gestalten wollen.

Solange wir uns nicht eingestehen, dass unsere Gedanken und unser Handeln der Angst folgen, tun wir vieles nicht aus echter innerer Überzeugung, sondern um uns kurzfristig besser zu fühlen. Zu tun, was die Angst rät, erleichtert und entspannt. Allerdings nicht lange. Denn kaum ist der wohltuende Effekt vorbei, folgt der nächste Angstimpuls. Unsere Angst treibt uns voran, ohne uns je wirklich zu Erfüllung und Freude zu führen.

Die Angst im Licht

Angst versteckt sich gerne im Dunkeln. Solange sie im Verborgenen bleibt, kann sie ungehindert Einfluss auf uns nehmen. Richten wir unsere Wahrnehmung auf die Motive hinter unserem Denken, Fühlen und Handeln, leuchten wir wie mit einem Scheinwerfer den Raum aus, in dem sich unsere Ängste so gerne verstecken. Alleine dadurch verlieren sie viel von ihrem Schrecken und ihrer Macht.

Wenn wir beginnen, unsere Ängste genauer zu betrachten, werden wir einige von ihnen relativ leicht ausmachen können. Wir haben im Laufe unseres Lebens bereits mehr als einmal Bekanntschaft mit ihnen gemacht. Angst vor Prüfungen, Angst, vor einer großen Gruppe von Menschen zu sprechen, Angst davor, verlassen oder betrogen zu werden, Angst vor Spinnen, Schlangen und anderem Getier oder Höhenangst. Sie begleiten uns, seit wir denken können, und wir haben einen Weg gefunden, mit ihnen zu leben. Wir gestalten unseren Alltag so, dass wir Situationen, in denen wir mit unserer Angst konfrontiert werden könnten, möglichst vermeiden. Schließlich kommt man ja auch ganz gut durchs Leben, ohne einen Vortrag vor großem Publikum zu halten. Auch alleine lebt es sich gut, in der Gewissheit, nie verlassen werden zu können. Und auf Leitern, Dächer oder Türme sollen andere klettern.

Bewusste Ängste können bewusst umgangen werden. Weil wir um sie wissen, haben wir eine Strategie entwickelt, mit ihnen umzugehen. Inwieweit wir mit dem Vermeiden der Angst auch vermeiden, uns voll und ganz auf das Leben einzulassen, steht auf einem anderen Blatt. Eine Ausbildung nicht zu machen aus Angst, die Abschlussprüfung nicht zu bestehen, oder andere Menschen auf Distanz zu halten, um nicht der Gefahr des Verlassenwerdens ausgesetzt zu sein, mögen zwar erfolgreiche Angstvermeidungsstrategien sein, sie verhindern gleichzeitig aber auch die schönen Erfahrungen, die mit dem erfolgreichen Bestehen einer Prüfung oder einer partnerschaftlichen Beziehung verbunden sind.

Die Wurzel unserer Ängste

Die Wurzel dieser bewussten Ängste liegt in der Regel sehr tief in unserem Unbewussten verborgen. Was wir sehen, wenn wir unsere Prüfungs-, Beziehungs- oder Höhenangst betrachten, ist nur die Spitze des Eisbergs. Die Grundangst, die die Basis für unsere bewussten Ängste bildet, bleibt im Verborgenen. Sie wirkt nicht nur auf unser Denken und Handeln. Sie bestimmt wesentlich mit, wie wir die Welt sehen.

Und sie steuert uns völlig unbemerkt. Selbst wenn wir sie entdecken, werden wir uns ihrem Einfluss nie völlig entziehen können. Sie bildet die Wurzeln und den Stamm unseres inneren Angstbaumes. Wir erleben diese essenziellen Grundängste in der Regel weder als hinderlich noch als störend. Sie sind uns mit ihren Auswirkungen auf uns und unser Leben so vertraut, dass wir sie nicht als Angst erkennen und auch nie so bezeichnen würden. Im Gegenteil. Viele Handlungen und Ansichten, die auf diesen Grundängsten basieren, empfinden wir als logisch und normal. Daher wundern wir uns immer wieder über andere Menschen, die sich aufgrund eines anderen Grundangstfundaments völlig anders verhalten, ganz andere Bedürfnisse haben und Prioritäten anders setzen.

Diese tief sitzenden Angstantriebe aufzuspüren, ist ein längerer Prozess. Um die Wurzel vieler unserer vertrauten Bewältigungsstrategien freizulegen, ist es notwendig, die darüber liegenden Schichten abzubauen. Und weil wir es hier mit unseren grundlegendsten Ängsten zu tun haben, kann ein solcher Vorgang nur sehr langsam und behutsam geschehen.

Glaubenssätze, Bedürfnisse, Verhaltensweisen, viele davon haben ihren Ursprung in einer unserer Grundängste. Wir mögen zwar nicht wissen, welche Angst sich dahinter verbirgt, doch zumindest sind sie uns bewusst. Und das ist eine wichtige Voraussetzung, um mehr in die Tiefe zu gehen und nach den Antrieben und Motiven dahinter zu forschen. Steckt unsere Angst dahinter, können wir unser Potenzial nicht voll und ganz entfalten. Wenn wir im Leben nicht dorthin kommen, wo wir eigentlich gerne hinwürden, und das Gefühl haben, uns selbst im Weg zu stehen, wäre das ein guter Hinweis, einmal genauer hinzusehen. Welchem Antrieb folgen wir gerade?

Übung: Die bisherige Angststrategie

Welchen Antrieben folgen Sie? Wagen Sie einen Blick hinter Ihr Denken und Handeln. Wo könnte eine Angst dahinterstecken? Und was macht Ihnen Angst? Die folgenden Fragen sollen Sie unterstützen, Ihre Ängste besser kennenzulernen. Ich empfehle Ihnen, diese Übung schriftlich zu machen. Es ist leichter, Geschriebenes aus der Distanz zu betrachten und zu analysieren, als sich nur Gedanken zu machen, ohne diese festzuhalten.

- **Wovor habe ich Angst? Was sind meine Befürchtungen?**
  Schreiben Sie alle Ihre Gedanken dazu auf. Denken Sie auch an Situationen in der Vergangenheit, in denen Sie Ihre Angst gespürt haben.
- **In welchen Situationen zeigt sich meine Angst? Woran erkenne ich, dass ich Angst habe?**
  Beschreiben Sie möglichst genau Situationen und Ereignisse, die Ihnen bisher Angst gemacht haben. Die Details helfen Ihnen, genauer zu identifizieren, welche Faktoren Ihre Angst auslösen.
- **Welche Gedanken tauchen in meinem Kopf auf**?
  Notieren Sie, sofern Sie sich noch daran erinnern können, was in Ihrem Kopf in solchen Angstsituationen vorging bzw. welche Gedanken auftauchen, wenn Sie sich ein bestimmtes Angst auslösendes Szenario vorstellen (z. B. eine Prüfungssituation, ein schwieriges Gespräch,

eine Operation, ein Streit, eine Trennung, ein finanzieller Verlust, ein Jobwechsel ...).

- **Wie fühle ich mich? Wo im Körper spüre ich meine Angst?**
  Spüren Sie bewusst, welche körperlichen Reaktionen schon alleine die Gedanken an bestimmte Situationen in Ihnen auslösen.

- **Wie bin ich bisher mit meiner Angst umgegangen? Was tue ich, wenn ich Angst habe?**
  Angstbewältigungsstrategien sind mitunter sehr kreativ. Zu den häufigsten zählen Flucht, Rückzug, Angriff, Auseinandersetzung, Unterwerfung und Manipulation.

- **Was an meinem Verhalten war hilfreich und hat zu einer Erleichterung geführt? Und was hat mir eher geschadet?**
  Überlegen Sie, was Sie üblicherweise tun, um Ihre Angst zu mildern. Vielleicht werden Sie körperlich aktiv und machen Sport, oder Sie sprechen mit jemandem über Ihre Angst oder Sie lenken sich ab, sei es mit einem Hobby, viel Arbeit oder sogar Suchtmitteln (z. B. Alkohol).

- **Was hat mir langfristig wirklich geholfen? Und welche Verhaltensweisen waren zwar kurzfristig entlastend, haben aber bald wieder in eine ähnliche Situation geführt?**

Wenn Sie sich die Zeit nehmen und ehrlich auf Ihre Ängste und Ihren Umgang damit blicken, werden Sie sowohl Verhaltensweisen finden, die sich bewährt haben (und vielleicht auch weiterhin bewähren werden), als auch Taktiken erkennen, die Sie weder vorangebracht, noch wirklich erleichtert haben. Vielleicht hat die eine oder andere Reaktion alles nur noch schlimmer gemacht. Oft ist das dann der Fall, wenn eine Gedankenspirale entsteht, die ein immer negativeres und dramatischeres Bild von dem zeichnet, was alles passieren könnte; sie führt nicht aus der Angst heraus, sondern nur noch tiefer hinein.

Vergessen Sie nicht, dass jede Angststrategie zu einem bestimmten Zeitpunkt Ihres Lebens wichtig und sinnvoll war. Schon alleine deshalb sollten Sie nie einfach so über sie hinwegsteigen. Erkennen Sie jedoch eine Strategie, die sich im Laufe der Jahre eher in ein Hindernis verwandelt hat, sollten Sie sich bewusster damit beschäftigen. Nehmen Sie immer wieder eine neutrale Beobachterperspektive ein und fragen Sie sich, ob man ein gewisses Ereignis auch anders betrachten könnte. Was ist objektiv passiert bzw. kann objektiv wirklich passieren? Wie würde jemand anderer die Situation beurteilen?

Lernen Sie also Ihre Ängste kennen und betrachten Sie Ihre angstmotivierten Reaktionen aus der Perspektive eines neutralen Beobachters. Was ändert sich dadurch? Welche neuen Sichtweisen tun sich auf? Nehmen Sie Gedanken und Verhaltensweisen bewusster wahr, hinter denen sich Ihre Ängste verbergen könnten. Und hinterfragen Sie Ihre bisherigen Bewältigungsstrategien. Sind sie immer noch angemessen? Bringen Sie sie auf Ihrem Weg voran?

Angst ist kreativ

Wer beginnt, sich auf die Spur der eigenen Ängste zu machen, wird ganz schön ins Staunen kommen, welche Ausdrucksformen sie annehmen können, wie erfinderisch sie darin sind, uns zu beeinflussen, und wie angstfrei wir in Situationen zu sein glauben, in denen die Angst besonders groß ist. Die bewusste Beschäftigung mit unseren Ängsten wird uns zeigen, dass wir in der einen oder anderen Situation doch nicht so reinen Herzens agiert haben, wie wir dachten, und vieles von dem, was wir in der Vergangenheit getan haben, nur dazu diente, die eigene Angst zu kaschieren.

Ängste beeinflussen nicht nur unser Denken, Fühlen und Handeln. Sie wirken vor allem auch auf unsere Wahrnehmung. Sie sorgen dafür, dass wir die Welt so betrachten, wie sie unserer Angststruktur entspricht. Was wir sehen und erleben, bestätigt unsere Angst. Diese Bestätigung gibt uns die Sicherheit, dass die Art, wie wir denken und uns verhalten, die einzig richtige ist. Genau diese

Sicherheit brauchen wir, um trotz unserer Ängste handlungsfähig zu bleiben.

Beginnen wir nun, uns mehr mit unseren Ängsten auseinanderzusetzen, rütteln wir an diesem Gerüst der angstsuggerierten Sicherheit. Dinge, die wir getan, und Entscheidungen, die wir getroffen haben, wirken in diesem neuen Licht dann vielleicht nicht mehr ganz so überzeugend. Bevor wir uns daran machen, ein Fundament abzubauen – auch wenn es jenes der Angst ist –, sollten wir allerdings wissen, wo wir Stabilität und Halt finden. Dann können wir hinter ihre Fassade blicken, ihren Einfluss erkennen und unseren Weg auch dann verfolgen, wenn die Angst sich aufbäumt und uns zur Umkehr zwingen will. In diesen Momenten bedeutet Stärke nicht, die eigenen Ängste ohne Wenn und Aber zu überwinden oder sich waghalsig auf das nächste Vorhaben zu stürzen, ohne ihre Einwände zu berücksichtigen, sondern innezuhalten und den Nebel, der soeben aufgezogen ist, zu nutzen, um die Bedenken, Befürchtungen und Sorgen ins Blickfeld zu holen und abzuwägen. Die sichere Basis, die wir dazu benötigen, entsteht durch guten Kontakt zu unserem seelischen Kern.

Mit der Angst umgehen lernen

Gerade hier liegt die Herausforderung: einen bewussten Kontakt zu unserer Seele herzustellen, wenn unser Angstniveau hoch ist. Denn dann nehmen wir außer unseren Ängsten kaum etwas anderes wahr. Angst engt ein und begrenzt. In einem solchen Zustand ist es kaum möglich, sich so weit zu öffnen und zu entspannen, dass die Botschaften der inneren Führung unser Bewusstsein erreichen. Unsere Angst ist so laut, dass nichts anderes zu uns durchdringen kann. Erst, wenn die Stimme der Angst mehr in den Hintergrund tritt, haben auch andere innere Instanzen die Möglichkeit, sich Gehör zu verschaffen.

Eine Strategie, die nun viele wählen, ist die, gegen die eigenen Ängste anzukämpfen, mit dem Ergebnis, dass sich die Ängste durch den Widerstand meist noch viel mächtiger anfühlen. Wir können unsere Ängste nur dann mildern, wenn wir sie erst einmal annehmen und anerkennen, dass sie da sind. Wenn wir akzeptieren, dass sie ein Teil von uns sind. Wenn wir Verständnis für uns selbst aufbringen und uns zugestehen, Angst zu haben.

Das Leben führt uns immer wieder direkt zu Ereignissen und Menschen, die unsere Ängste schüren. Erst dadurch haben wir die Möglichkeit, sie zu betrachten, uns ihnen ganz bewusst zu widmen, neue Erkenntnisse über uns selbst zu gewinnen und uns von den Automatismen der Angst ein wenig zu befreien. In unserer Angst steckt viel Kraft und Energie. Durch eine bewusste Auseinandersetzung mit ihr können wir etwas von dieser Kraft in eine Ressource verwandeln, die uns auf unserem Weg voranbringt.

Angst verschwindet nicht von einem Moment auf den anderen. Wir können ihren Pegel nur nach und nach reduzieren. Es gibt kein Patentrezept, wie man am besten mit seiner Angst umgeht. Der individuelle Zugang wird sich nach der jeweiligen Persönlichkeit, den zur Verfügung stehenden Möglichkeiten sowie der Art der Angst richten. Vielen hilft es, mit jemandem über die eigenen Ängste zu sprechen. Sei es im Rahmen einer Therapie oder eines Coachings oder während des Gesprächs mit einer guten Freundin. Einmal laut auszusprechen, dass wir Angst haben, setzt oft schon einen Prozess der Angstmilderung in Gang.

Andere Menschen können uns darin unterstützen, eine neue Sichtweise einzunehmen, und uns auf Aspekte hinweisen, die wir selbst, geblendet von unserer Angst, nicht sehen. Ein neuer Blickwinkel auf die individuellen Ängste führt nicht nur zu einem besseren Verständnis für die eigenen Reaktionen, sondern oft auch ganz automatisch zu einer völlig neuen Art, damit umzugehen.

Mentale Techniken sind ebenfalls eine Hilfe. Mit unserer geistigen Vorstellungskraft ist es möglich, unsere eigenen Grenzen zu überwinden. Positive Affirmationen, übertrieben scheinende Fantasiebilder, in denen wir uns völlig angstfrei sehen, oder das bewusste Anhalten gedanklicher Angstspiralen reduzieren die Angst vor der Angst und geben uns wieder ein Gefühl der Kontrolle. Die Vorstellungen, die unsere Angst von dem erzeugt, was alles passieren könnte und welche Gefahren uns möglicherweise drohen, haben mit der Realität oft nicht viel zu tun. In diesem Fall sind Verstand und Rationalität wertvolle Helfer, um zu analysieren, wovor wir uns wirklich fürchten. Was ist die größte Schwierigkeit? Was macht uns wirklich Angst? Und welche Möglichkeiten haben wir, die Umstände so zu gestalten, dass sie uns weniger ängstigen?

Auch kann es hilfreich sein, sich einmal das Worst-Case-Szenario vorzustellen, sich also zu überlegen, was das Schlimmste wäre, das – realistisch betrachtet – passieren könnte. Was würden wir dann tun? Wie würden wir uns verhalten, wenn es tatsächlich so käme? Diese gedankliche Beschäftigung könnte zu der Erkenntnis führen, dass im Grunde nichts passieren kann, dem wir nicht gewachsen wären. Und wenn wir ehrlich sind, dann ist die Wahrscheinlichkeit, dass es tatsächlich passiert, äußerst gering. Der Film, den die Angst in unserem Kopf erzeugt, ist meist wesentlich abenteuerlicher, als das wahre Leben es je sein könnte.

Zusätzlich zur geistigen Beschäftigung mit der Angst bieten Körperarbeit und energetische Behandlungen eine gute Unterstützung. Schließlich erleben wir unsere Angst nicht nur im Kopf. Wir spüren sie sehr deutlich auch in unserem Körper. Ängste lassen sich nicht gerne berühren. Wenn wir ihren Sitz im Körper aufspüren und diesen Stellen bewusste Aufmerksamkeit schenken, zieht sich die Angst oft ziemlich bald zurück.

Angst ist wie ein Bleigewicht, das uns am Fliegen hindert. Wollen wir dieses Gewicht nicht ein Leben lang mit uns herumtragen, ist es an der Zeit, einen ehrlichen Blick auf das zu werfen, was uns ängstigt. Dann sind wir offen für neue Möglichkeiten und Impulse, und bereit, den nächsten Schritt zu tun.

Zweifel

Wir sind in der Lage, uns wahrzunehmen, uns von außen zu betrachten und mit uns selbst einen inneren Dialog zu führen. Das bietet uns die Möglichkeit, unser Denken, Fühlen und Handeln zu analysieren. In dieser Fähigkeit zur Selbstbeobachtung und -analyse steckt Gefahr und Potenzial zugleich. Sie bietet uns die Möglichkeit, an dem, was wir wahrnehmen, zu zweifeln, Wünsche, Ziele und natürlich auch uns selbst zu hinterfragen und neue Erkenntnisse über uns selbst zu gewinnen. Reflektieren wir zu viel, nehmen Zweifel und Zögern schnell überhand und blockieren uns. Dann beginnen wir, unseren eigenen Impulsen zu misstrauen, und verlieren uns im Nachdenken und Noch-einmal-darüber-Nachdenken, bis wir nicht mehr so genau wissen, was eigentlich unser ursprüngliches Anliegen war.

Zweifel können allerdings auch hilfreich sein und uns stärken. In der Erkundung, wer wir sind und was wir wollen, können wir sie dazu nutzen, tiefer zu blicken und über die Grenzen des Offensichtlichen zu gehen. Was macht mich aus? Was ist meine innere Wahrheit? Was ist der richtige Weg für mich? Was lasse ich los? War denn nicht alles in Ordnung in meinem bisherigen Leben? Warum tue ich mir das an?

Wichtige Fragen, die dazu einladen, sich in Ruhe mit ihnen zu beschäftigen. Zweifeln tut manchmal gut. Besonders dann, wenn aufgrund eines ersten Fluchtimpulses ein Weg begonnen wird, ohne so genau zu wissen, warum. Wir sind dann möglicherweise so fest auf ein Vorhaben fixiert, dass wir uns nicht trauen, diese Fragen zu stellen. Zu sehr könnten die Antworten die Sicherheit, in der wir uns wiegen, erschüttern. Der stärkende Zweifel fordert immer wieder zu einer Überprüfung von Denken, Fühlen und Handeln sowie von Zielen und Werten auf. Er will erkennen, was sich hinter einem Impuls verbirgt. Und er will nur jenen Antrieben folgen, die uns auf unserem Weg wirklich voranbringen.

Im Gegensatz dazu steht jener Zweifel, der uns schwächt. Er lässt uns vor den einfachsten Handlungen zurückschrecken und redet uns immer wieder ein, dass es ja doch keinen Sinn hätte. Diese Art von Zweifel nagt an unserem Selbstvertrauen, leugnet unsere innere Größe, und hüllt alles in einen dichten Nebel. Jede Erkenntnis oder Idee verliert durch ihn schnell an Glanz.

Während der stärkende Zweifel Fragen stellt, neigt der schwächende Zweifel zu (vermeintlich wahren) Behauptungen. *Wenn ich meinen Weg gehe, verletze ich lieb gewonnene Menschen. Ich muss hart arbeiten, um glücklich zu sein. Ich verliere vielleicht mehr, als ich gewinne. Die anderen werden mich für egoistisch halten. Ich werde scheitern. Ich bin noch nicht so weit.* Solche und ähnliche Gedanken produziert unser bewusstes Ich, um zu verhindern, dass wir einen Weg gehen, der abseits gewohnter Pfade verläuft.

Schwächende Zweifel werden oft auch durch andere Menschen aktiviert. Sie verstärken mit ihrer Kritik und ihren Einwänden unsere eigenen Bedenken. Sie treffen mit ihren Fragen und Äußerungen oftmals sehr zielsicher unseren wunden Punkt. Denn auch in uns gibt es Gegenstimmen. Wir wollen sie uns aber nicht eingestehen. Schließlich wollen wir optimistisch einen neuen Weg gehen. Gelingt es uns nicht, der Kritik anderer Menschen neutral und emotionslos zu begegnen, sondern reagieren wir mit Wut, Ärger oder Trauer, ist das ein Zeichen, noch einmal genauer hinzuspüren. Etwas in uns (vielleicht unsere eigene Angst?) hat auf die Äußerungen der anderen stark reagiert. Sind wir doch noch nicht ganz von unserem Vorhaben überzeugt?

Zweifel werden im Laufe unseres Lebens immer wieder auftauchen. Stärkende wie schwächende. Wir werden regelmäßig an einen Punkt kommen, an dem sich die Frage stellt: »Weitergehen oder Aufhören?« Vielleicht, weil wir ein Stück von unserem Weg abgekommen sind. Andere Male wird diese Frage Ausdruck unserer Angst sein. Wo immer der Ursprung unserer Zweifel liegt, wir sollten sie nie einfach nur zur Seite schieben. Ansonsten könnten wir Gefahr laufen, uns in eine fixe Vorstellung zu verbeißen, ohne zu überprüfen, was für uns wirklich das Richtige ist.

Anstrengen und Mühe geben

Auf unserem Weg sind viele Wendungen für uns weder vorhersehbar noch vorstellbar. Ein Grund mehr, auftretenden Zweifeln und Bedenken mit Offenheit zu begegnen und zu beobachten, welche Wirkung sie auf uns haben. Stärken und ermutigen sie unser Vorankommen, weil wir durch sie neue Erkenntnisse über uns selbst und unser Leben gewinnen? Oder ängstigen sie uns – bis hin zur völligen Lähmung, die jedes weitere Voranschreiten unmöglich macht?

Welche Zweifel hilfreich sind und welche uns blockieren, können wir an unseren Empfindungen erkennen. Stärkende Zweifel spenden Kraft. Sie bringen uns mehr in Kontakt mit unserem wahren Wesenskern. Schwächende Zweifel hingegen engen ein und rauben Energie. Die Impulse der inneren Führung ständig zugunsten der Einwände und Bedenken des Egos und der damit verbundenen Ängste zu verleugnen, kann langfristig zu einer tiefen inneren Erschöpfung führen.

Das bedeutet nicht, dass immer dann, wenn es anstrengend wird, unsere innere Führung uns auf den falschen Weg geschickt hat. Den eigenen Weg zu gehen, kann mitunter sogar richtig anstrengend werden und uns einiges abverlangen. Doch egal, wie viel Kraft und Energie wir einsetzen müssen, über kurz oder lang fließt mindestens genauso viel, meist sogar viel mehr, zu uns zurück. Wir leisten unseren Beitrag, tun, was in unserer Macht steht, und werden dafür auch belohnt. Trotz aller Anstrengung ist in uns das Vertrauen, dass der Weg, den wir gehen, der richtige ist. Und wenn wir dieses Vertrauen und die Zuversicht einmal verlieren sollten, wissen wir, dass der bewusste Kontakt zu unserer Seele uns wieder daran erinnern wird.

Die wahre Persönlichkeit zu entfalten und unser ganzes Potenzial zu leben, verlangt auch, Hürden und Rückschläge zu überwinden. Erst durch sie zeigt sich oft unsere ganze Größe. Wir sollten daher nicht vor jeder Anstrengung zurückweichen, in der Vorstellung, dass alles im Leben leicht gehen muss. Überprüfen wir lieber, ob von der Energie, die wir aufwenden, auch regelmäßig etwas zu uns zurückfließt. Ist dies nicht der Fall, laufen wir Gefahr, früher oder später völlig auszubrennen.

Viele von uns haben die Tendenz, sich das Leben schwerer zu

machen, als es eigentlich ist. Müssen wir uns nicht abmühen und hart arbeiten, kann doch irgendetwas nicht stimmen. Wir tragen die Überzeugung in uns, dass die wirklich großen und wichtigen Dinge im Leben nicht einfach so passieren. Den einfachen Weg wollen wir nicht sehen. Wir verlieren zunehmend unsere Kraft, vor allem aber die Freude. Unser Strahlen wird immer schwächer, bis es eines Tages vielleicht sogar ganz erlischt. Wir unterdrücken, was in uns ist, und müssen uns bemühen, jemand zu sein, der wir nicht sind, uns für Dinge einsetzen, die keinen Wert für uns haben, und Tätigkeiten ausüben, in denen wir keinen Sinn erkennen. Ein solches Leben ist mühsam. Wir müssen uns Mühe geben, um den Schein zu wahren.

Wenn uns etwas permanent Mühe macht, laugt es uns aus. Von der Energie, die wir aufwenden, um etwas zu tun, fließt meist kaum etwas zurück. Ist eine Sache anstrengend, setzen wir dafür zwar auch unsere Energie ein, wir bekommen aber über kurz oder lang vieles davon zurück. Hören wir daher auf, uns Mühe zu geben und Dinge zu tun, in denen wir keinen Sinn erkennen! Halten wir stattdessen lieber Ausschau nach den Dingen und Menschen, bei denen wir für unseren Einsatz auch etwas zurückbekommen. Alles fließt. Und zwar im Idealfall nicht nur in eine Richtung.

Jeder, der zumindest ein bisschen Sport macht, kennt den Unterschied zwischen anstrengend und mühsam. Während des Trainings oder eines Wettkampfs ist es manchmal notwendig, eigene Grenzen zu überwinden. Vielleicht muss sogar vor jedem Training der innere Schweinehund aufs Neue überwunden werden. Doch trotz der körperlichen Anstrengung fühlen wir uns danach gut und kraftvoll. Der Einsatz hat sich wieder einmal gelohnt. Wer einen Marathon läuft, wird unter Umständen irgendwann an einen Punkt kommen, an dem er glaubt, nicht mehr zu können. Der Gedanke »Warum tue ich mir das an?« mag dann schon mal auftauchen. Doch ans Aufgeben denkt man nicht wirklich. Trotz aller Anstrengung läuft man weiter – und erreicht vielleicht am Ende sogar eine neue Bestzeit.

Taucht die Frage nach dem Warum allerdings schon beim Start oder gar vorher während des Trainings auf und lässt sie einen in weiterer Folge auch nicht mehr los, kann ein solcher Marathon eine wirklich mühsame Angelegenheit werden. Im Ziel wartet dann nicht das große Glücksgefühl, sondern bestenfalls die Erleichterung, dass es endlich vorbei ist. Durchgezogen hat man das Ganze nur, weil es für das Ego keine Alternative ist, einfach so aufzugeben. Auch dann nicht, wenn laute Zweifel an einem Vorhaben auftauchen. Darum handeln wir oft nach dem Motto: Zähne zusammenbeißen und durch.

Wo Zweifel sind, zieht Nebel auf. Sich selbst gestatten zu zweifeln, auch an bisher als sicher erachteten Tatsachen, hilft, den Nebel zu lichten. Wo immer der Ursprung unserer Zweifel liegen mag, sie laden uns dazu ein, stehen zu bleiben und aufmerksamer wahrzunehmen. Haben wir ihre Botschaft erkannt, wird der Nebel sich langsam lichten. Wir erkennen wieder deutlicher den Weg. Oder zumindest den nächsten Teilabschnitt.

Übung: Den Nebel lichten

Nebel mag plötzlich auftauchen; bis er sich wieder verzieht, kann aber einige Zeit vergehen. Er ist immer eine Aufforderung, sich mit sich selbst, dem Geschehenen und dem, was noch vor einem liegen könnte, zu beschäftigen. Denn wer im Außen vor lauter Nebel nichts sieht, hat nur eine Richtung, in die er blicken kann – in sich hinein.

Schenken Sie sich daher Zeit für sich selbst:
- **Ruhe und Stille.** Schaffen Sie sich einen Raum, der es Ihnen ermöglicht, in gutem Kontakt mit sich selbst zu sein. Nehmen Sie Ihre Bedürfnisse wahr. Beobachten Sie Ihre Gedanken. Bleiben Sie ganz bei sich. Dieser Raum muss kein Raum im physischen Sinne sein. Vielleicht gelingt es Ihnen ja am besten, Ruhe und Stille zu finden, wenn Sie in der Natur unterwegs sind. Folgen Sie Ihren Impulsen!
- **Meditation.** Es gibt unzählige Meditationsmethoden. Vielleicht spricht Sie eine davon an und unterstützt Sie darin, zu entspannen. Meditation bietet die Möglichkeit, die Aufmerksamkeit bewusst ins Innere zu lenken. Wenn

Sie aber jemand sind, der mit Meditation wenig anfangen kann, dann zwingen Sie sich nicht dazu. Finden Sie Ihre individuelle Methode, um bewusster in Kontakt mit sich selbst zu sein.

- **Verwöhnen.** Gönnen Sie sich etwas Schönes. Lassen Sie sich verwöhnen. Tun Sie sich selbst etwas Gutes. Sie haben schon viel geschafft, Sie sind unterwegs auf Ihrem Weg und brauchen nun vielleicht eine Pause. Widmen Sie sich selbst Zeit und tun Sie etwas, das Ihnen Freude macht.
- **Träume.** Erlauben Sie sich zu träumen. Lassen Sie Ihrer Fantasie freien Lauf und malen Sie sich Ihre Zukunft in den buntesten Farben aus. Nutzen Sie die Kraft der Gedanken und erschaffen Sie möglichst lebhafte Bilder davon, wer Sie sein wollen und wie Ihre Zukunft aussehen soll. Oft finden Sie in Ihren Träumen und Fantasien genau jene Hinweise, die Ihnen wieder mehr Klarheit für Ihren Weg geben.
- **Ängste.** Auch wenn es nicht immer angenehm ist, oft ist die einzige Möglichkeit, den Nebel zu lichten, die Auseinandersetzung mit den persönlichen Ängsten, die häufig die Ursache des Nebels sind. Die beiden vorangegangenen Übungen unterstützen Sie darin.
- **Zweifel.** Lassen Sie Zweifel zu! Hinterfragen Sie, ob es sich dabei um stärkende oder schwächende Zweifel handelt. Helfen Ihnen Ihre Zweifel, mehr Klarheit zu bekommen? Oder sind es eher Scheinwahrheiten, die Ihnen nicht wirklich weiterhelfen? Welche Auswirkungen haben Ihre Zweifel auf Sie? Fühlen Sie sich durch sie ermutigt oder gelähmt und beengt?

Nehmen Sie sich für sich selbst so viel Zeit, wie Sie brauchen. Gehen Sie erst dann weiter, wenn Sie auch wirklich den Impuls dazu verspüren.

Etappe 7 – Unterwegs

»Zwischen Reden und Tun liegt das Meer.«
Italienisches Sprichwort

Mit dem ersten Schritt begann der Weg. Dieser führt nun zu einem zweiten, dritten, vierten und so weiter. Wie auf jeder Reise brauchen wir auch auf unserem ganz persönlichen Weg Reiseproviant, der uns bei Bedarf stärkt. Wir brauchen etwas, das uns nährt und mit dem wir unsere Kraftreserven wieder auffüllen können, um nicht auf den Gedanken zu kommen, den Weg zu verlassen, nur weil wir meinen, keine Energie mehr dafür zu haben. Individuelle Bedürfnisse zu berücksichtigen, das persönliche Energieniveau immer wieder zu überprüfen und rechtzeitig zu erkennen, wann es Zeit für eine Stärkung ist, sind wichtige Voraussetzungen, um erfolgreich voranschreiten zu können.

Oft sind es gar nicht Verwirrung oder Angst, die uns aufhalten, sondern banale Dinge des Alltags, die als willkommene Ausreden dienen. Wir behaupten, den nächsten Schritt erst machen zu können, wenn das Projekt in der Arbeit abgeschlossen, Weihnachten vorbei, die Wohnung geputzt, der Rasen gemäht ist. Die Versuchung, nach den ersten Etappen der Reise einfach nicht weiterzugehen, ist manchmal groß. Wir haben erkannt, dass es auch anstrengend sein kann. Vielleicht haben wir erste Erfahrungen mit Rückschlägen und Ablehnung gemacht und festgestellt, dass selbst bei guter Verbindung zur inneren Führung die Umsetzung ihrer Ratschläge nicht immer leichtfällt.

Was uns stärkt, wissen wir selbst am besten. Gedanken, Tätigkeiten, Menschen, Orte, vieles kann uns Kraft geben. Eine besonders reiche Energiequelle ist unsere seelische Essenz. In guter Verbindung mit unserer Seele spüren wir, auf welche Ressourcen wir zurückgreifen können und wie wir am wirkungsvollsten handeln.

Dann müssen wir nicht nach Ausreden suchen, um doch nicht weitergehen zu müssen.

Wir werden immer wieder dazu ermutigt, uns in Bewegung zu setzen und auch zu bleiben. Nur dann können wir wachsen. Hier geht es nicht um ständiges Tun, sondern um eine innere Bewegung, eine Bereitschaft, ureigene Ziele und Wünsche zu verwirklichen. Sie halten uns in Bewegung.

Die Grenzen im Kopf

Unsere ureigenen Ziele und Wünsche lösen in uns den Impuls aus, aktiv zu werden. Wir wissen, dass wir nicht einfach nur sitzen und abwarten können. Im Einklang mit unserer inneren Führung legen wir die Richtung, in die wir gehen wollen, fest. Wir spüren die Richtigkeit unserer inneren Impulse. Doch im gleichen Moment formen sich Argumente und Bedenken in unserem Kopf, die uns erklären, was gegen unser Vorhaben spricht und warum es ohnehin nicht klappen wird. Während die Impulse der Seele uns inspirieren, überlegt unser Ich ganz konkret, ob und wie es die damit verbundenen Ziele umsetzen kann. Unsere Gefühle folgen unserer inneren Wahrheit, unsere Gedanken stehen unter dem Einfluss unserer Ängste. Die Bewertung des Ich, ob und wie etwas möglich ist, findet nur innerhalb seiner Grenzen statt. Es werden nur jene Erfahrungen und jenes Wissen berücksichtigt, die dem Ich bekannt sind, die es erlebt hat oder deren Wirkungen und Folgen es beobachten konnte.

Schon eine Weile ist da vielleicht der Impuls, den Partner zu verlassen. Die Unzufriedenheit innerhalb der Beziehung steigt, immer öfter macht sich ein Gefühl der Enge in der Brust bemerkbar. Größere Probleme gibt es aber nicht. Warum also die Beziehung beenden? Was, wenn wir dann nie wieder jemanden finden? Kommen wir allein überhaupt zurecht? Und könnten wir diesen Schritt nicht später einmal bereuen? Nur, weil es sich jetzt richtig anfühlt, bedeutet das ja nicht, dass wir das in zehn Jahren auch noch so sehen, oder? Davon abgesehen wollen wir doch niemanden im Stich lassen. Was ist mit dieser Ausbildung, die uns schon so lange reizt? Jahr für Jahr überlegen wir, uns für den Kurs anzumelden. Dann könnten wir uns beruflich verändern. Aber ist das nicht riskant? Im Großen und Ganzen ist der Job doch nicht so schlimm. Spaß macht er nicht, aber das Einkommen ist sicher. Auch wenn es mehr sein könnte, für das, was wir leisten. Wir könnten die Ausbildung ja einfach mal machen und dann weitersehen. Aber wozu so viel Geld ausgeben, wenn wir dann doch nichts damit anfangen wollen? Und weniger Freizeit hätten wir dann außerdem. Interessant wäre sie aber schon ...

So gerne würden wir unsere Kreativität mehr leben. Bilder malen, fotografieren, töpfern, Kleider entwerfen und nähen, Räume dekorieren oder Geschichten schreiben. Wir haben es auch schon mal gemacht. Das Ergebnis war ganz gut. Es gibt zweifellos das Talent dafür in uns. Ebenso wie die Angst vor Kritik. Geld lässt sich damit sicher keines verdienen. Oder doch? Andere können das sicher besser. Und blamieren wollen wir uns nicht. Trotzdem macht es so viel Freude. Wir könnten ja mal anfangen und unsere ersten Werke einigen wohlwollenden Leuten zeigen. Was aber, wenn sie uns sagen, dass wir doch kein Talent haben? Diese Enttäuschung ersparen wir uns lieber. Davon zu träumen ist ja auch schön.

Auch wenn wir gerne anderen Menschen oder äußeren Umständen die Schuld geben, sind es unsere eigenen Sorgen und Ausreden, mit denen wir uns selbst im Weg stehen. Wir setzen uns gedanklich schon mit Schwierigkeiten und Hindernissen auseinander, die ein Schritt mit sich bringen könnte, noch bevor wir ihn getan haben. Wir kennen schon die verschiedensten Einwände gegen unser Vorhaben, lange bevor wir das Ziel selbst wirklich erfasst haben.

Die Seele ist die treibende Kraft, die uns voranbringen will. Die Grenzen unseres Denkens errichten oft die Barrieren, die dafür sorgen, dass wir ein Vorhaben doch nicht umsetzen und unsere Ziele klein und überschaubar bleiben. Wir nehmen unsere Intuition wahr, folgen ihr aber nicht. Wir wissen um unsere Talente, verstecken sie jedoch weiterhin. Unser Ich überflutet uns mit Bedenken und Argumenten, die uns von den Impulsen unserer inneren Führung abbringen wollen. Es ist höchst kreativ und überzeugend darin, Probleme zu kreieren, wo eigentlich keine sind, und Gefahren aufzuzeigen, die es nicht gibt. Die Beschränkung liegt nicht in den realen Möglichkeiten oder äußeren Umständen. Sie liegt in den eigenen Gedanken. Solange wir uns hauptsächlich von diesen Gedanken leiten lassen, bewegen wir uns in einem sehr eng abgesteckten Bereich. Dort fühlen wir uns zwar sicher, Platz für echte Erfüllung gibt es allerdings nicht.

Praktischerweise finden wir für unsere Bedenken dann auch rasch Bestätigung im Außen. Da unser bewusstes Ich ausschließlich mit unseren Ängsten und Sorgen beschäftigt ist, richten sich auch unsere Aufmerksamkeit und Wahrnehmung danach aus. Unser Denken wird so bestätigt. Plötzlich scheinen wir nur noch von Informationen und Menschen umgeben zu sein, die mit uns in unseren Zweifeln und Befürchtungen übereinstimmen. Hinzu kommt, dass unsere Wahrnehmung evolutionsbedingt ohnehin viel besser darauf geschult ist, Gefahren und Bedrohungen zu erkennen – inklusive jener, die es nicht gibt. Und damit wir uns potenzielle Bedrohungen auch gut merken, können wir uns an negative Ereignisse immer viel besser erinnern als an positive. Für das Überleben unserer Vorfahren war es wichtiger, sich Gefahrensituationen statt Momente der Freude und Zufriedenheit einzuprägen. Die menschliche Psyche funktioniert noch heute so. Das Belastende, das Unangenehme, das sogenannte »Negative« wird subjektiv immer viel stärker empfunden als das Positive und Beglückende.

Unsere Wahrnehmung ist ein gut funktionierendes Alarmsystem, und wir können uns darauf verlassen, dass es uns vor Gefahren immer rechtzeitig und unmissverständlich warnen wird. Doch viele der möglichen Szenarien in unserem Kopf sind eher Konstrukte unserer Angstfantasien als tatsächliche Risiken. Unsere Bedenken und Befürchtungen können wir dennoch nicht einfach vom Tisch wischen. Schließlich gibt es einen Grund, weshalb sie da sind. Unser Ich fühlt sich bedroht und rüstet zum Angriff. Die Herausforderung besteht nun darin, trotz möglicher – gedanklicher oder vielleicht sogar tatsächlicher – Steine auf dem Weg weiter das Ziel zu verfolgen.

Grenzen überschreiten

Als Individuum können wir auf der bewussten Ebene nicht über alle Möglichkeiten, Wege, Richtungen und Zusammenhänge Bescheid wissen. Diesen Einblick in die höhere Ordnung und den Sinn hinter Ereignissen und Begegnungen hat nur unsere Seele. Sie kennt ihre, und damit unsere Bestimmung und weiß, auf welches Wissen und Potenzial sie zurückgreifen kann. Und weil sie diesen Überblick hat, ermutigt sie uns immer wieder, über unsere Grenzen zu gehen, führt uns zu Ereignissen, an denen wir wachsen können, damit wir nicht nur einen kleinen Teil unseres Wesens leben, sondern unsere ganze Größe entfalten und zeigen können.

Auch in unseren Gedanken können wir über Grenzen gehen. Unser Geist unterliegt keinerlei Beschränkungen, solange wir sie ihm nicht auferlegen. Theoretisch können wir uns alles vorstellen und erträumen, wenn wir es zulassen. Und weil der Geist grenzenlos ist, dürfen unsere Fantasien auch vollkommen überzogen sein. Genau darin liegt ihre Kraft. Lassen wir unserer Fantasie freien Lauf, dann geht es nicht um die Frage, was machbar ist oder welcher Schritt der nächste ist. Dort geht es um unsere Wünsche und Träume.

In der Fantasie dürfen wir übertreiben und alles zulassen, was kommt. Es ist eine überaus heilsame Übung, die einzelnen Teilbereiche des Lebens frei von jeglicher Begrenzung und Einschränkung zu betrachten. Die optimale Familie, die innigste Form der Liebe, der erfüllendste Beruf, die sprühendste Vitalität, die beste finanzielle Situation: Jeder Aspekt kann in großen, bunten Bildern beschrieben werden.

Doch selbst nur gedanklich vom Leben das zu fordern, was es an Möglichkeiten bereithält, fällt vielen schon schwer. Wir trauen uns noch nicht einmal, geistig länger in den Vorstellungen zu verweilen, wie anders unser Leben aussehen könnte. Schnell melden sich wieder Einwände, weshalb etwas nicht möglich ist. Noch bevor wir die volle Weite unserer Fantasie ausgeschöpft haben, schränken wir uns schon wieder ein. Dabei ist unsere Fantasie Ausdruck dessen, was an Potenzial in uns vorhanden ist. Sicher können wir nicht immer alles haben und erreichen, was wir uns vorzustellen vermögen. Wir können aber viel mehr davon verwirklichen, als wir für realistisch halten. Das regelmäßige Visualisieren dieser »Übertreibungen« führt mit der Zeit zu einem Wandel im wahren Leben. Die persönliche Einstellung gegenüber dem, was im Leben geht und was nicht, ändert sich. Das Unterbewusstsein erhält neue Impulse. Es entwickelt mehr Offenheit für Möglichkeiten und Chancen. Unsere Wahrnehmung wird breiter. Nach und nach verändert sich der Ist-Zustand. Und viele stellen mit der Zeit fest, dass Zustände und Ziele, die einige Monate vorher noch als völlig illusorisch galten, nicht mehr so weit weg scheinen.

Ein wesentlicher Erfolgsfaktor dieser Fantasiereisen liegt darin, sich immer wieder bewusst zu machen, was man möchte. Darauf zu vertrauen, dass die Ziele erreicht werden können, auch wenn es in manchen Fällen ein längerer Weg sein mag. Es geht nicht darum, sich im Größenwahn zu verlieren, sondern alle Möglichkeiten anzunehmen und auszuschöpfen. Wiederholte Gedankenreisen in die eigene strahlende Zukunft geben Kraft für den Weg, bringen in Kontakt mit dem seelischen Kern und verringern darüber hinaus individuelle Ängste. Die Tatsache, dass unser Unterbewusstsein nicht zwischen einer lebendigen Vorstellung und der Realität unterscheiden kann, öffnet den Raum, damit das Leben unserer Träume zu unserem wirklichen Leben werden kann.

Übung: Mein Bild von der Zukunft

Nutzen Sie die Freiheit Ihrer Gedanken, um sich ein Bild von Ihrer idealen Zukunft zu machen. Schließen Sie die Augen und kommen Sie zur Ruhe, indem Sie sich auf Ihren Atem konzentrieren. Richten Sie nun die Frage an sich selbst: *Wie sieht mein optimales Leben aus?*

Betrachten Sie die Bilder, die in Ihrem Kopf auftauchen. Berücksichtigen Sie alle Aspekte, die zu Ihrem Leben gehören, und beantworten Sie dabei folgende Fragen für sich:

- Was tue ich und wie tue ich es?
- Welche Eigenschaften zeichnen mich aus?
- Welche Menschen umgeben mich?
- Wie gehe ich mit ihnen um?
- Wie gehe ich mit mir selbst um?
- Wo lebe ich?
- Wie fühle ich mich?
- Mit welcher Haltung gehe ich durchs Leben?
- Was ist mir wichtig?
- Worauf kann ich verzichten?
- Was bin ich bereit in dieses Leben zu investieren?

Sobald Sie für sich die richtige Antwort gefunden haben, spüren Sie eine tiefe Resonanz in sich. Der Lebensvision, die Ihrer inneren Wahrheit entspricht, stimmen Sie nicht zuerst im Kopf, sondern im Herzen zu.

Haben Sie die große Vision für Ihre Zukunft einmal vor sich, können Sie konkreter werden. Malen Sie sich einen Tag Ihres idealen Lebens so detailliert wie möglich aus. Wie sieht ein typischer Tag in jenem Leben aus, das Ihnen voll und ganz entspricht? Wie fühlen Sie sich, wenn Sie am Morgen aufwachen? Was passiert nach dem Aufstehen? Und wie geht es weiter? Mit welcher Stimmung gehen Sie durch den Tag?

Tauchen Sie für einige Minuten ganz in Ihre Vorstellungen ein. Nehmen Sie bewusst Ihre Empfindungen wahr. Gehen Sie in Kontakt mit Ihrem Herzen. Eventuell hilft es Ihnen, eine Hand auf Ihr Herz zu legen. Speichern Sie all die wohltuenden Gefühle, die Sie im Zusammenhang mit Ihrer Lebensvision empfinden, darin ab.

Schreiben Sie auf, was Sie in Ihrer Zukunft sehen. Oder zeichnen Sie ein Bild davon. Halten Sie Ihre geistigen Bilder in einer Form fest, die es Ihnen ermöglicht, sich immer wieder bewusst daran zu erinnern. Sie werden sehen, dass die Wirkung eine andere ist, wenn sie nicht nur in Ihrem Geist existieren.

Unter Umständen werden Sie während dieser Übung feststellen, dass Dinge, von denen Sie bisher glaubten, sie unbedingt zu wollen, gar nicht zu Ihnen gehören. Stattdessen rücken andere Dinge in den Mittelpunkt, denen Sie bisher keine oder nur wenig Beachtung geschenkt haben. Lassen Sie sich von Ihren Gefühlen leiten und betrachten Sie die Bilder, die in Ihnen auftauchen. Bewerten Sie nicht. Betrachten Sie nur.

Nach dieser Übung wissen Sie, wie es sich anfühlt, Ihr wahres Selbst zu leben. Ab jetzt können Sie diesem Gefühl folgen. Beobachten Sie, wann und wo es auftaucht oder sich zurückzieht. Befragen Sie es bei Entscheidungen. Richten Sie mehr und mehr Ihr Denken und Handeln danach aus.

Sie können diese Übung immer wieder in Ihren Alltag einbauen. Nicht nur zur Orientierung. Die Bilder des Lebens, wie es Ihnen zu hundert Prozent entspricht, sind auch eine wertvolle Kraftquelle. Und nicht zuletzt macht es einfach Freude, in Gedanken bereits ein paar Minuten im Leben Ihrer Träume zu verbringen.

Reiseproviant

Damit wir auch dann in Bewegung bleiben, wenn es einmal nicht so rund läuft und der Weg holpriger wird, ist es wichtig zu wissen, auf welche Ressourcen wir in schwierigeren Zeiten zurückgreifen können. Welche Fähigkeiten besitzen wir? Wie handeln wir am wirkungsvollsten? Was ist die für uns optimale Art und Weise, mit einer Herausforderung umzugehen? Wie sind wir am besten in Kontakt mit unserer inneren Stärke?

Je besser wir uns selbst kennen und wissen, was in uns steckt, desto sicherer und leichter können wir Widerständen begegnen. Ohne darüber nachdenken zu müssen, wissen wir dann, wie wir am kraftvollsten in unserer eigenen Energie handeln. Wir spüren: Das sind wirklich wir. Wir gelangen zu einer neuen Art von Selbstbewusstsein, das nicht auf erbrachten Leistungen, erworbenen Fähigkeiten oder Ermutigung durch andere beruht, sondern Ausdruck unseres Bewusstseins für unsere Einzigartigkeit ist.

Jeder von uns verfügt über alle notwendigen Ressourcen, um den eigenen Weg zu gehen. Wir bringen alles mit, was wir für ein erfülltes Leben brauchen. Es gibt unzählige Ratgeber, wie man das Leben am besten lebt, und Tausende Methoden und Techniken für ein glückliches Dasein. Doch das Einzige, das wirklich darin unterstützen kann, Erfüllung und Sinn im Leben zu finden, ist, die eigene Individualität zu erkennen und sie als Gradmesser für alle Entscheidungen und Handlungen zu nutzen.

Unsere geistigen Kräfte unterstützen uns darin. *Was steckt in mir?* Erste Antworten auf diese Frage finden wir, wenn wir auf unser bisheriges Leben zurückblicken. Welche Momente und Ereignisse haben uns mit Freude erfüllt? Und zwar nicht, weil im Außen etwas passiert ist oder irgendjemand etwas für uns gemacht hat, sondern weil wir selbst etwas getan haben. Worauf sind wir stolz? Was haben wir aus unserer Sicht gut gemacht? Was hat uns innerlich erfüllt? Hier geht es nicht in erster Linie um berufliche Tätigkeiten. Viel häufiger finden wir die Antworten in den kleinen Dingen des Alltags, denen wir oft wenig Beachtung schenken, und das, obwohl sie uns so viel Freude bereiten und Kraft spenden.

Nur in der Bewegung können wir wachsen. Diese Entfaltung können wir weder erzwingen noch beschleunigen. Unser Beitrag besteht vor allem darin, sie zuzulassen. Den nötigen Raum dafür zu schaffen und sie nicht zu behindern. Es ist ein lebenslanger Prozess, sich stets von Neuem mit dem eigenen Selbst auseinanderzusetzen. Je nach Lebensphase werden wir immer wieder neue Facetten an uns entdecken.

Geistige Stärkung

Unsere Fähigkeit uns Dinge vorzustellen und uns an Vergangenes zu erinnern, kann eine wertvolle Unterstützung sein. Denken wir an Ereignisse aus der Vergangenheit, bringen wir mit den geistigen Bildern auch immer die damit verbundenen Gefühlsempfindungen in die Gegenwart. Einfach ausgedrückt: Wir fühlen uns gut, wenn wir an eine schöne Erinnerung, und schlecht, wenn wir an ein unerfreuliches Ereignis denken.

Wie bereits erwähnt, speichert unser Unterbewusstsein alles Erlebte mit der dazugehörigen Gefühlsempfindung ab. Diese Kopplung von Erinnerungen und Empfindungen ermöglicht es uns, eine Art Vorrat an Zufriedenheit und Freude anzulegen. Denn all die schönen Momente, die wir bisher erlebt haben, all die Augenblicke der Freude, des Glücks, der Liebe und des Wohlbefindens sind in uns gespeichert. Und damit jederzeit für uns abrufbar. Diese Erlebnisse sind wie ein Reservoir an Kraft und Zuversicht, aus dem wir, wann immer wir möchten, schöpfen können. Sie wirken wie ein Heilmittel in jenen Zeiten, in denen wir uns ausgelaugt fühlen, in denen uns der Mut verlässt, oder wenn wir beginnen, an unserem Vorhaben zu zweifeln.

Nachdem wir uns negative Ereignisse viel nachhaltiger einprägen als die vielen schönen Momente, die wir bereits erlebt haben, sollten wir den Zeiten der Freude, des Glücks und des Erfolgs besondere Aufmerksamkeit schenken. Wir können selbst für einen guten Vorrat an geistigem Reiseproviant sorgen, indem wir zum Beispiel beginnen, unsere bisherigen Erfolge festzuhalten, uns ganz bewusst an sie erinnern und sie idealerweise auch aufschreiben. Bei manchen mag an dieser Stelle eine Stimme im Kopf auftauchen, die meint, dass es bis jetzt nicht so viele Erfolge gegeben habe, dass da kaum etwas Besonderes gewesen sei und man von Erfolg eigentlich nicht wirklich sprechen könne. Und dennoch gab es bereits vieles, das uns gut, wenn nicht sogar sehr gut gelungen ist. Legen Sie Ihre persönliche Erfolgsliste an – oder besser noch ein Erfolgstagebuch –, und Sie werden sehen, was Ihnen nach und nach wieder einfällt und wie viel mit der Zeit zusammenkommt.

Viele verbinden mit dem Wort »Erfolg« eine gesellschaftlich geprägte Vorstellung, wie dieser auszusehen hat. Anstatt sich daran zu orientieren, was andere als erfolgreich definieren, sollten wir unser ganz persönliches Erfolgsgefühl entwickeln.

Beschäftigen wir uns eine Weile damit, werden wir immer mehr

Erfolge, Glücksmomente und freudige Ereignisse in unserem Leben entdecken. In der Vergangenheit wie in der Gegenwart. Wann immer wir meinen, nicht die Kraft für den nächsten Schritt zu haben, oder wenn uns der Mut verlässt, können wir an unserem persönlichen Energiespeicher auftanken. Alles, was wir dazu tun müssen, ist, uns diese Momente und Zeiten der Freude und des Erfolgs ins Gedächtnis zu rufen und so auch die damit verbundenen Empfindungen wieder zu aktivieren. Neben dem motivierenden Effekt, den dies auf uns hat, gewinnen wir auch wieder eine bessere Orientierung für unseren Weg. Wir stellen bewusst Kontakt zu jenen Gefühlen her, die das Ergebnis unserer Reise sein sollen. Wir spüren Freude, Erfüllung und Vertrauen in uns und richten uns danach aus.

Innere Überzeugungen

Wie machtvoll im Unbewussten abgespeicherte Bilder und Empfindungen sein können, zeigt auch die Wirkung von Überzeugungen und Glaubenssätzen, mit denen wir durchs Leben gehen. Sie beeinflussen, wie wir die Welt sehen und erleben. Unser Denken, Empfinden, Verhalten sowie unsere Wahrnehmung stehen unter ihrem Einfluss. Unterstützen sie unsere ureigenen Wünsche und Ziele, erleichtern sie deren Verwirklichung. Tun sie dies nicht, können sie zu den größten Steinen auf dem Weg werden.

Viele unserer Glaubenssätze sind das Ergebnis von Erziehung und sozialer Prägung. Wir identifizieren uns mit ihnen, empfinden sie als einen wesentlichen Teil von uns, und es kann lange dauern, bis wir erkennen, welche unserer Denkweisen und Ansichten wirklich uns selbst entsprechen und welche wir im Laufe unseres Lebens von anderen übernommen haben.

Glaubenssätze und Überzeugungen sind wichtig, weil sie uns helfen, Informationen rasch und zuverlässig einzuordnen. Sie ermöglichen uns, auf Ereignisse zu reagieren, ohne lange nachzudenken, dienen als unbewusster Leitfaden, an dem wir uns orientieren können, und geben uns Stabilität und Sicherheit im täglichen Erleben.

Wir richten uns nach ihnen aus. Unser Blick auf die Welt folgt diesen unbewussten Mustern. Deshalb wirken sie oft wie selbsterfüllende Prophezeiungen. Wir sind überzeugt davon, dass unsere Ansichten und Meinungen wahr sind und der Realität entsprechen, weil wir nicht mitbekommen, wie sich unsere Wahrnehmung automatisch nach ihnen ausrichtet. Informationen werden gefiltert und Sinneseindrücke so verzerrt, dass letztlich genau das bestätigt wird, woran wir glauben und wovon wir überzeugt sind. Wir bewegen uns permanent in einem Kreislauf der Selbstbestätigung. Stimmen unsere inneren Programme mit den von uns angestrebten Zielen nicht überein, erleben wir ein ständiges Hin und Her zwischen unserem bewussten Vorhaben und den unbewussten Glaubenssätzen, die uns stets von Neuem auf eine falsche Fährte führen.

Aus einer neutralen Beobachterposition lassen sich solche automatischen Programme besser erkennen. Wenn wir uns also selbst von außen betrachten, sehen wir uns mit anderen Augen, können uns von unseren eingefahrenen Denk- und Gefühlsmustern distanzieren und einen kritischen Blick auf unsere Ansichten und Überzeugungen werfen. Wir nehmen dann einen objektiven Blickwinkel ein und sind weniger gefangen in unserer von Prägungen und Erfahrungen gefärbten Sicht der Dinge. Unsere Fähigkeit zur Selbstbeobachtung unterstützt uns, selbstständig ablaufende Reaktionsmuster zu unterbrechen. Anstatt aus einem vielleicht schon längst überholten inneren Programm heraus zu reagieren, agieren wir bewusster. Je genauer wir unsere Empfindungen wahrnehmen, desto deutlicher werden wir feststellen, dass es einen wesentlichen Unterschied im persönlichen Erleben macht, ob wir einem von außen übernommenen Glaubenssatz folgen oder einer Überzeugung, die unserer innersten Wahrheit entspricht.

Haben wir einen für uns nicht mehr passenden Glaubenssatz erkannt, können wir diesen aber nicht einfach als unnötigen Ballast über Bord werfen. Unser Glaubenssystem bildet, wie bereits erwähnt, eine Art inneres Gerüst, das uns bei Veränderungen und Unwägbarkeiten Halt und Sicherheit gibt. Von heute auf morgen alle bisherigen Überzeugungen loswerden zu wollen, ist nicht nur ein Anspruch, dem niemand gerecht werden kann, es würde auch das eigene Vorankommen nicht fördern.

Verunsicherung und Verwirrung sind eine natürliche Begleiterscheinung, wenn unser altes Ich zu bröckeln beginnt, um Platz für unser wahres Selbst zu machen. Wir lernen uns neu kennen und müssen erst allmählich mit den gerade entdeckten Aspekten unserer Persönlichkeit vertraut werden. In einer solchen Phase das einzige bisher bekannte Orientierungssystem komplett hinter sich zu lassen, verstärkt nur das Gefühl von Unsicherheit und schürt noch mehr die Angst vor dem Wandel. Jeder einzelne unserer Glaubenssätze hatte irgendwann einmal eine Funktion. In den meisten Fällen eine Schutzfunktion. Und diese gilt es zu würdigen. Selbst dann, wenn wir in der aktuellen Situation keinen Bedarf mehr dafür haben. Die Devise im Umgang mit Glaubenssätzen lautet daher, behutsam vorzugehen und nicht unser gesamtes Leitsystem von einem Tag auf den anderen zu demontieren.

Übernommene und eigene Glaubenssätze

Im Wesentlichen lassen sich zwei Arten von Glaubenssätzen unterscheiden. Einerseits jene, die ihren Ursprung in bisher – speziell in der Kindheit – Erlebtem haben, und andererseits jene, die unserer inneren Wahrheit entspringen. In die erste Gruppe fallen Überzeugungen und Ansichten, die wir von wichtigen Bezugspersonen in früheren Lebensjahren übernommen haben, sei es, weil sie uns immer wieder gesagt oder weil sie uns vorgelebt wurden. Zu dieser Kategorie zählen aber auch jene Glaubenssätze, die wir selbst als Teil unserer ganz persönlichen Anpassungsstrategie entwickelt haben. Sie sind das Ergebnis kindlicher Interpretationen von Ereignissen und entstehen oft schon sehr früh in unserem Leben. Daraus haben sich Reaktionsmuster entwickelt, die im Laufe der Zeit zu allgemein gültigen Verhaltensweisen für uns wurden.

Aus dem Gefühl, nicht wertvoll oder liebenswert zu sein, und häufig damit verbundenen Glaubenssätzen wie »Ich bin es nicht wert« und »Die Liebe der anderen muss ich mir verdienen« kann sich das sogenannte Helfersyndrom entwickeln. Durch selbstlose Hilfsbereitschaft und Aufopferung für andere wird versucht, das eigene Gefühl der Wertlosigkeit zu kaschieren. Die Überzeugung dahinter ist, dass man nur genug für andere machen muss, dann werden sie einen schon lieb haben.

Wer in seiner Kindheit das Gefühl vermittelt bekommen hat, nicht gut genug zu sein, weil es Lob und Anerkennung – wenn überhaupt – nur für sehr gute Ergebnisse wie zum Beispiel gute Noten in der Schule gab, wird Zeit seines Lebens darum bemüht sein, immer höchste Leistungen zu erbringen, und versuchen, alles perfekt zu machen. Wer perfekt ist, ist unangreifbar und kann nicht kritisiert werden. Hinter dem Streben nach Perfektion verbergen sich oft Glaubenssätze wie »Ich bin nicht gut genug«, »Ich genüge nicht« oder »Wer Fehler macht, kann nicht geliebt werden.«

Ein starkes Kontrollbedürfnis, mitunter begleitet von dem Wunsch, Macht über andere auszuüben, verdeckt in vielen Fällen ein inneres Gefühl der Ohnmacht. Dahinter verbergen sich Überzeugungen wie »Ich bin schwach«, »Ich muss mich schützen« bzw. »Es ist besser, anderen nicht zu vertrauen.« Besonders Menschen, die sich in ihrer Kindheit sehr stark anpassen und ihre eigenen Bedürfnisse unterdrücken mussten, sind so daran gewöhnt, sich zu kontrollieren, dass sie auch als Erwachsene meinen, sich selbst, andere und das Leben immer unter Kontrolle halten zu müssen.

Daneben gibt es die Überzeugungen unserer inneren Wahrheit. Sie wurzeln in unserem seelischen Kern, und viele von ihnen sind ein kraftvoller Antrieb für unser Vorankommen. Da es der Seele im Zuge einer Inkarnation aber nicht darum geht, möglichst leicht und schnell das Ziel zu erreichen, sondern darum, viele Möglichkeiten für Entwicklung und Wachstum zu finden, bringen wir neben unserem umfangreichen Potenzial auch solche Überzeugungen mit in unser Leben, die für Widerstände und Blockaden sorgen. Noch bevor wir irgendwelche Erfahrungen gemacht haben, sind sie bereits in uns angelegt. Spätere Ereignisse dienen lediglich dazu, diese Grundüberzeugungen zu festigen. Bei diesen seelischen Antrieben und den damit verbundenen Überzeugungen steht eine vertiefende Auseinandersetzung mit bestimmten Themen im Mittelpunkt. Sie führen in unserem täglichen Erleben immer wieder zu inneren und äußeren Konflikten. Keine andere Erfahrung wird uns je so nah an unser wahres Potenzial heranführen und so weit voranbringen wie die Überwindung dieser intrinsischen Barrieren.

Hilfreich oder nicht hilfreich?

Viel wichtiger aber, als nach dem Ursprung eines Glaubenssatzes zu forschen, ist die Frage, ob er noch hilfreich ist oder nicht. Und zwar nicht ganz allgemein betrachtet, sondern in unserer momentanen Situation. Alle inneren Sätze sind erst einmal nützlich. Sie helfen uns, unsere Realität zu konstruieren und uns im Leben zurechtzufinden. Das bringt allerdings mit sich, dass wir Ereignisse und Möglichkeiten falsch einschätzen, weil wir uns ausschließlich an unseren festgefahrenen Ansichten orientieren und uns durch sie von unseren Vorhaben abbringen lassen. Anstatt intuitiven Impulsen zu folgen, leben wir weiter unsere Automatismen.

Welche Funktion hat ein bestimmter Glaubenssatz für mein Leben? Wenn wir uns diese Frage stellen, erkennen wir, dass einige der Überzeugungen, die uns schon ein Leben lang begleiten und bisher eine wichtige Rolle in unseren Entscheidungen gespielt haben, uns bei näherer Betrachtung nie wirklich weitergebracht haben. Besonders bei Glaubenssätzen, die wir von unserem Umfeld übernommen haben, ist das oft der Fall. So kann es beispielsweise sein, dass wir in einem Elternhaus aufgewachsen sind, in dem Bescheidenheit eine hohe Tugend war. Von klein an wurden wir dazu ermahnt, sparsam zu sein, nicht zu viel zu verlangen und mit dem zufrieden zu sein, was wir haben. »Bescheidenheit ist eine Zier« lautete das Motto.

Auch wenn an einer bescheidenen Lebensweise nichts auszusetzen ist, könnte sie ebenso Ausdruck einer Angst vor Misserfolg und Niederlagen sein. Denn wer nichts verlangt und nach nichts strebt, kann auch nicht scheitern. Als Folge einer solchen Prägung werden Wünsche und Ziele klein gehalten. Eventuell verurteilen wir uns sogar dafür, vom Leben zu viel zu verlangen. Wir leben bescheiden und fordern kaum etwas. Und doch sind da ständig die inneren Impulse, die uns auffordern, mehr zu wollen und uns dieses »Mehr« auch zu gönnen.

Viele der Glaubenssätze, die wir in der frühen Kindheit entwickelt haben, verlieren im Laufe des Lebens ihre Gültigkeit. Nicht nur, weil wir sie von anderen übernommen haben, ohne sie zu hinterfragen, sondern auch, weil sich unsere Lebenssituation ändert. Zu einem bestimmten Zeitpunkt in unserem Leben mögen sie (überlebens-)wichtig gewesen sein. Mittlerweile machen sie uns das Leben aber schwerer, als es sein müsste. So mussten wir vielleicht in einer (frühen) Phase unseres Lebens stark sein und vieles alleine bewältigen. Oder wir haben gelernt, andere Menschen auf Distanz zu halten, um nicht manipuliert oder verletzt zu werden. So notwendig diese Verhaltensweise damals auch gewesen sein mag, immer alles alleine zu machen und nie um Hilfe zu bitten oder sich nie auf eine engere Beziehung zu einem anderen Menschen einzulassen, verhindert genau jene Freude und jene Liebe, nach denen wir eigentlich streben.

Glücklicherweise haben wir im Gepäck neben den Überzeugungen, die uns schwächen und aufhalten, auch jene, die uns stärken und ermutigen. Egal, wie unsere Kindheit gewesen sein mag, und unabhängig davon, was wir bisher erlebt haben, tragen wir auch jene Überzeugungen in uns, die uns auf unserem Weg voranbringen. Einen großen Teil davon haben wir in dieses Leben bereits mitgebracht. Sie sind in unserem seelischen Kern angelegt und sorgen dafür, dass wir unseren Lebensweg kraftvoll und zielgerichtet gehen können.

Darüber hinaus haben wir auch von unseren Eltern und anderen Bezugspersonen Positives mitbekommen, selbst wenn wir das manchmal nicht auf den ersten Blick erkennen. Und wir haben unsere eigenen Erfahrungen gemacht. Positive Erfahrungen, die uns gezeigt haben, wie es ist, Erfolg zu haben, geschätzt zu werden und die eigene Kraft für ein Ziel einzusetzen. Wir sind Menschen begegnet, die uns unterstützt und unser Vertrauen in uns und unsere Umwelt gestärkt haben. Überlagert von negativen Erfahrungen und daraus entstandenen Überzeugungen, sehen wir die vielen positiven Ereignisse oft nicht mehr.

In unserem persönlichen Empfinden erleben wir blockierende, nicht hilfreiche Glaubenssätze als sehr mächtig. Wir schenken ihnen weit mehr Aufmerksamkeit als jenen, die uns stärken und unterstützen. Viele Menschen, die auf dem Weg zu ihrem Ziel mit ihrer inneren Haltung konfrontiert werden, beginnen sich so intensiv dem Loslassen und Umwandeln von hemmenden Glaubenssätzen zu widmen, dass sie dabei den ebenso reichlich vorhandenen Vorrat an unterstützenden und kraftspendenden inneren Sätzen völlig vergessen. Diese zu kennen und sich regelmäßig bewusst zu machen, ist mindestens genauso wichtig wie die Auseinandersetzung mit jenen Überzeugungen, die der Verwirklichung eigener Ziele im Weg stehen.

Ob Teil unserer inneren Wahrheit oder von außen übernommen, jeder von uns trägt viele stärkende Überzeugungen in sich. Es ist daher nicht notwendig, sich tage- oder wochenlang den Kopf über die richtige Formulierung einer positiven Affirmation zu zerbrechen. Auch müssen wir nicht zahllose Bücher und Lebensratgeber studieren, um die passenden Sätze für uns zu finden. Ein Glaubenssatz ist, wie der Name schon sagt, ein Satz, den wir glauben (können). Ein Satz, den wir für wahr und richtig halten. Diesen finden wir nicht durch Nachdenken und wortreiche Formulierungsversuche, sondern nur in unserem Inneren, wo er in Resonanz mit unserem wahren Wesenskern seine volle Wirkung entfaltet.

Übung: Glaubenssätze erkennen

Die Zeit ist gekommen, genauer nach den eigenen Glaubenssätzen zu forschen. Nach jenen, die Sie stärken, ebenso wie nach jenen, die für Sie nicht (mehr) hilfreich sind. Sie können sich dann selbst besser unterstützen und haben die Möglichkeit, jene Überzeugungen zu verändern, die Sie auf

Ihrem Weg aufhalten.

Hier eine Auswahl von Möglichkeiten, die Ihnen helfen kann, Ihren Überzeugungen auf die Spur zu kommen und sie zu hinterfragen:

- **Assoziatives Denken**

    Wenn Sie Ihre persönlichen Glaubenssätze zu einem bestimmten Thema aufdecken möchten, hilft assoziatives Denken. Dafür schreiben Sie alles auf, was Ihnen zu diesem Thema oder Begriff einfällt. Sie können entweder Satzanfänge vollenden oder eigene Sätze frei formulieren.

    Schreiben Sie beispielsweise zu jedem der folgenden Satzanfänge mindestens fünf Fortsetzungen, die Ihnen spontan in den Sinn kommen.

    Glück ist ...
    Liebe ist ...
    Das Leben ist ...
    Geld ist ...
    Menschen sind ...
    Den eigenen Weg zu gehen heißt ...
    Ziele zu verwirklichen bedeutet ...

    Sie können diese Liste beliebig erweitern. Oder Sie legen für sich ein übergeordnetes Thema fest, zu dem Sie Ihre persönlichen Überzeugungen überprüfen möchten. Schreiben Sie dazu einen Begriff oben auf ein Blatt Papier (z. B. Liebe, Beziehung, Familie, Erfolg, Geld, Freiheit, Wachstum ...) und notieren Sie alles, was Ihnen dazu einfällt.

- **Fließen lassen**

    Als Ergänzung – oder wenn es Ihnen schwerfällt, Ihre Glaubenssätze durch Nachdenken zu identifizieren – können Sie Ihre innersten Überzeugungen auch ergründen, indem Sie zur Ruhe kommen und in sich hineinhören. Entspannen Sie sich und richten Sie Ihre ganze Aufmerksamkeit auf sich selbst. Stellen Sie die Frage: *Welche Überzeugungen über mich, andere Menschen und das Leben trage ich in mir?* Dann warten Sie, was aus Ihnen fließt. Bleiben Sie entspannt und geben Sie den Sätzen Zeit, in Ihnen zu entstehen. Schreiben Sie diese auf, ohne viel darüber nachzudenken oder sie ordnen zu wollen. Das können Sie später machen. Möglicherweise kommt anfangs nicht viel, dann versuchen Sie es einfach zu einem späteren Zeitpunkt oder an einem anderen Tag noch einmal.

- **Hilfreich und nicht hilfreich**
  Haben Sie erst einmal einige Ihrer Glaubenssätze identifiziert, geht es nun um die Frage, wie hilfreich diese für Ihren Weg und Ihr Vorankommen sind. Bei manchen Ihrer Sätze wird Ihnen die Einschätzung nicht schwerfallen. Bei anderen werden Sie aber unter Umständen Schwierigkeiten haben, sie sofort einer der beiden Gruppen zuzuordnen. In diesen Fällen helfen Ihnen folgende Fragen: *Macht dieser Satz mein Leben einfacher? Kann er dazu beitragen, dass ich mich glücklich und zufrieden fühle? Welche Empfindungen habe ich in Zusammenhang mit diesem Satz? Fühle ich mich gestärkt oder geschwächt?*

- **Den Ursprung erkennen**
  Es ist relativ leicht, jene Glaubenssätze zu identifizieren, die wir von anderen übernommen haben. Denken Sie dafür an Ihre Kindheit und Jugend zurück. Was haben Sie immer wieder von Ihren Eltern oder anderen Bezugspersonen gehört? Welches Verhalten konnten Sie immer wieder beobachten? Hinterfragen Sie nicht nur Dinge, die Ihnen gesagt wurden, sondern achten Sie auch darauf, was Ihnen vorgelebt wurde, wie z. B. Umgang mit Geld, Arbeit, Menschen, Beziehungen, Erfolg, Gehorsam und Disziplin, Anpassung, immer freundlich sein müssen usw.
  Bestimmt fällt Ihnen bald der eine oder andere Satz ein, den Ihre Mutter oder Ihr Vater ständig wiederholt haben. Schreiben Sie diese Sätze auf. Richten Sie Ihre Aufmerksamkeit sowohl auf stärkende wie auf schwächende Überzeugungen. Wie haben diese Sätze bisher auf Ihr Leben gewirkt? Inwieweit hatten Sie Einfluss auf Ihre

Ziele und Ansichten, Ihr Verhalten und Ihre Entscheidungen?

Wenn Sie Ihren eigenen Weg gehen wollen, ist es wichtig zu wissen, woher die Glaubenssätze kommen, nach denen Sie Ihr Leben ausrichten. Mit übernommenen Ansichten und Meinungen ist es eher schwierig, den eigenen Weg zu verfolgen.

- **Ist das wirklich immer so?**

Glaubenssätze sind häufig so formuliert, als wären sie allgemein gültige Tatsachen. Sie enthalten Worte wie »immer«, »nie«, »grundsätzlich«, »alle« oder »jeder«. Schon von vornherein lassen sie damit keinen Spielraum für Ausnahmen oder die Möglichkeit, dass es vielleicht doch anders sein könnte. Sie verlieren allerdings schnell an Kraft, wenn wir ihnen ihre Absolutheit und Allgemeingültigkeit nehmen. Wenn Sie Sätze wie »Mir gelingt nie etwas«, »Man kann vom Leben nichts erwarten«, oder »Alleine ist man immer besser dran« genauer betrachten, fallen Ihnen sicher auch Situationen in Ihrem Leben ein, in denen dieser Satz nicht gestimmt hat. Wann und wo haben Sie schon eine Ausnahme erlebt? Sollten Sie selbst tatsächlich noch nie etwas Gegenteiliges erlebt haben, dann kennen Sie vielleicht jemanden, bei dem es ganz anders war, als es Ihr Glaubenssatz behauptet. Forschen Sie nach solchen Ausnahmen. Sie sind der Beweis dafür, dass Ihre Überzeugung keine allgemein gültige Lebensregel ist. Schon alleine diese Erkenntnis nimmt Ihrem Glaubenssatz einiges von seiner Macht.

Haben wir einen nicht hilfreichen Glaubenssatz entdeckt, hat es keinen Sinn, sich einfach stattdessen einen anderen Satz auszudenken und diesen zum von nun an gültigen Glaubenssatz zu erklären. Selbst wenn es gelingen sollte, diesen neuen Satz gut zu verinnerlichen, bleibt die Wirkung der ursprünglichen Überzeugung ungebrochen. Die beiden Sätze befinden sich dann in ständigem Konflikt, mit der Konsequenz, dass wir trotz unseres schönen neuen Glaubenssatzes nach wie vor nicht vorankommen.

Wieder einmal heißt es in kleinen Schritten vorgehen und

212

bestehenden Überzeugungen durch Umformulierungen oder Ergänzungen etwas von ihrem Einfluss zu nehmen. Der ursprüngliche Glaubenssatz wird dadurch relativiert. Selbst wenn wir ihn nie völlig loswerden, ist es dann möglich und sinnvoll, einen neuen, hilfreichen Glaubenssatz gewissermaßen als Gegenspieler zu formulieren. Dies gelingt jedoch nicht, solange die ursprüngliche Überzeugung in voller Stärke in unserem Unterbewusstsein wirkt.

Übung: Glaubenssätze verändern

Nachdem Sie in der vorhergehenden Übung Ihre wichtigsten Glaubenssätze identifiziert und in hilfreiche und hinderliche unterschieden haben, geht es nun darum, weniger hilfreiche Überzeugungen so zu verändern, dass Sie Ihnen nicht mehr im Weg stehen. Das funktioniert am besten mit einfachen Zusätzen oder kleinen Änderungen, die den Satz in seiner Wirkung abschwächen.

Haben Sie z. B. die Überzeugung »Ich schaffe das nie«, nimmt der Zusatz »Aber das glaube ich nur von mir« Ihrem Satz sofort seine Allgemeingültigkeit. Sie signalisieren sich selbst damit, dass das nicht zwangsläufig der Wahrheit entspricht und es an Ihnen liegt, ob Sie etwas schaffen oder nicht. Diese Ergänzung eignet sich natürlich auch für alle anderen hemmenden Glaubenssätze.

Der Satz »Ich darf keine Fehler machen« könnte z. B. in einem ersten Schritt zu »Manchmal darf ich auch Fehler machen« werden, bis es für Sie überzeugend ist zu sagen »Ich darf Fehler machen«. Sie geben sich selbst damit die Zeit, sich an Ihre neue Überzeugung zu gewöhnen. Auch bei Sätzen wie »Ich bin nicht wichtig« oder »Ich bin nicht wertvoll« kann es anfangs zu viel sein, sofort ein »Ich bin wichtig« oder »Ich bin wertvoll« daraus zu machen. Probieren Sie, ob es glaubhafter für Sie ist zu sagen »Ich bin mir selbst wichtig« oder »Ich bin wertvoll genug«. Ein kleiner Zusatz oder eine minimale Umformulierung bewirkt schon eine erste Änderung in der persönlichen Wahrnehmung.

Ist ein bestehender Glaubenssatz einmal erkannt und abgeschwächt, können Sie parallel dazu auch einen oder mehrere neue Sätze formulieren. Sie sollten sich aber bewusst sein, dass dadurch Ihr ursprünglicher Satz nicht plötzlich verschwindet. Bei neuen Glaubenssätzen ist es vor allem wichtig, dass sie positiv formuliert sind. Worte wie »nicht«, »kein«, »ohne« usw. nimmt unser Unterbewusstsein nicht wahr. Es ist schwierig, sich zu verbieten, an etwas zu denken. Wenn ich Sie bitte, nicht an einen gelben Luftballon zu denken, wird er vermutlich schon vor Ihrem inneren Auge auftauchen. Aus dem Satz »Ich muss immer stark sein« sollte daher nicht »Ich muss nicht immer stark sein« werden. Das Unterbewusstsein ignoriert das »nicht« in diesem Satz. Eine mögliche Alternative könnte lauten »Ich darf auch schwach sein«.

Wichtig ist außerdem, dass Ihre neuen Sätze glaubhaft für Sie sind. Der Sprung von »Ich erreiche meine Ziele nie« zu »Ich erreiche alle meine Ziele« ist in der Regel zu groß. Das Unterbewusstsein lässt sich nicht so plötzlich von der Gültigkeit dieses neuen Satzes überzeugen. Eine glaubwürdigere Alternative für den Anfang wäre etwa »Es ist mir möglich, meine Ziele zu erreichen«. Das werden Sie hoffentlich glauben können.

Nehmen Sie sich Zeit für Ihre Glaubenssätze und prüfen Sie immer wieder, welche Änderungen daran für Sie wirklich stimmig sind. Nur dann kann er Sie auch unterstützen.

Besser noch als das Denken wirkt das tatsächliche Erleben. Nichts anderes kann Glaubenssätze so nachhaltig verändern wie Erfahrungen, die genau das Gegenteil beweisen. Wenn unsere Erfahrungen nicht mehr mit unseren bisherigen Überzeugungen übereinstimmen, passt unser Unterbewusstsein seine Programme an. Die Möglichkeit für solche gegenteiligen Erfahrungen schaffen wir immer dann, wenn wir uns ein eingefahrenes Denk- oder Verhaltensmuster bewusst machen und hinterfragen, ob die Dinge wirklich hundertprozentig, ständig und mit absoluter Sicherheit so sind. Wenn wir zumindest in Betracht ziehen, dass es auch anders sein könnte, haben wir einen ersten wichtigen Schritt zur Veränderung unserer Glaubenssätze gemacht.

Während hinderliche Überzeugungen am stärksten im Verborgenen wirken, gilt für hilfreiche und unterstützende Glaubenssätze genau das Gegenteil. Natürlich haben sie auch dann Kraft, wenn sie uns nicht bewusst sind. Wir spüren sie als ein tiefes Vertrauen in unsere eigene Stärke, auch wenn wir nicht immer so genau wissen, wo diese Zuversicht herkommt. Ihre Wirkung ist aber um ein Vielfaches größer, wenn wir uns immer wieder aufs Neue auf sie besinnen. Sie sind geistiger Reiseproviant, auf den wir jederzeit zurückgreifen können. Positives Denken allein hat allerdings noch niemanden irgendwohin gebracht. Wenn wir ein Vorhaben verwirklichen wollen, werden wir um das aktive Handeln auch weiterhin nicht herumkommen. Es fällt uns aber leichter, wenn wir von uns selbst und dem, was wir tun, überzeugt sind und mit einer zuversichtlichen Grundhaltung an unsere Vorhaben herangehen.

Tatendrang und Ungeduld

In der aktiven Phase nach dem Aufbruch steht das Tun im Vordergrund. Den Elan und die Unternehmungslust auszunutzen, die eigene Kraft einzusetzen und das kontinuierliche Vorwärtskommen zu genießen. Egal, wie schnell es vorangeht. Wir nehmen nicht an einem Wettlauf teil, bei dem es darum geht, wer am schnellsten am Ziel ist. Stattdessen sollten wir genießen, wie wir uns fühlen. Die Zuversicht und Freude in uns bewusst wahrnehmen und sie voll und ganz auskosten.

Zu unserem Enthusiasmus gesellt sich oft auch Ungeduld. Auch sie drängt zur Tat. Mit der fließenden Dynamik der inneren Führung hat sie aber nichts gemein. Sie fordert auf, die Dinge voranzutreiben, falls notwendig, auch zu erzwingen. Sie verlangt noch mehr Tempo. Könnten wir nicht schon längst näher an unserem Ziel sein? Gibt es nicht doch noch etwas, das wir tun könnten, damit es schneller geht? Dauert alles ohnehin nicht schon viel zu lange? Brauchen andere auch so viel Zeit? Was haben wir eigentlich in den letzten Monaten wirklich vorangebracht?

Wir können es kaum abwarten, ans Ziel zu kommen. Wir sehen all das Schöne, das auf uns wartet, und sind von Vorfreude erfüllt. Dennoch brauchen die Dinge ihre Zeit. Ungeduld erzeugt Druck. Und unter diesem Druck kann kein Fließen entstehen. Der Druck, den wir uns selbst machen, verhindert, dass wir die Impulse der inneren Führung wahrnehmen. Wir treiben uns selbst ununterbrochen voran und sind mit unserer Aufmerksamkeit in der Zukunft, anstatt sie dahin zu lenken, wo wir sie brauchen, nämlich im Hier und Jetzt. Natürlich ist es wichtig, im Blick zu behalten, wo wir hinwollen. Und selbstverständlich ist es gut, regelmäßig nach vorne zu sehen, was die nächsten Schritte sind. Doch den Fokus ständig nur auf die Zukunft gerichtet zu haben, verhindert das Wahrnehmen von Hinweisen und Impulsen in der Gegenwart.

Die Aussicht genießen

Veränderungen geschehen nicht über Nacht. Oft sind es viele kleine Schritte, die wie Puzzlesteine erst mit der Zeit ein ganzes Bild ergeben. Jeder von uns hat schon die Erfahrung gemacht, wie schwierig es sein kann, eine neue Gewohnheit zu einem festen Bestandteil des Alltags zu machen. Viele Anläufe sind manchmal notwendig, um alte, eingefahrene Muster zu durchbrechen. Und zwar nicht nur einmal, sondern von nun an immer. In uns entsteht eine Art neue Ordnung. Wir lernen unsere Bedürfnisse besser kennen, hinterfragen unsere Überzeugungen, nehmen unsere Empfindungen deutlicher wahr, orientieren uns mehr an seelischen Impulsen und lassen uns weniger von unserem Verstand vorschreiben.

Der bewusste Kontakt zu unserem wahren Selbst verändert uns. Und früher oder später auch unser Umfeld. So schwer es uns auch fallen mag, sind wir aufgefordert, den Entwicklungen ihren natürlichen Lauf zu lassen. Nicht zu drängen, nicht auf Biegen und Brechen etwas durchsetzen zu wollen, sondern unserer Umwelt und uns selbst Zeit für den Wandel zu lassen. Entscheidend ist nicht nur, dass etwas passiert. Es sollte auch zum richtigen Zeitpunkt passieren. Die beste Chance und tollste Gelegenheit nützt uns rein gar nichts, wenn wir selbst noch nicht bereit sind. Veränderungen wollen reifen. Dann können wir später das Beste aus den Möglichkeiten machen, die uns das Leben bietet.

Unsere Psyche ist alles andere als veränderungsfreudig. Wenn es darum geht, Gewohnheiten zu verändern, neue Ansichten zuzulassen und Ängste abzulegen, ist unsere Psyche ziemlich träge. Wir können unser altes Ich mit all den dazugehörigen Denk- und Verhaltensweisen nicht einfach wie ein Kleid abstreifen. Die Welt, in der wir leben, ist immer noch dieselbe. Auch wenn wir nicht mehr dieselben sind. Alles braucht seine Zeit. Und auch wir brauchen unsere Zeit. Diese sollten wir uns unbedingt nehmen. So viel, wie notwendig ist. Machen wir immer wieder einmal eine Pause. Setzen wir uns hin und genießen die Aussicht. Belohnen wir uns dafür, dass wir es gewagt haben zu hinterfragen und aktiv geworden sind. Erlauben wir uns zu rasten.

Wachstum verlangt nicht nur Zeit, es verlangt auch Stille und Vertrauen. In der Stille einer Pause können wir das Vertrauen in uns und in eine höhere Ordnung am besten wahrnehmen. Dann, wenn wir ganz im Moment sind, spüren wir die innere Gewissheit, dass der Weg, den wir gehen, der richtige ist. Wir halten nicht inne, weil wir geschwächt oder erschöpft sind. Wir halten an, weil wir wissen, dass wir umso wirkungsvoller agieren können, wenn wir uns die Phasen des Innehaltens und Wahrnehmens einräumen. Dann sind wir bereit, zum richtigen Zeitpunkt den nächsten Schritt zu setzen.

Darüber hinaus bewahrt uns eine regelmäßige Rast davor, in einen Automatismus des ständigen Tuns zu kommen. Wenn wir achtsam mit uns selbst und unseren Ressourcen umgehen wollen, werden wir darauf bedacht sein, unsere Energiereserven immer wieder aufzufüllen und uns für Fortschritte und Erfolge zu belohnen. Wir machen nicht erst dann Pause, wenn wir nicht mehr anders können und uns das Leben – oder unser Körper – dazu zwingt. Achtsam mit sich und den eigenen Ressourcen umzugehen, bedeutet uns das zuzugestehen, was wir gerade brauchen.

Wann immer wir das Bedürfnis nach einer Pause verspüren, sollten wir sie uns auch gönnen. Selbst dann, wenn wir meinen, noch genug Kraft für die nächste Etappe zu haben. Vielleicht haben wir Angst, etwas zu versäumen, falls wir nicht zügig voranschreiten. Oder wir sind der Meinung, dass wir eine Pause nur nach besonders harter Anstrengung verdient hätten. Phasen der Erholung tun jedoch immer gut. Nicht erst dann, wenn wir nicht mehr anders können.

Manchmal sind es auch Ereignisse im Außen wie Rückschläge oder Kritik, die in uns den Wunsch nach einer Rast hervorrufen. Der unerwartete Gegenwind zwingt uns stehen zu bleiben. Wir brauchen eine Weile, um uns davon zu erholen. Anstatt dagegen anzukämpfen, sind wir weise genug, unsere Kräfte zu schonen und für die wirklich wichtigen Dinge einzusetzen. Eine Pause bietet die optimale Möglichkeit, sich wieder auf diese wichtigen Dinge zu besinnen.

Pausen sind keine unnötige Zeitverschwendung. In ihnen beglücken wir uns mit der bewussten Verbindung zu unserer Seele. Wir bestärken uns mit den geistigen Bildern von dem, wonach wir streben. In den Pausen reifen die Voraussetzungen dafür, dass wir auch weiterhin im Fluss des Lebens unseren Weg verfolgen können.

Etappe 8 – Ankommen & Rückkehr

»Wenn die Seele bereit ist, sind die Dinge es auch.«
William Shakespeare

Was haben wir auf unserer Reise nun schon alles erlebt! Erfolge und Fortschritte, Rückschläge und Enttäuschungen. Klarheit und Zuversicht, Verwirrung und Überforderung. Das Erlebte gilt es nun zu verarbeiten und in den Alltag mitzunehmen. Wir können nicht ständig unterwegs sein. Immer wieder ist es notwendig zurückzukehren. Nicht dorthin, von wo aus wir aufgebrochen sind. Diesen Punkt haben wir schon lange hinter uns gelassen. Zurück kehren wir in den Alltag. Einen neuen Alltag, in dem wir bewusst entscheiden, ob wir unsere Erkenntnisse und Erfahrungen zum Anlass nehmen, um unser Leben mehr nach unseren Vorstellungen zu gestalten, oder ob es uns genügt, theoretisch zu wissen, was uns glücklich machen würde. Egal, wie die Entscheidung letztlich lautet, so wie vorher wird es nie wieder sein.

Als wir aufgebrochen sind, haben wir uns noch nicht die Frage gestellt, was uns danach erwartet. Wir waren damit beschäftigt, uns auf den Weg vorzubereiten, wir sind vorangeschritten, und bringen nun so einiges von unserer Reise mit. Dafür heißt es Platz schaffen. Rückkehr in den Alltag bedeutet aufräumen, ausmisten, neu sortieren und Ordnung schaffen. Damit das Neue Platz hat, ist es notwendig, einiges vom Alten loszulassen. Das fällt nicht immer leicht.

Bei vielen Veränderungen in meinem Leben, vor allem auch denen, die ich zuerst in mir gespürt habe und die im Außen oft erst lange Zeit später sichtbar wurden, habe ich tatsächlich in der Wohnung ausgemistet und umgestaltet. Ich hatte das Gefühl, dass gewisse Dinge nicht mehr so passten, wie sie waren. Kleidung, Geschirr, Bücher und all das Zeug, das sich im Laufe der Jahre angesammelt hatte, durchzuwühlen, zu sortieren und das wegzugeben, was nicht mehr zu mir gehörte, half mir auf eine gewisse Art, auch in meinem Inneren Ordnung zu schaffen. Auch Beziehungen verlangten zum Teil eine Neuordnung. Mit meiner Veränderung haben sich auch Freundschaften verändert, neue Menschen sind in mein Leben gekommen, und Begegnungen mit Menschen, zu denen ich früher eine gute Verbindung hatte, empfand ich mit der Zeit als leblos. Nicht immer fiel das Loslassen des Alten leicht. Besonders, wenn es darum ging, Menschen loszulassen, die mich – mal mehr, mal weniger lang – auf meinem Weg begleitet hatten, war der Schmerz mitunter groß. Und doch wusste ich, dass es notwendig war, getrennte Wege zu gehen, um meinem Weg treu bleiben zu können.

Manche von der Reise mitgebrachten Vorsätze und Erkenntnisse lassen sich leicht im Alltag umsetzen. Kleine Veränderungen sind oft ohne großes Risiko möglich. Doch wie sieht es mit einer weitreichenderen Neugestaltung des Lebens aus? Sind wir bereit, die damit verbundenen Konsequenzen in Kauf zu nehmen?

Wir kehren in keinem Fall dorthin zurück, wo die Reise begonnen hat. In der Regel wollen wir das auch gar nicht. Vieles hat sich seit unserem Aufbruch verändert. Vor allem wir selbst haben uns verändert. Wir müssen einen neuen Platz für uns finden. Schon unterwegs haben wir langsam begonnen, unser Leben umzugestalten. Größere Veränderungen lassen sich aber nicht im Vorbeigehen bewältigen. Sie verlangen ein bewusstes Ankommen und sind gleichzeitig der neuerliche Aufbruch zur nächsten Etappe.

Ankommen ist nicht statisch, sondern eine Entwicklung, bei der wir dem, was wir wollen, und dem, wer wir wirklich sind, laufend einen Schritt näher kommen. Wir gelangen zu einer Klarheit, die uns unseren Platz finden lässt. Wir kommen am Ziel an, weil wir bereit waren, aktiv zu sein. Wir kommen uns selbst näher, weil wir gelernt haben, bewusster wahrzunehmen. Wir kommen im Moment an, weil wir die Schönheit des Augenblicks erkannt haben. Gleichzeitig wissen wir, dass es irgendwann wieder Zeit wird aufzubrechen und weiterzugehen. Unabhängig davon, wie schön es an unserem neuen Platz gerade sein mag. Leben ist Wandel. Einen Moment werden wir anhalten können. Früher oder später wird es uns aber drängen wieder aufzubrechen, um zu erforschen, was noch in uns steckt. Oder das Leben selbst wird uns zu einem neuen Aufbruch zwingen.

Das Versprechen weiterzugehen

Mit unserem Aufbruch haben wir uns selbst das Versprechen gegeben, den Weg zu gehen. Ein Versprechen, das wir oft als weniger bindend empfinden als Loyalität und Pflichtgefühl gegenüber anderen Personen. Alltägliche Verpflichtungen halten uns davon ab, dorthin zu gehen, wo es uns schon lange hinzieht. Haben wir bei offensichtlichen Verpflichtungen wie dem Versorgen der Familie oder der täglichen Arbeit noch die Möglichkeit, die Umstände anders zu gestalten, stellen unbewusste Loyalitäten, insbesondere gegenüber der Herkunftsfamilie, oft Hindernisse dar, die ein Weitergehen erschweren oder sogar unmöglich machen. Gerade weil sie im Unbewussten wirken, erkennen wir oft nicht, dass wir uns exakt so verhalten, wie es unsere Mutter, unseren Vater oder beide Eltern glücklich macht, wie es ihre Erwartungen erfüllt. Oder wie sehr wir uns in unserem Streben, dazugehören zu wollen, entsprechend der »Familiennorm« verhalten.

So lässt sich in Familien, in denen es die Frauen immer schon schwer hatten, sei es, weil sie keine Unterstützung von ihrem Mann bekamen, verlassen wurden oder von ihren Männern schlecht behandelt wurden, oft feststellen, dass auch die Frauen späterer Generationen diesem Muster treu bleiben. Beziehungen sind nie langfristig stabil und harmonisch, Männer enttäuschen immer wieder, und die Sehnsucht nach einer beglückenden Partnerschaft wird nie wirklich erfüllt. In einer Familie, in der es üblich ist, einen bestimmten Beruf auszuüben bzw. etwas »Vernünftiges« zu machen, kann es andererseits sehr schwierig sein, sich gegen diese Familientradition zu stellen und beruflich einen ganz neuen Weg einzuschlagen bzw. etwas – in den Augen der Familie – weniger Vernünftiges zu tun. Der Traum von einer kreativen Karriere ist dann schnell ausgeträumt und begleitet oft nur noch als nette Fantasie durchs Leben.

Wir alle haben den Wunsch dazuzugehören, insbesondere zum eigenen Ursprungssystem. Niemand ist gerne das schwarze Schaf in der Familie. Die falsche Berufswahl, ein Beziehungsleben, das von der traditionellen Vorgabe »bis dass der Tod euch scheidet« abweicht, weniger Erfolg als andere Familienmitglieder oder andere Wertvorstellungen: Oft genügt schon wenig, um zu diesem schwarzen Schaf zu werden.

Neben der (unbewussten) Loyalität der eigenen Familie gegenüber steht uns mitunter auch ein zu starkes Verantwortungsgefühl für andere Menschen im Weg. Inwieweit wir diese Verantwortung tatsächlich haben, hinterfragen wir meist nicht. Wir lassen uns aufhalten, weil wir meinen, der Partner oder die Partnerin würde ohne uns nicht zurechtkommen. Wir wollen niemanden verletzen, wollen keine Schuldgefühle haben, wollen nicht böse oder egoistisch wirken. Vielleicht sind es aber auch die eigenen Eltern, die man jetzt im Alter nicht im Stich lassen kann. Oder der Chef und die Kollegen, die ohne uns völlig verloren wären.

Im Grunde gibt es aber nur eine einzige Verpflichtung, die es wirklich rechtfertigt, mit der Verwirklichung der eigenen Träume zu warten: kleine Kinder. Es ist Aufgabe der Eltern, für sie zu sorgen, es gab die Entscheidung für die Elternschaft und damit das Versprechen, für sie so lange Verantwortung zu tragen, bis sie das alleine für sich können. Wer kleine Kinder hat, wird unter Umständen mit dem einen oder anderen Schritt noch warten müssen. Aber irgendwann sind auch die Kinder groß und selbstständig.

In allen übrigen Fällen ist es nicht unsere Aufgabe, Verantwortung für andere zu übernehmen. Das ist keine Einladung zu rücksichtslosem Egoismus, sondern zur Selbstständigkeit. Die alten Eltern können auch von anderen, dafür ausgebildeten Menschen gut versorgt werden. Es gibt immer die Möglichkeit, sich hier professionelle Unterstützung zu holen, was einem selbst mehr Freiraum gibt. Die Arbeitskollegen und der Chef sind in der Lage, sich anders zu organisieren. Das Unternehmen wird bestimmt nicht Konkurs gehen, nur weil Sie nicht mehr dort sind oder weniger arbeiten. Und wenn es sich beim Partner oder der Partnerin nicht um einen schweren Pflegefall handelt, dann wird auch er oder sie in der Lage sein, ohne Sie auszukommen (sei es ganz oder nur teilweise). Trennungen und Scheidungen sind nicht zwangsläufig Teil des Weges. Es kommt vor, dass der Aufbruch des einen Partners auch im anderen den Wunsch nach Veränderung weckt. Aber wenn wir merken, dass uns unsere Beziehung in unserer Entwicklung einschränkt und notwendige Schritte verhindert, dann sollten wir hinterfragen, ob und weshalb wir weiterhin in der Beziehung bleiben wollen. Sehen wir unsere Zukunft mit dieser Person an unserer Seite? Sind es Gedanken wie »Ohne mich kommt er/sie nicht zurecht« oder »Ich kann ihn/sie in seiner/ihrer Situation nicht alleine lassen«, dann ist es wohl mehr Pflichtgefühl als Liebe, das uns noch in der Beziehung hält. Dies wäre der Zeitpunkt, mit dem Partner zu sprechen und gemeinsam eine Lösung zu finden. Vielleicht ist es aber auch die eigene Angst vor dem Alleinsein, der Versuch, Schuldgefühle zu vermeiden oder die eigene Bequemlichkeit, die uns an einer glücklosen Partnerschaft festhalten lässt.

Mit jedem Schritt, bei dem sich individuelle Ziele und Bedürfnisse klarer zeigen, Schichten des alten Ich abgelegt werden und die wahre Persönlichkeit deutlicher ans Tageslicht tritt, wächst auch die Verantwortung uns selbst gegenüber, weiter in diese Richtung voranzuschreiten. Erkennen wir den Weg, weigern uns aber, ihm (weiter) zu folgen, stellen wir bald fest, dass die Türe nach hinten zu ist. Wer einmal in Berührung mit der eigenen Seele gekommen ist, wer einmal entdeckt hat, dass es mehr gibt, als wir bisher bewusst wahrgenommen haben, wird nicht mehr so tun können, als gäbe es die gerade entdeckten Bedürfnisse, Wünsche und Fähigkeiten nicht. Als gäbe es keine inneren Stimmen, die zu Veränderung und Weiterentwicklung auffordern. Das bisherige Leben zu hinterfragen birgt das Risiko in sich, Möglichkeiten und Potenziale zu entdecken, die zu mehr Erfüllung und Freude im eigenen Dasein führen. Selbst wer nur einen kurzen Augenblick in Kontakt mit diesen Empfindungen war, wird es danach schwer haben, sich künftig mit weniger zufrieden zu geben.

Sollten wir nach reiflicher Überlegung darauf verzichten, den Weg weiterzugehen, weil uns zum Beispiel der Preis dafür zu hoch erscheint, können wir uns auch bewusst davon verabschieden. Bei einigen kleineren Zielen und Bedürfnissen wird es wahrscheinlich ganz gut gelingen, sie zu verdrängen. Bei den großen, essenziellen Wünschen und Sehnsüchten funktioniert das aber für gewöhnlich nicht. Sie fragen nicht danach, ob wir sie umsetzen wollen. Sie bleiben so lange hartnäckig bestehen, bis wir sie verwirklicht haben. Hier setzt sich das Wollen der Seele gegenüber dem bewussten Willen früher oder später durch. Der Seele genügt es nicht zu wissen, was theoretisch alles möglich wäre. Sie möchte die Möglichkeiten und das mitgebrachte Potenzial voll ausschöpfen. Ihr Ziel sind nicht gedankliche Luftschlösser, sondern reale Erfahrungen.

So groß uns manches Ziel auch scheinen mag – wenn es unserem seelischen Wollen entspringt, haben wir alle dafür notwendigen Fähigkeiten und Eigenschaften mitgebracht, um es zu verwirklichen. Andernfalls würden uns unsere inneren Impulse nicht in diese Richtung lenken. Ureigene Ziele und Wünsche, die ihre Wurzel in unserer seelischen Essenz haben, können und wollen verwirklicht werden. So unmöglich uns dies anfangs auch oft erscheinen mag. Große Ziele gründen sich immer auf ein großes Potenzial. Wenn uns eine bestimmte Vorstellung vom Leben einfach nicht loslassen will, wenn eine Sehnsucht uns stets begleitet, wenn unsere Intuition uns immer wieder in eine Richtung drängt, können wir darauf vertrauen, dass wir alles Notwendige mitbringen, um unsere Vorstellung zu verwirklichen. Egal, was unser Verstand dazu sagen mag.

Die Entscheidung liegt bei uns

Die Verwirklichung großer Lebensziele ist trotz der Unterstützung unserer Seele oftmals eine Herausforderung. Doch viel zu oft wagen wir uns noch nicht einmal an die kleineren Ziele heran. Diese kleineren Ziele sind in vielen Fällen wichtige Vorstufen und Vorbereitungen für spätere Vorhaben. Sie sind eine Art Übungsfeld, in dem wir lernen, das zu nehmen, was uns zusteht, unsere zentralen Bedürfnisse zu respektieren und zu erfüllen, unsere Talente und Fähigkeiten gezielt einzusetzen und Glück und Erfolg als einen selbstverständlichen Teil des Lebens anzunehmen.

Stets aufs Neue werden wir vor die Wahl gestellt, wie es mit unserem Weg weitergehen soll. Wir befinden uns in einem ständigen Kreislauf von Aufbrechen, Vorangehen und Ankommen. Der Fluss des Lebens konfrontiert uns regelmäßig mit Veränderungen und stellt uns vor neue Herausforderungen. Wandel ist unser ständiger Begleiter. Immer wieder werden wir kleinere oder größere Richtungsänderungen vornehmen müssen, um auf unserem Weg zu bleiben. Es gibt keine Garantie, bei allen Zielen und Vorhaben erfolgreich zu sein. Wir werden es aber mit Garantie nicht schaffen, wenn wir es gar nicht erst versuchen.

Vieles ist möglich, wir sind nur nicht immer bereit, den Preis dafür zu zahlen. Vielleicht müssen wir für das eine oder andere Ziel etwas von unserem Ersparten investieren, den Wohnort wechseln, unsere berufliche Situation verändern oder eine Zeit lang auf gewisse Annehmlichkeiten verzichten. Es ist völlig legitim, uns gegen einen Weg zu entscheiden, wenn wir uns (noch) nicht bereit fühlen, die damit verbundenen Konsequenzen in Kauf zu nehmen. Denn auch darum geht es im Zuge der Reise: zu erkennen, mit welchen Folgen unseres Handelns wir umgehen können und wollen – und mit welchen nicht. Den eigenen Weg zu gehen, bedeutet nicht, sich einer ständigen Überforderung auszusetzen und verbissen voranzuschreiten, auch wenn wir innerlich noch nicht so weit sind. Unsere Freiheit reicht so weit, wie wir ihre Konsequenzen zu tragen vermögen. Und weil diese Konsequenzen in den meisten Fällen direkt unsere Ängste berühren, ist es Teil der Verantwortung uns selbst gegenüber, mögliche Widerstände oder Bedenken in uns ernst zu nehmen. Manchmal braucht es noch mehr Vorbereitung oder das Vorhaben muss noch eine Weile reifen, bis wir einen Schritt tun können.

Leichter machen

Die Entscheidung zu warten und uns die Zeit zu nehmen, erst einmal in einer für uns neuen Situation anzukommen, ist ein Zeichen dafür, dass wir gelernt haben, achtsamer mit uns selbst und unseren Bedürfnissen umzugehen. Wenn wir beschließen, mit dem Weitergehen noch ein wenig zu warten, bedeutet das weder völligen Stillstand noch resigniertes Aufgeben. Vielmehr liegt darin die Möglichkeit, die eigene Ausrichtung zu überdenken, alternative Routen zu finden und zu analysieren, wie wir die Umstände für uns selbst optimal gestalten könnten. Was würde den nächsten Schritt erleichtern?

Da ist immer ein Rädchen, an dem noch gedreht werden kann. Kleine Veränderungen, die oft Großes bewirken. Vielleicht sind in uns selbst noch Blockaden aus Prägungen oder früheren Erfahrungen, die erst angesehen werden wollen. Oder wir brauchen noch Zeit, um die Verbindung zu unserem seelischen Kern deutlicher zu spüren und zu lernen, unserer inneren Führung zu vertrauen. Möglicherweise sind es aber auch äußere Veränderungen, die erst greifen, oder Beziehungen zu anderen Menschen, die noch wachsen müssen. Was immer uns beim nächsten Schritt unterstützen kann, wir sollten danach Ausschau halten. Dann bleiben wir in Bewegung und sind weiterhin Richtung Ziel unterwegs. Wenn auch vorübergehend in gemäßigterem Tempo. Viel wichtiger als die Geschwindigkeit ist das Vertrauen, mit dem wir unseren Weg gehen.

Das Leben und seine Möglichkeiten sind zu vielfältig, um sie allein mit Verstand und Logik komplett erfassen und voraussehen zu können. Daher bleibt uns nichts anderes übrig, als uns auf den Weg einzulassen, den Hinweisen der inneren und höheren Führung folgend, einen Fuß vor den anderen zu setzen, und unsere Kraft und Energie voll und ganz einzubringen. Es nur versuchen ist zu wenig. Sich einmal zaghaft vortasten und dann wieder einen Rückzieher machen, bringt nirgendwohin. Erfüllung, Sinn und Zufriedenheit findet, wer sich klar für den eigenen Weg entscheidet.

Schritte zurück in den Alltag

So wie es am Beginn unserer Reise notwendig war, sich zu orientieren und an Veränderungen zu gewöhnen, braucht auch das Ankommen im neuen Alltag eine Weile. Eindrücke und Erfahrungen wollen verarbeitet werden. Mit Freude denken wir an viele der Erlebnisse während der Reise zurück. Der (vielleicht erste) bewusste Kontakt mit unserer Seele, das Aufspüren längst überholter Überzeugungen, die Verankerung stärkender Glaubenssätze oder das Gefühl der inneren Stille. All das wollen wir festhalten und in unser Leben integrieren.

Die Reise, die wir begonnen haben, ist kein Wochenendausflug ins Grüne, um dem Alltag für ein paar Stunden zu entfliehen. Zu dieser Reise sind wir in dem Bewusstsein aufgebrochen, dass bei unserer Rückkehr die Dinge nicht mehr so sein werden wie zu Beginn. Am Anfang stand die Erkenntnis, dass unser tägliches Leben uns nicht (mehr) entspricht. Wir haben uns auf dem Weg verändert und wollen, dass diese innere Veränderung nun im Außen ihre Wirkung zeigt.

So wie unsere innere Veränderung nicht von einem Tag auf den anderen stattgefunden hat, können wir auch nicht erwarten, dass bei der Rückkehr in den Alltag plötzlich alles anders ist. Unsere Umwelt passt sich nicht von selbst an unsere neu entdeckten Bedürfnisse, Werte und Ziele an. Stattdessen werden wir feststellen, dass sich wenig bis gar nichts verändert hat. Alles ist nach wie vor so, wie wir es verlassen haben. Nur unser alter Platz passt nicht mehr. Einen neuen Platz müssen wir uns erst schaffen.

Rückschritt und Fortschritt

So manches oder mancher mag unserer neuen Richtung nicht folgen. Nicht jedes Projekt wird sofort von Erfolg gekrönt sein. In unserem Vorhaben, von nun an ausschließlich nach unserer inneren Wahrheit zu leben, werden wir Rückschläge einstecken müssen.

Obwohl wir immer mehr erkennen, wer wir wirklich sind, und wissen, was uns ausmacht, wird es uns passieren, dass wir wieder in alte Muster fallen und uns wieder genauso verhalten, wie wir es jahrzehntelang getan haben. Es scheint, als wären wir wieder genau dort, wo wir begonnen haben. Wie konnte das passieren? Wir wollten doch nicht mehr so sein, nicht mehr so handeln, nicht mehr so reagieren. Und trotzdem, es passiert. Und das vielleicht nicht nur einmal. So viel haben wir reflektiert, analysiert, erkannt, aufgedeckt und aufgelöst. Und trotzdem landen wir wieder in alten Gewohnheiten. Wir ertappen uns, wie wir an uns selbst zu zweifeln beginnen, wie wir eigene Bedürfnisse ignorieren oder Glaubenssätze in unserem Kopf auftauchen, von denen wir dachten, sie seien schon längst abgelegt.

Auch wenn wir es selbst anders empfinden: All die Rückfälle in altbekannte Verhaltensweisen bedeuten nicht, dass keine nachhaltige Veränderung stattgefunden hätte oder wir gar auf unserem persönlichen Weg gescheitert wären. Etwas ganz Entscheidendes ist anders als zuvor. Denn nun erkennen wir, dass die Art und Weise, wie wir handeln, reagieren oder denken uns nicht mehr entspricht. Wir erkennen jetzt unmittelbar und bewusst, wann wir nicht im Einklang mit unserer inneren Wahrheit handeln. Während wir vor Beginn der Reise automatisch und ohne zu hinterfragen agiert und reagiert haben, nehmen wir nun wahr, wann wir unser wahres Selbst leben und wann nicht. Dieses Bewusstsein ist die Voraussetzung für nachhaltige Veränderungen und schafft die Möglichkeit, es beim nächsten Mal anders zu machen. Wir haben es von unserer Reise mitgebracht. Und was immer auch passieren mag, wir werden es nie wieder verlieren. Wenn wir also feststellen, dass wir wieder nicht so gehandelt haben, wie es unserem wahren Selbst entsprechen würde, oder wir von Neuem in ein Verhaltensmuster gefallen sind, von dem wir dachten, es schon längst abgelegt zu haben, dann sollten wir uns nicht dafür verurteilen, sondern stolz auf unser gereiftes Bewusstsein sein.

Hohe Ideale und (übergroße) Erwartungen an uns selbst machen die Rückkehr in den Alltag schwieriger, als sie sein müsste. Natürlich wäre es schön, von einem Tag auf den anderen alte Prägungen und hinderliche Verhaltensweisen abzulegen. Diesem Anspruch jedoch kann kein Mensch gerecht werden. Statt Selbstkritik sollten wir uns lieber Geduld entgegenbringen und uns die nötige Zeit einräumen, um unsere neuen Erkenntnisse in Ruhe in unser Leben übertragen zu können. Es ist weder ein Zeichen der Schwäche noch des Versagens, wenn nicht alles von Anfang an so gelingt, wie wir uns das vorstellen.

Alte Muster sind hartnäckig. Je häufiger etwas getan oder gedacht wurde, desto tiefer ist die Spur, die es in unserem Unterbewusstsein hinterlassen hat. Was dort einmal gut verankert wurde, kann nicht mehr vollkommen ausgelöscht werden. Wie fest etwas sitzt, darüber entscheiden die Häufigkeit der Wiederholung und die Intensität. Ähnlich einem Trampelpfad, der durch häufige Nutzung zu einem viel genutzten Weg werden kann, festigen und vergrößern sich auch die Bahnen in unserem Unterbewusstsein. Wollen wir eingefahrene Muster verändern, braucht es daher eine neue Bahn, die verlockender und attraktiver ist als die alte. Der bloße Vorsatz, ab nun alles anders zu machen, reicht nicht aus. Stattdessen muss diese neue Bahn, beispielsweise eine neue Verhaltensweise oder Überzeugung, mit einer hohen Intensität im Erleben verbunden sein. Sie muss also bewusst und emotional erfahren und erlebt werden. Regelmäßige Wiederholungen machen daraus ein neues Reaktionsmuster, das nach und nach das bisherige Verhalten ersetzt.

Wollen wir daher in unserem alltäglichen Erleben etwas verändern, müssen neue Denk- und Verhaltensweisen auch die Chance bekommen, im Unterbewusstsein wirklich zu greifen. Diesen Vorgang können wir unterstützen. Einerseits durch reale Erfahrungen und Erlebnisse, die wir aktiv suchen und gestalten können, andererseits mithilfe unserer geistigen Vorstellungskraft – indem wir den von uns angestrebten Zustand oder das erwünschte Verhalten möglichst lebendig und viele Sinne ansprechend immer wieder visualisieren. Unser Unterbewusstsein unterscheidet nicht zwischen realen Erfahrungen und geistig Erlebtem. Mit jedem Mal, das wir uns möglichst viele Sinne ansprechend vorstellen und lebhaft fühlen, wie wir im Einklang mit unserem seelischen Kern auftreten – oder besser noch, es tatsächlich tun – festigen wir diese Haltung mehr in unserem Unbewussten. Bis wir uns eines Tages ganz automatisch so verhalten, weil wir gar nicht mehr anders können. Mit unserer Vorstellungskraft machen wir so aus einem kaum sichtbaren Pfad einen viel beschrittenen Weg.

Der Umwelt begegnen

Der inneren Wahrheit zu folgen, bringt Konsequenzen mit sich, mit denen wir erst umgehen lernen müssen. Obwohl wir ab einem gewissen Punkt erkennen, dass es uns gar nicht mehr möglich ist, entgegen unseren wahren Überzeugungen zu handeln, ist der Umgang mit den damit verbundenen Folgen ein völlig neues Feld für uns. Wir wurden dazu erzogen, nicht aufzufallen, uns zu fügen und anzupassen. Über Jahre und Jahrzehnte haben wir genau das getan. Plötzlich beginnen wir gegen den Strom zu schwimmen. Wir beginnen ein Leben, das nicht mehr der Norm entspricht, vertreten mitunter ungewohnte Ansichten und sind weniger bereit, uns unterzuordnen.

In der Folge stoßen wir möglicherweise auf Kritik, werden als selbstsüchtig beschimpft und in Diskussionen mit Menschen verwickelt, die unser Weltbild nicht teilen, denen es vielleicht sogar Angst macht. Wer sich nicht immer anpasst und das tut, was alle anderen auch tun, gerät in Gefahr, verletzt, gekränkt, abgelehnt oder zurückgewiesen zu werden.

Sicher ist aber, dass wir ebenso auf Menschen treffen werden, die uns darin bekräftigen, unseren Weg zu gehen, die unsere veränderte Persönlichkeit schätzen und vielleicht sogar zum Anlass nehmen, auch in ihrem Leben etwas zu verändern. Noch wichtiger jedoch ist: Wir werden von unserer Seele unterstützt. Egal, wie kalt und heftig uns der Gegenwind entgegenpeitscht, tief in uns spüren wir die Verbindung zu unserer inneren Kraftquelle und finden dort die Gewissheit, dass der Weg, auf den wir uns begeben haben, weitergegangen werden muss.

Wir können nicht für das Wohlwollen anderer darauf verzichten, das zu leben, was in uns steckt. Wir können und sollten nicht unsere eigene Wahrheit verleugnen, nur um es scheinbar leichter im Leben zu haben. Aber wir haben die Wahl, in welchem Ausmaß wir unser Umfeld mit unserer inneren Wahrheit konfrontieren. So wie wir selbst Zeit brauchten, diese Wahrheit zu entdecken und die damit verbundene Veränderung zuzulassen, dürfen wir auch unserem Umfeld diese Zeit einräumen. Schon alleine deshalb, weil mehr Geduld und weniger Druck auch uns das Leben leichter machen.

Im Laufe der Zeit werden wir vertrauter damit und sicherer darin, unser wahres Selbst zu leben. Unser Ich durfte sich allmählich neu formen. Waren wir anfangs vielleicht noch unsicher, welche Eigenschaften und Werte uns tatsächlich ausmachen, wissen wir inzwischen, wer wir sind und was uns wichtig ist. Wir sind uns unserer selbst bewusst. Dieses Selbstbewusstsein strahlen wir auch aus. Widerstande und Kritik verringern sich dadurch automatisch. Der Raum, in dem wir unser wahres Selbst leben können, erweitert sich.

Unser Bewusstsein für unsere Weiterentwicklung und das, was uns ausmacht, wird umso stärker, je mehr Aufmerksamkeit wir uns selbst schenken. Wir können beispielsweise unsere Sicht auf die Welt, unsere Werte, Bedürfnisse und Ziele sowie die Eigenschaften, die uns ausmachen, aufschreiben. Unter der Überschrift »Das bin ich« halten wir eine Beschreibung unseres wahren Selbst fest, die uns bei der Rückkehr in den Alltag ermutigt, den begonnenen Weg weiterzuverfolgen.

In der eigenen Fantasiewelt, in sozialer Abgeschiedenheit oder im Rahmen eines Seminars unter Gleichgesinnten fällt es relativ leicht, die wahre Persönlichkeit zu leben. Die wirkliche Bewährungsprobe folgt erst, wenn wir in das bisher gewohnte Umfeld zurückkommen. Zwischenmenschliches Miteinander ist die Basis für persönliches Wachstum und Entwicklung. Dennoch haben wir während der Neugestaltung unseres Alltags oft erst einmal den Wunsch, den Kontakt mit anderen Menschen hinauszuzögern. Wir wollen noch ein wenig länger ganz bei uns sein und die zarte Verbindung zu unserem wahren Selbst nicht gleich dem äußeren Sturm aussetzen. Erst wollen wir ein wenig vertrauter mit unseren neu entdeckten Seiten werden. Es ist gut und wichtig, diesem Bedürfnis eine Weile nachzugeben. Allerdings wäre es nicht im Sinne unserer Entwicklung, würden wir uns ewig verstecken. Wirklich festigen und bewusst erleben können wir unser Potenzial nur in Beziehung mit anderen Menschen. Denn erst der Kontakt zu anderen gibt uns die Möglichkeit, unsere Fähigkeiten einzusetzen, individuelle Ängste zu überwinden und praktisch zu erproben, wer wir sind und wer wir nicht sind.

Wachstum und Entwicklung geschehen nicht unter Druck. Darum dürfen, ja müssen wir uns die ersehnte Abgeschiedenheit und Ruhe in der Zeit des Ankommens auch gönnen. Wer auf die eigenen Bedürfnisse achtet und im individuellen Tempo vorgeht, vermeidet eine Bruchlandung. Die einen mögen schnell wieder bereit sein, der Umwelt zu begegnen, während andere ein stärkeres Bedürfnis nach Alleinsein verspüren. Wie auch schon während der gesamten Reise sind es die Impulse der inneren Führung, die uns letztlich sagen werden, wann die Zeit für den nächsten Schritt gekommen ist.

Übung: Kleine Schritte mit großer Wirkung

Bei der Vorbereitung auf den nächsten Schritt können Ihnen diese Fragen helfen:
- Was wollen Sie verändern? Kurzfristig, mittelfristig und langfristig.
- Was können Sie sofort, vielleicht sogar ohne großen Aufwand, verändern?
- Wer oder was könnte Sie dabei unterstützen?
- Wie können Sie die Umstände für sich besser gestalten?
- Was würde Ihren nächsten Schritt erleichtern?

Häufig fehlt es nicht an der Klarheit, was zu tun ist. Meist ist das Wie die größere Hürde. Daher hilft es, nach den kleinen Rädchen zu suchen, an denen Sie ohne viel Aufwand drehen können. Halten Sie auch nach Dingen und Menschen Ausschau, die Sie bei Ihrem Vorhaben unterstützen können.

Sie spüren, wohin Ihr Weg Sie führt. Ihre Wahrnehmung unterstützt Sie, Chancen zu nutzen und notwendige Schritte zu erkennen. Sie werden immer leichter mit Veränderungen umgehen können, je mehr positive Erfahrungen Sie damit machen. Mag das eine oder andere Vorhaben Sie anfangs noch Überwindung kosten, im Laufe der Zeit werden Sie feststellen, dass selbst größere Veränderungen nicht mehr so bedrohlich wie früher auf Sie wirken.

Beginnen Sie mit kleinen Veränderungen in Ihrem Alltag. Packen Sie nicht gleich die großen Brocken an, wenn Sie sich noch nicht dazu bereit fühlen. Ihr erster Schritt lautet vielleicht erst einmal, Ihrer Angst vor dem Neuen ins Gesicht zu blicken. Üben Sie den Umgang mit Ihren Ängsten und Unsicherheiten in Situationen, in denen das Risiko und mögliche Folgen einschätzbar sind. Bei alltäglichen Begebenheiten, bei denen es nicht gleich um lebensverändernde Schritte geht. Sie machen so wichtige Erfahrungen im Umgang mit Ihren Ängsten und erleben, wie es sich anfühlt, diese zu überwinden.

Ankommen

Im Laufe der Reise wird es Momente geben, in denen wir das Gefühl haben, angekommen zu sein und den richtigen Platz gefunden zu haben. In diesen Momenten haben wir die Muße, die wertvollen Reisesouvenirs zu betrachten, die wir bisher gesammelt haben. Die neu gewonnene innere Stärke, mehr Bewusstsein für unsere Bedürfnisse, eine entspanntere Haltung gegenüber dem Leben und seinen Wendungen und einen reichen Schatz an Erkenntnissen, insbesondere über uns selbst. Sie sind nicht nur Andenken an den Weg, den wir bisher gegangen sind, sondern bilden ein inneres Reservoir, aus dem wir künftig Kraft und Energie für unser weiteres Vorankommen schöpfen können.

Nicht jeder Wunsch ist dazu gedacht, sofort verwirklicht zu werden, und nicht jedes Ziel muss unmittelbar erreicht werden. Möglicherweise ist noch nicht der richtige Zeitpunkt dafür gekommen.

Unterwegs auf dem ganz persönlichen Weg geht es nicht darum, die kürzeste Strecke von A nach B zu finden. Mitunter mag es uns gelingen, direkt und ohne Umwege an einem Ziel anzukommen. Doch auch das Gegenteil wird der Fall sein. Erfahrungen machen und Erkenntnisse sammeln, das ist der tiefere Sinn des Weges. Manche dieser Erfahrungen werden wir als unangenehm erleben. Die ein oder andere Erkenntnis wird vielleicht Jahre auf sich warten lassen. Nicht immer werden wir sofort erkennen, wofür bestimmte Ereignisse oder Wendungen in unserem Leben gut waren. Und mehr als einmal wird uns das frustrieren.

Gleichzeitig werden wir unsere eigene Weiterentwicklung beobachten können. Wir blicken zurück und merken, dass wir selbstbewusster sind als zu Beginn der Reise, dass wir uns unserer Einzigartigkeit bewusst geworden sind und unsere Bereitschaft zugenommen hat, uns auf Neues und Unbekanntes einzulassen. Wir treten authentischer und sicherer auf. Nun wissen wir, wie viel wirksamer unser Tun durch die Kraft der Seele wird. Wir folgen dem natürlichen Verlauf unseres Weges und den Hinweisen unserer inneren Führung und sind dadurch genau dort, wo wir im Moment sein sollen. Unser bisheriger Weg hat uns reifen lassen. Es ist nicht mehr notwendig, dass unsere Seele uns von einer Herausforderung zur nächsten schubst, damit wir in Bewegung kommen. Wir brechen auf, wenn wir den Impuls dazu verspüren, und nicht erst, wenn wir keine andere Wahl mehr haben. Wir stellen uns dem, was vor uns liegt, in der Gewissheit, dass wir ihm gewachsen sind und daran wachsen werden.

Bis zur nächsten Reise

Angekommen am Ende einer Etappe, an einem Ziel oder Zwischenziel, an einem ruhigen Pausenplatz oder ein Stück mehr bei uns selbst: Wann immer wir einen wichtigen Punkt unserer Reise erreichen, gilt es erst einmal, diesen Erfolg zu feiern. Wir haben uns auf einen neuen Weg gewagt, haben begonnen, etwas zu verändern, und uns selbst verändert. Wir haben geweint und gelacht, waren frustriert und haben uns selbst wieder motiviert. Das ein oder andere Mal haben wir uns kraftlos gefühlt, um später zu erleben, welch immense Kraft in uns ist. Wir haben vertraut und gezweifelt, Hoffnung geschöpft und verloren – und haben uns den Herausforderungen entlang des Weges gestellt. All das verdient gewürdigt und gesehen zu werden.

Auch wenn wir noch nicht am Ziel unserer essenziellen Wünsche und Träume angekommen sind, selbst wenn noch mehr Weg vor als hinter uns liegt, jetzt ist der Zeitpunkt gekommen, den Blick auf das zu richten und zu sehen, was bereits erreicht wurde. Wir dürfen dankbar sein. Dankbar uns selbst gegenüber, dafür, dass wir uns überhaupt auf den Weg gemacht haben. Dankbar für die Chancen und Hinweise, die wir erhalten haben, für die Menschen, die in unser Leben getreten sind, und für all die Erkenntnisse, die wir gewonnen haben.

Es gab und gibt viel Schönes zu entdecken. Im Ankommen finden wir die Kraft für den neuerlichen Aufbruch. Früher oder später werden wir mit den Vorbereitungen für die nächste Reise beginnen. Wir werden wieder unternehmungslustig. Wir sehen nicht mehr nur die Hindernisse und Risiken, sondern vor allem auch den Gewinn und den Sinn darin. Wir erkennen: Reisen tut uns gut.

Die Erfüllung, die wir auf unseren Reisen erleben, findet zunehmend den Weg in unser tägliches Leben. Es ist nicht mehr notwendig, ständig unterwegs zu sein. Die Phasen des Ankommens werden länger. Es gibt keinen Grund mehr, dem Alltag zu entfliehen, denn wir haben erkannt und integriert, wahrgenommen und verändert, und vieles von dem, was wir anfangs nur während unserer Reise fanden, ist nun fester Bestandteil unserer neuen »Normalität«. Sehnsüchte wurden gestillt, Wünsche verwirklicht, und früher ferne Ziele wurden Realität. Wenn wir wieder aufbrechen, tun wir das mit mehr Erfahrung, gefestigtem Wissen, tieferem Vertrauen und der Gewissheit, dass wir uns weder verirren noch selbst verlieren können. Eine innere Instanz führt und leitet uns. Und diese Instanz ist unsere Seele.

Literatur

Claes, Anouk: *Gefühle, Geist und Ego,* St. Gallen 2010

Chopich, Erika J. & Paul, Margaret: *Aussöhnung mit dem inneren Kind,* Berlin 2009

Chopra, Deepak: *Feuer im Herzen – eine spirituelle Reise,* Zürich 2004

Dahlke, Rüdiger: *Lebenskrisen als Entwicklungschancen,* München 1999

Erickson, Milton H.: *Hypnotherapie. Aufbau, Beispiele, Forschungen,* Stuttgart 2007

Frankl, Viktor E.: *… trotzdem Ja zum Leben sagen: Ein Psychologe erlebt das Konzentrationslager,* München 2009

Freud, Sigmund: *Gesammelte Werke,* Köln 2014

Furman, Ben: *Es ist nie zu spät, eine glückliche Kindheit zu haben,* Dortmund 2013

Gernig, Kerstin: *Werde, was du kannst! Wie man ein ungewöhnlicher Unternehmer wird,* Hamburg 2014

Grahl, Monika: *Die Strategie der Stehauf-Menschen,* Freiburg 2010

Grün, Anselm & Müller, Wunibald: *Was ist die Seele? Mein Geheimnis – meine Stärke,* München 2011

Gulder, Angelika: *Aufgewacht – Wie Sie das Leben Ihrer Träume finden,* Frankfurt 2011

Hasselmann, Varda & Schmolke, Frank: *Die sieben Archetypen der Angst,* München 2009

Hasselmann, Varda & Schmolke, Frank: *Weisheit der Seele,* München 1995

Hasselmann, Varda & Schmolke, Frank: *Welten der Seele,* München 1993

Hellinger, Bert und Hövel, Gabriele: *Anerkennen was ist,* München 2006

Hühn, Susanne: *Der Imago-Prozess,* Darmstadt 2016

Hüther, Gerald: *Bedienungsanleitung für ein menschliches Gehirn,* Göttingen 2010

Irgang, Margrit: *Wunderbare Unvollkommenheit,* Freiburg 2010

Jung, Carl Gustav: *Erinnerungen, Träume, Gedanken,* Düsseldorf 2011

Kübler-Ross, Elisabeth: *Interviews mit Sterbenden,* Hamburg 2009

Lipton, Bruce: *Intelligente Zellen,* Burgrain 2012

Nidiaye, Safi: *Die Weisheit der inneren Stimme,* München 2001

Roth, Gerhard: *Persönlichkeit, Entscheidung und Verhalten,* Stuttgart 2007

Stahl, Stefanie: *Das innere Kind muss Heimat finden,* München 2015

Stein, Murray: *C. G. Jungs Landkarte der Seele,* Düsseldorf 2011

Tolle, Eckhart: *Jetzt! Die Kraft der Gegenwart,* Bielefeld 2011

Walsch, Neale Donald: *Gespräche mit Gott,* Band 1, München 2007